SENDAI DESIGN LEAGUE
卒業設計日本一決定戦
2010
Official Book

CONTENTS

せんだいデザインリーグ2010
卒業設計日本一決定戦
OFFICIAL BOOK

COMPETITION

4 大会趣旨
進化する最大の祝祭
文：五十嵐 太郎（仙台建築都市学生会議アドバイザリーボード）

6 総評
本物の闘いだけが他人を興奮させる
文：隈 研吾（審査員長）

FINALIST
ファイナリスト・入賞作品

■ 日本一
8 ID284「geographic node」
松下 晃士／東京理科大学

■ 日本二
14 ID420「密度の箱」
佐々木 慧／九州大学

■ 日本三
18 ID576「自由に延びる建築は群れを成す」
西島 要／東京電機大学

■ 特別賞
22 ID330「つなぐかべ小学校」
齊藤 誠／東京電機大学

24 ID342「歌潮浮月－尾道活性化計画」
木藤 美和子／東京藝術大学

■ ファイナリスト5作品
26 ID130「木の葉の記憶」
藏田 啓嗣／東京理科大学

27 ID136「SEVEN'S HEAVEN－創作家七人のための集住体」
中園 幸佑／京都大学

28 ID485「森のサナトリウム」
浜田 晶則／首都大学東京

29 ID573「waltial－一つの概念からなる都市的空間の提案」
鈴木 政博／武蔵野大学

30 ID740「小さな世界の大きな風景」
横井 丈晃／芝浦工業大学

EXHIBITION

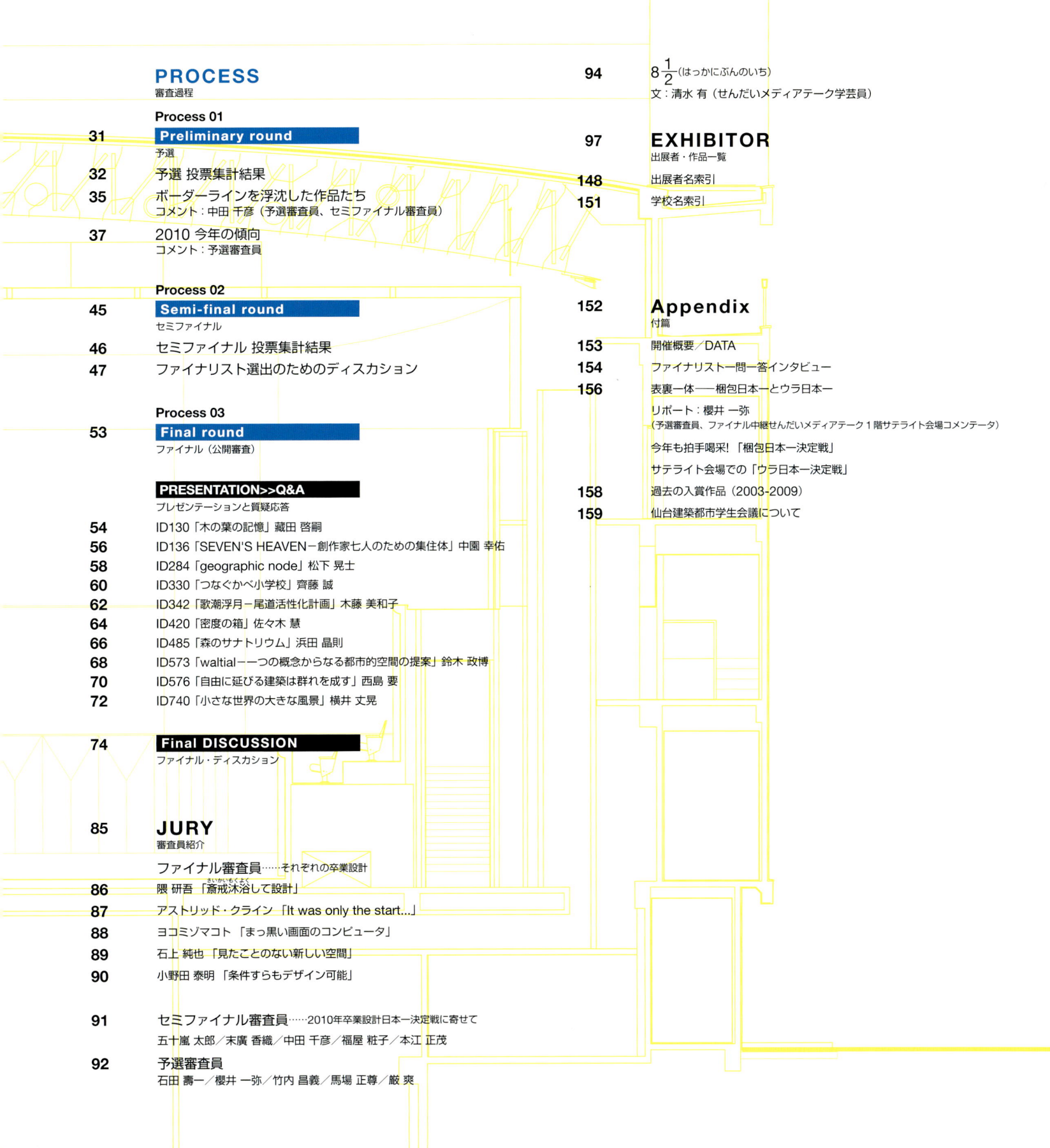

PROCESS
審査過程

Process 01
- 31 **Preliminary round** 予選
- 32 予選 投票集計結果
- 35 ボーダーラインを浮沈した作品たち
  コメント：中田 千彦（予選審査員、セミファイナル審査員）
- 37 2010 今年の傾向
  コメント：予選審査員

Process 02
- 45 **Semi-final round** セミファイナル
- 46 セミファイナル 投票集計結果
- 47 ファイナリスト選出のためのディスカション

Process 03
- 53 **Final round** ファイナル（公開審査）

PRESENTATION >> Q&A
プレゼンテーションと質疑応答
- 54 ID130「木の葉の記憶」藏田 啓嗣
- 56 ID136「SEVEN'S HEAVEN－創作家七人のための集住体」中園 幸佑
- 58 ID284「geographic node」松下 晃士
- 60 ID330「つなぐかべ小学校」齊藤 誠
- 62 ID342「歌潮浮月－尾道活性化計画」木藤 美和子
- 64 ID420「密度の箱」佐々木 慧
- 66 ID485「森のサナトリウム」浜田 晶則
- 68 ID573「waltial－一つの概念からなる都市的空間の提案」鈴木 政博
- 70 ID576「自由に延びる建築は群れを成す」西島 要
- 72 ID740「小さな世界の大きな風景」横井 丈晃

Final DISCUSSION
- 74 ファイナル・ディスカション

JURY
85 審査員紹介

ファイナル審査員……それぞれの卒業設計
- 86 隈 研吾「斎戒沐浴して設計」
- 87 アストリッド・クライン「It was only the start...」
- 88 ヨコミゾマコト「まっ黒い画面のコンピュータ」
- 89 石上 純也「見たことのない新しい空間」
- 90 小野田 泰明「条件すらもデザイン可能」

- 91 セミファイナル審査員……2010年卒業設計日本一決定戦に寄せて
  五十嵐 太郎／末廣 香織／中田 千彦／福屋 粧子／本江 正茂
- 92 予選審査員
  石田 壽一／櫻井 一弥／竹内 昌義／馬場 正尊／嚴 爽

- 94 8 1/2（はっかにぶんのいち）
  文：清水 有（せんだいメディアテーク学芸員）

- 97 **EXHIBITOR** 出展者・作品一覧
- 148 出展者名索引
- 151 学校名索引

Appendix
152 付篇
- 153 開催概要／DATA
- 154 ファイナリスト一問一答インタビュー
- 156 表裏一体――梱包日本一とウラ日本一
  リポート：櫻井 一弥
  （予選審査員、ファイナル中継せんだいメディアテーク1階サテライト会場コメンテータ）
  今年も拍手喝采！「梱包日本一決定戦」
  サテライト会場での「ウラ日本一決定戦」
- 158 過去の入賞作品（2003-2009）
- 159 仙台建築都市学生会議について

Cover: Photos by Nobuaki Nakagawa, Izuru Echigoya.

COMPETITION

SENDAI Design League 2010

大会趣旨

進化する最大の祝祭

仙台建築都市学生会議アドバイザリーボード
五十嵐 太郎
Taro Igarashi

なぜ日本一なのか

　卒業設計日本一決定戦とは、全国から自主的に応募された卒業設計（以下、卒計）を「せんだいメディアテーク」に集めて展示し、「せんだいメディアテーク」を設計した伊東豊雄ほか、著名な建築家らによる公開審査を行ない、文字どおり、「日本一」を決めるイベントである。もっとも、一夜にしてそうなったわけではない。2003年から毎年3月に開催されているが、当初は200程度だったエントリーも、2009年には700に達し、公開審査の当日には3,500人の学生が仙台に集結。今年は、763のエントリーに、来場者数は3,800人を超えた。2006年からはイベントを記録した書籍も刊行され、全国各地で巡回展も実施されている。同種の企画としては、九州や京都の方が先行していたが、いまや間違いなく、卒業設計日本一決定戦は最大級の祝祭に成長した。しかも、これは学生団体「仙台建築都市学生会議」が主催しているが、「Diploma × KYOTO」*1 のように当事者である4年生が運営するのではなく、3年生、2年生が主体となって、これだけの規模のイベントを実行しているという事実は、驚異的である。

3つの原則について

　このイベントには、3つの原則がある。第1に、アンデパンダン展であること。すなわち、JIA（新日本建築家協会）の全国学生卒業設計コンクールや日本建築学会の巡回展のような学校推薦ではなく、誰もが自分の意志で好きなように応募できるのだ。ゆえに、大学の評価に納得がいかなくても、ここにエントリーすれば、全国の舞台で注目を浴びることも起こる。第2に、ファイナルでは、開かれた公開審査によって、日本一を決定すること。時には審査員同士がそれぞれの価値観を賭けて、代理戦争というべき白熱したバトルが行なわれ、それが名物にもなっている。そして第3に、「せんだいメディアテーク」というすぐれた現代建築が会場であること。建築学生ならば、必ず知っている傑作において展示されることは、参加者にとって大きな意味を持つだろう。ほかの卒計イベントでは、こうした象徴的な場が存在しない。ゆえに、「3月には、「せんだい」で会おう！」が、全国の学生の合い言葉になるまでに至ったのである。

問いを生み出す結果

　多様な価値観が存在する中で、あえて「日本一」を決めるのは、ある意味で審査のプロセスを経て、共同幻想を一緒に作成し、結果を納得していく作業である。審査員の構成が変われば、同じ出展作でも評価が違うことは、各地の卒計展が実証してきた。が、とりわけ「せんだい」は、審査員たちがそうした物語をつむぎ、記憶に残る劇的な大団円を数多く迎えてきた。しかし、今年はむしろ卒計日本一とは何かを改めて問い直す結果を導いたように思う。つまり、審査の当日で完結ではなく、来年にその問いを持ち越すようなイベントだった。今期は、3年生を対象とする「建築新人戦」*2（2009年10月）、近年は卒業設計日本一決定戦の前哨戦と化していた「Diploma × KYOTO」*1（2010年2月）でも、最小の模型が優勝した名古屋の卒計展「dipcolle」（2010年3月）でも、番狂わせが続き、1位を決めること自体を再考させるような事態が起きている。そうした意味において、やはり今年の卒業設計日本一決定戦は、現在の状況を正しく切断する、日本一の象徴的なイベントになっていた。

註
*1　Diploma × KYOTO：京都建築学生之会 合同卒業設計展 Diploma × KYOTO。毎年2月末に、近畿圏の参加大学の有志が主催・出展する卒業設計の講評会。第一線で活躍する建築家等の審査員により、上位3作品を決める。今年は京都大学が歴代守り続けてきた1位の座をはじめて、立命館大学に譲った。『京都建築学生之会 合同卒業設計展 Diploma × KYOTO'10』（建築資料研究社刊、2010年）参照。
*2　建築新人戦：所属大学の3年生までの設計演習関連カリキュラムの課題を対象に、大学で教える建築家等の審査員により、最優秀賞を決める。完成度が高いという評価を集めた京都大学や早稲田大学の案を押さえて、やや未熟でも今後の伸びが期待された信州大学の案が1位になった。

総 評

本物の闘いだけが他人を興奮させる

審査員長
隈 研吾
Kengo Kuma

情報の流動化がもたらしたもの

「卒業設計日本一決定戦」が始まって、このようなイベントが活発になったことが、日本の卒業設計のあり方に、あるいはそのデザインの方法、質に対してどのような影響を与えるかについて考えてみたくなった。

一言でいえばこのイベントの活性化によって、他のすぐれた卒業設計を見る機会が飛躍的に増えた。同じ学校の数人のすぐれた先輩の作品を見るだけであった牧歌的な時代は終わり、数百のすぐれた作品に接し、さらにそれが毎年、出版物やインターネット上など、さまざまなところでデータベースのように蓄積され、検索可能になるという形で、卒業設計に関する情報が急激に流動化を始めたのである。

「お手軽」な「すぐれた設計」

このような情報の流動化は、学生にどんな精神的な影響を与えるだろうか。彼らのデザインにどんな影響を与えるだろうか。簡単に思いつく変化は、レベルの底上げだろう。学校格差の解消といってもいいし、均質化といってもいい。近くに「いい先生、いい助教」がいなくても、前述のようなデータベースを覗けば、そこそこの作品はつくれるという「お手軽」な状況が出現したわけである。ここで僕は「お手軽」はいけない、学生はもっと努力しろ、などという精神論を唱えるつもりはないし、そんなお説教で時間つぶしをする余裕もない。この「お手軽」で流動性の高い状況が、デザインに与えるある傾向に関心があるのである。その傾向とは一言でいえば「闘いなくして獲得された全体性」という方向性である。プロセスは省略して「獲得された結果としての見事な全体性」がデータベースの中には満載で、容易にその「結果」としての全体性に触れることもできるし、場合によってはそれをコンピュータ上でコピー & ペースト[*1]するように、取り込むこともできる。雑物を取り去った抽象性や統制をして「すぐれた設計」とする立場に立つならば、このような情報環境の中で、学生は容易に「すぐれた設計」へと到達することが可能となる。特に卒業設計の場合には、自分で敷地をはじめとする与条件を設定できるわけであるから、「結果としての全体性」

をまず目標として設定し、そこから逆向きに都合のいい与条件を創作すればいいのである。こうして卒業設計は見事に「インスタントな全体性」のオンパレードとなるわけである。

「私」も「公」もインスタント

これは、ここ数年はやりの「私」対「公」という議論とも大いに関係がある。「最近の学生の作品は、私という殻に閉じこもった作品ばかりで、『公』という概念が欠如している」というオヤジくさい議論が喧しい。「私」的で繊細な感性が売りであった建築家・伊東豊雄ですら、この手の「説教」の先頭を切る*2 というのが、ここ数年の状況なのである。

しかし、僕の観察は微妙に異なる。「私」に閉じこもったと批判される作品ですら、実は情報の流動化の産物なのである。彼らは「私」的な課題設定、形態の操作、ドローイングのタッチによって、容易に「私」的な全体性を獲得するわざを、この情報の流動化によって容易に身につけただけなのである。そこには容易に獲得されたインスタントの「私」があるだけの話である。ナマでぶざまな本当の「私」はそこにはない。

そして、同じように社会的な問題意識を持っているかに見える「公」的なアプローチを行なう学生たちも、実際に何かと格闘して「公」的な解答を獲得したわけではない。なぜなら格闘している時間などないのだから。インスタントな「全体性」という高いゴールが設定されて、そこに至る時間は数カ月しかないわけだから、美しく統制された「全体」から逆算して「公」的な設定をとりあえず創作しなければならなかったのである。

すなわち公的なものも私的なものも、すでにある「全体性」から逆算した演算によって、とりあえずコピー＆ペーストで選び取らざるを得なかったという、かなりばかばかしいほどの慌しさなのである。

本物の闘いが見たい

だからどれも見ていて退屈なのである。私的だろうと、公的だろうと、退屈なのである。そこには本当の意味での闘いがなく、本当の意味での緊張がないからである。唯一、退屈しのぎになるのは、全体性とは別のゴールをとりあえず設定して、そこに向かう格闘・獲得のプロセスを可視化するような作品（「プロセス物」とでも呼ぼうか）、たとえば今回の日本二（ID420 佐々木案）になったような作品である。あるいは、全体性だけはとりあえずあるけれど、与条件が卒業設計のルールぎりぎりのはみ出し作品——たとえば今回の日本一（ID284 松下案）のようなちょっとズレたもの——である。そんなものしか、審査員の退屈をまぎらわしてはくれないという現実を、今回はいやというほど思い知らされた。

闘うのか、検索するのか

そして実は、この現実は卒業設計に限った現象ではないのである。卒業設計に限らず、情報は流動化し、人々は充分すぎるほどのデータベースに退屈しているのである。インスタントな「全体性」は、もはや人々を興奮させない。全体性の魅力というのがもしあるとしたならば、それは格闘の末にこそ達成されるものである。もしかしたら、格闘だけがあって、全体性に到達できていないものにこそ、魅力があるのかもしれない。いずれにしろそれほどに手ごわい相手と格闘しているのだとしたら、おもしろくないわけがない。もはや「私」対「公」という対立は無効化している。「闘う」か「検索する」かという対立に、僕の関心は向かう。本当に闘っていないものは退屈である。

註
*1　コピー＆ペースト：（Copy & Paste）文章や画像などのデータの一部、または全部を、コピー（複写）し、それを指定した場所に貼り付ける（ペースト）という操作を指すコンピュータ用語。この操作を繰り返して、手軽に指定のデジタル情報を複製し、貼り付けることができる。
*2　伊東豊雄ですら〜先頭を切る：『せんだいデザインリーグ2008 卒業設計日本一決定戦 オフィシャルブック』の総評でも伊東氏が「社会を見る目」に言及している。同書6-7ページ参照。

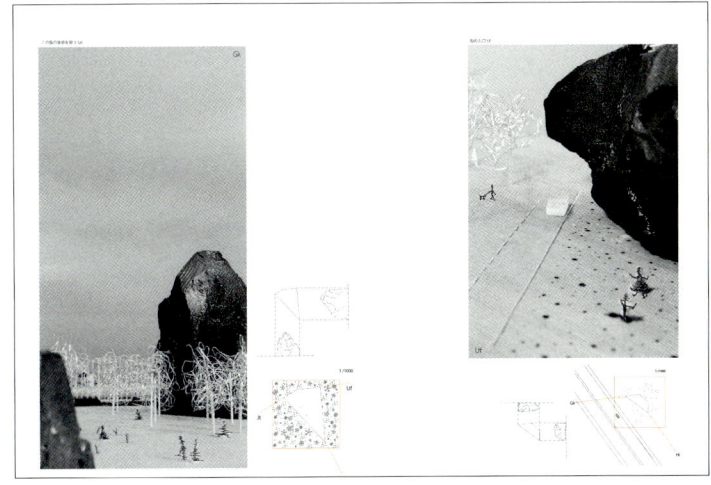

都市のダイナミズム。
建築でも、都市計画でもない、足元にあるもの。
空間ができる以前の拠り所「地形」。
過去の結節点をつなぎ合わせ、83個の石から
大地を編集し、都市空間のあり方を再考する。

+plan

CONCEPT

都市空間の成り立ちを再考する。それは、はじめに大地があり、都市計画により道(インフラ)が敷かれ、建築計画により建物が建ち並ぶことで認識される。この線形的なプロセスを経て、すべての都市空間は生成される。しかし都市化を図る郊外の平地においては、このプロセスは逆に均一性を助長し、街のアメニティ(快適性)を下げている。

ここでは、このプロセスを逆に辿る。つまり、過去の都市計画による「道の配置」をもとにして、本来は元になるはずの「大地」に手を加えるのだ。郊外で限定的な空間を派生させるためには、建築計画でも都市計画でもない、地形自体を編集し、新たな環境をつくる必要がある。

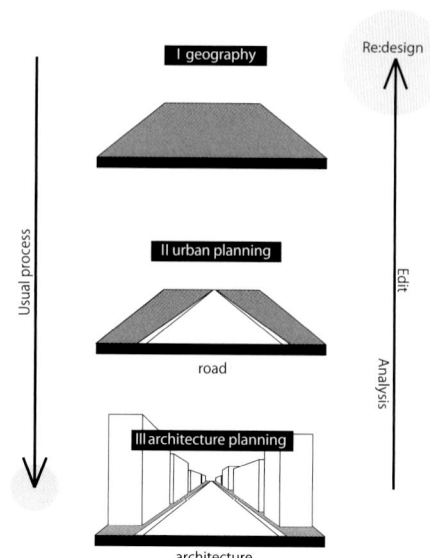

均一化する郊外においては、建築計画でも都市計画でもない、その始まり「大地」を思考する必要がある。

▼審査講評

　建築の評価は絶対的なものじゃない。場所や人や時間が変わると建築の評価も変わる。今回はとても意味深い作品を選べてよかった。「これが建築か！」って言われたら、「これも建築だ」って言い返せばいい。松下さんにはできるだろう。でもこれだけは言っておかなくちゃいけない。間違いのないように。作品の内容より以上に、あなたのパッション（情熱）が高く評価されたということを。

　自然と人工物の関係を扱った作品は多い。でも多くは、去勢され漂白された自然を「自然」と呼び、人間に都合よく手なずけられるようなものがほとんどだ。しかしこの作品はまるで違う。映画『2001年宇宙の旅』のモノリス[*1]のような超越的存在として83個の巨石をつくば研究学園都市にばらまく。それら「異物」は、現代都市の日常性と均質性に、アニミズム的[*2]ともいえる象徴的な空間をもたらす。単純な線形的成長を遂げてきた都市空間は、そのことによって大きく歪むだろうという内容。物語の序章としてはとてもおもしろい。願わくはその後の世界、たとえば100年後の様子まで語ってほしかった。終わりなき物語でもよいのだが、第1話の終章くらいまでは読みたかった。

　敷地の内側だけで完結するゲーム的世界への志向を持った他の作品と比べ、実は本質的に違いはない。しかしながらこの作品には、サーベイ（調査）と分析に基づく堅実さと、扱おうとする時間や空間の荒唐無稽なバカでかさとが同居している。そのアンバランスさはとても楽しく感じられ、逆にバランスをとることよりも大切だってことを我々に教えてくれた。

（ヨコミゾマコト）

註
*1　モノリス：原作アーサー・C.クラーク、監督・脚本スタンリー・キューブリックのSF映画『2001年宇宙の旅』（1968年、アメリカ合衆国）に登場する。400万年前の人猿の時代、月に人類が住む1999年（近未来）など、時を経て、謎の黒い石柱状の物体「モノリス」が、人類の前にたびたび現れる。
*2　アニミズム：エドワード・B.タイラーによって提唱された思想。宗教や呪術の原始的な形態の一種。自然界のすべての事物には、霊的な存在が宿っていて、諸現象はその働きによって起きるとする信仰。

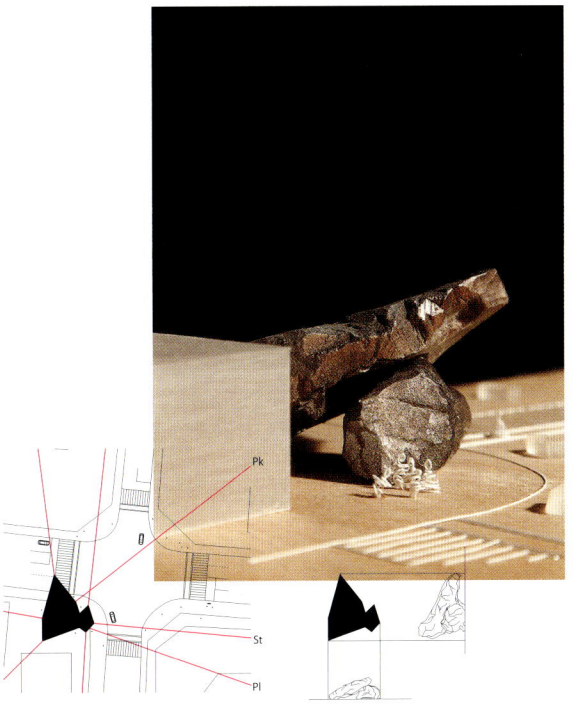

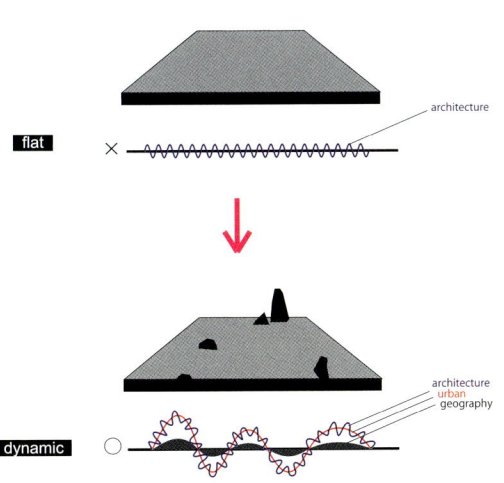

APPROACH

今ある輪郭のない平地に対し、現在と過去の道の結節点に基づき、83個の石を配置。領域的な地形を生み出し、大地の高まりとして、都市のささやかなインパクトとなる。

現在と過去の結節点に基づき83個の石を配置し、フラットからダイナミックな場になるための定点を刻む。

日本 FINALIST

420
Kei Sasaki

佐々木 慧

九州大学
芸術工学部環境設計学科

密度の箱

開口の密度によって空間が構築、解体される箱。

均質化した都市／建築空間のオルタナティブ（別の方法）として、無限の多様性を持つ空間。

さまざまなサイズ、形態、厚みを持った開口の集まり方によって、空間を構成する。そうすることで、壁、床、天井のヒエラルキーは解体され、それらはフラット（平等）に扱われる。細分化された箱が魚群のように集まることで、空間が疎密をもって、構築／解体されていく。
空間のスケール、アクティビティ（活動）は、絶えず伸縮し、確率分布的に現れる。ここでは、過剰な計画が人を支配するのではなく、人が場所を発見する。

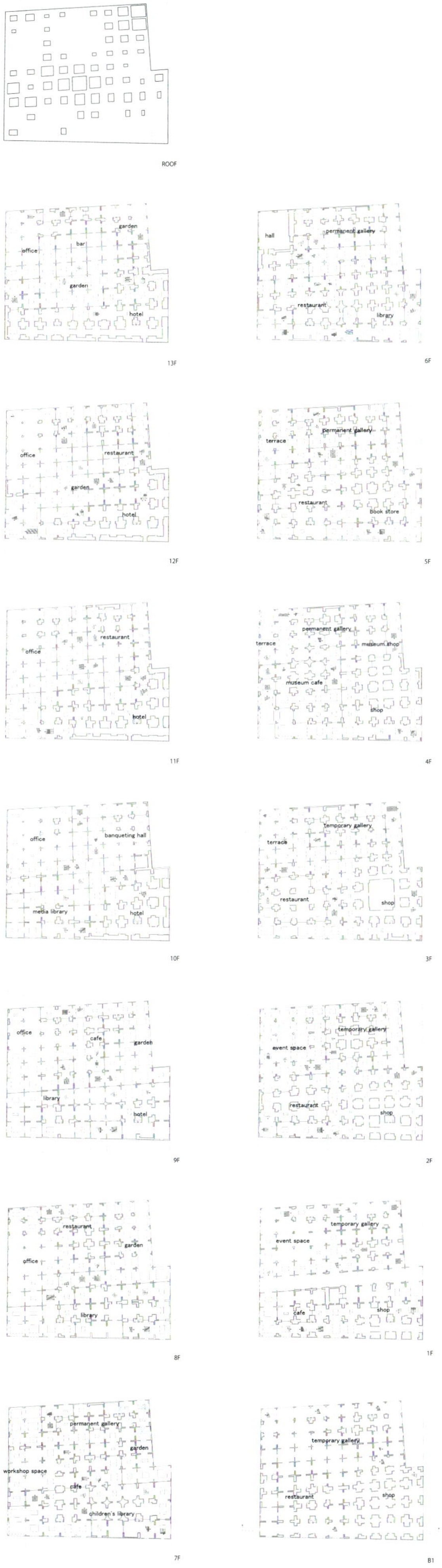

箱

細分化する

開口をあける

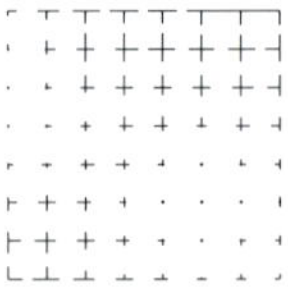

開口に変化を与える

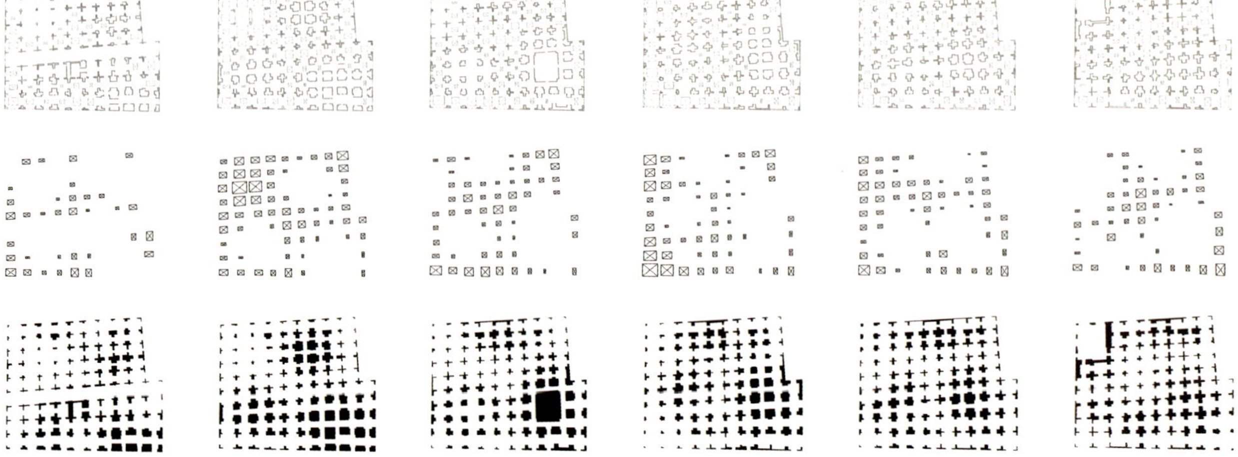

▼ 審査講評

　グラデーショナルな（段階を経て変化するような）ゾーニング[*1]が建築ではたして可能かという興味深いテーマに対する、果敢な挑戦である。これがうまく解けたならば、商業や住宅、オフィスが入り混じった複合ビルは、今日とは違う姿で出現するはずである。

　巨大なボックスを小さなボックスへと分別して、それぞれの小ボックスの外壁の境界条件をグラデーショナルに操作することで、これを解こうとした姿勢も、無謀ともいえるほどにおもしろいし、卒業設計にはこれくらい大きなかまえで、大きな難問に挑んでほしいという意味で、上位に推した。このアンビシャス（野心的）な設問なら、こちらで引き受けて解法を見つけてみたいという欲求にもかられた。上質の数学の問題に出会った時のような、ワクワク感があった。

　しかし、この操作によって出現する空間に対する具体的なイメージと、動線のスタディに弱点があって、惜しくも日本一とはならなかった。内部に外部的な性格を持つボックスを、グラデーショナルに大きなボックスの中に挿入したならば、息の詰まる感じがもう少し減らせたのではないかとも思う。大きな外部、小さな外部、そこそこの外部があるといった感じである。

　　　　　　　　　　　　　　　　　　　（隈 研吾）

註　*1　ゾーニング：平面計画で、スペースを用途別に分けて配置すること。

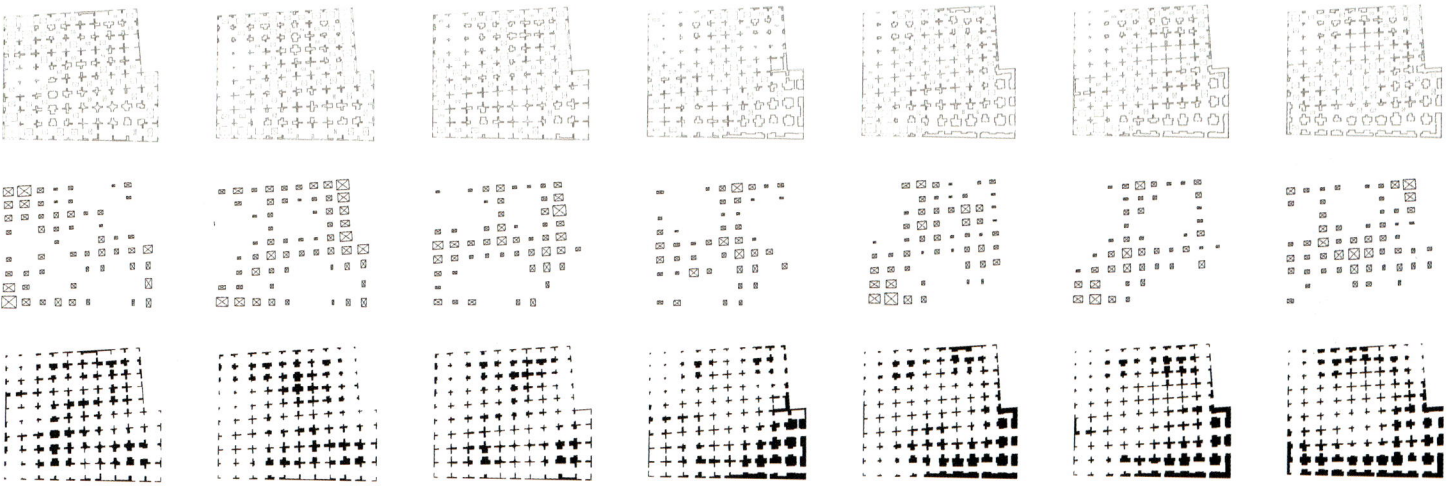

日本
FINALIST

576
Yo Nishijima

西島 要
東京電機大学
工学部第一部建築学科

自由に延びる建築は群れを成す

GL+75,000 plan

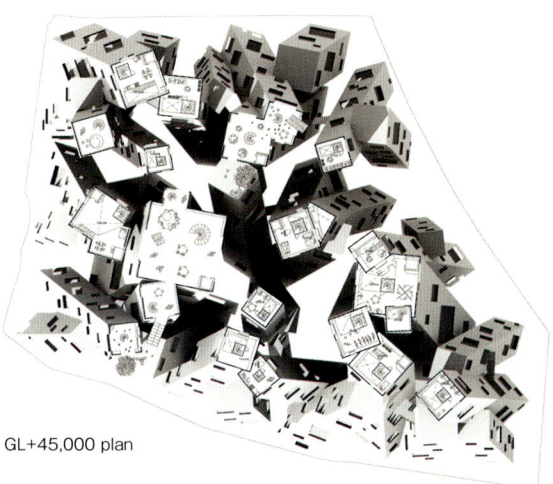
GL+45,000 plan

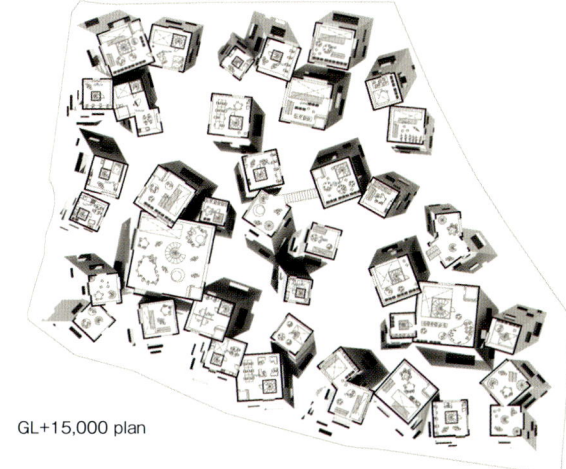
GL+15,000 plan

GL+0 plan

人間の手では制御しきれない部分が存在するような、偶然性を持った建築をつくりたい。どこか自然物のような自由を建築に与えることができないだろうか。人間の想像力をよい意味で裏切るような空間を実現したい。

▼ 審査講評

西島要さんの提案には、まず目を引きつけるインパクトとクオリティを感じました。彫刻のような出で立ちはキャンプファイヤーの炎のようなパッション（情熱）があり、またMIKADO GAME（ヨーロッパのゲーム）のようなランダムさのある形態にはどこか遊び心をくすぐる魅力があります。

一方で、建築的な提案としては、垂直で固い印象の高層・高密度建築に対するオルタナティブ（新規性）が見られます。高層タワーによくある似通ったプラン群をフレンチフライのようにスライスし、それぞれの空間単位をヒューマンスケールに落とし込んでいます。それらをキャンプファイヤーのログ（薪）のように傾け合うことで空間に光を取り込んだり、空が見えるようにしたりと建築にフレンドリーな魅力を与えつつメガストラクチャー（巨大構築物）を変貌させているのです。

とはいえ、これらの操作による効果がコア側（中心）にある室にまで及ぶようにする、複雑に感じられる外観に対して何千ものサインを出さずとも動線が明快になるようにする、など、現実の建築として考えて、この建築を3次元迷路にしないためにもう一歩踏み込んだアイディアがほしかったと思います。

建築に取りかかる時のきっかけはよいので、こういった部分を含めてスタディに挑戦すれば、さらに魅力的になる作品だと感じました。

（アストリッド・クライン）

現在の都市空間における隣り合う建築と建築の間には関係性がない。
そして、その大きな箱のような建築の中には、
苦しそうに住戸や店舗やオフィスが詰め込まれていて、
それらの空間の境界は1枚の壁やスラブで成立している。
たくさんの空間が高密度に集中しているのに、
それぞれの空間が孤立した状態となっている。

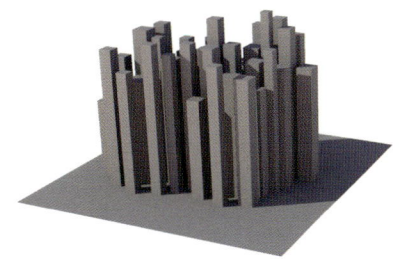

その大きな箱のような建築の中に詰め込まれている
住戸や店舗やオフィスを、1つずつ小さい平面に分解する。
小さい平面を積層させていき、何本もの細長い塔状の建築をつくる。
すべての空間は四面の表層を手に入れることで、
採光・通風を確保することができるようになる。
そして、塔と塔が向かい合う状態をつくることによって、
それぞれの空間の間には視線での関係が生まれる。
しかし、均質なvoid空間は、それぞれの空間を分離し、
そこに人と人が交わるシーンは生まれない。

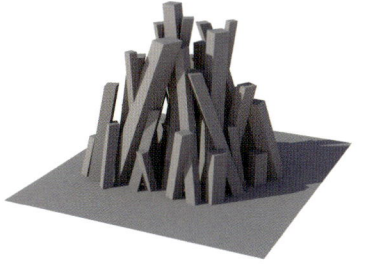

樹木や結晶のような自然物が成長するのと同じように、
いくつもの建築を自由な方向に伸ばしていく。
いくつもの自由な方向に延びる建築が群れを成し、1つの建築をつくることで、
人口が集中した都市に生活することが魅力的であると思えるような風景をつくり出す。
そうしてできた建築は、相互関係を持ちながら、
場所ごとに想像以上に異なった環境を生み出していく。

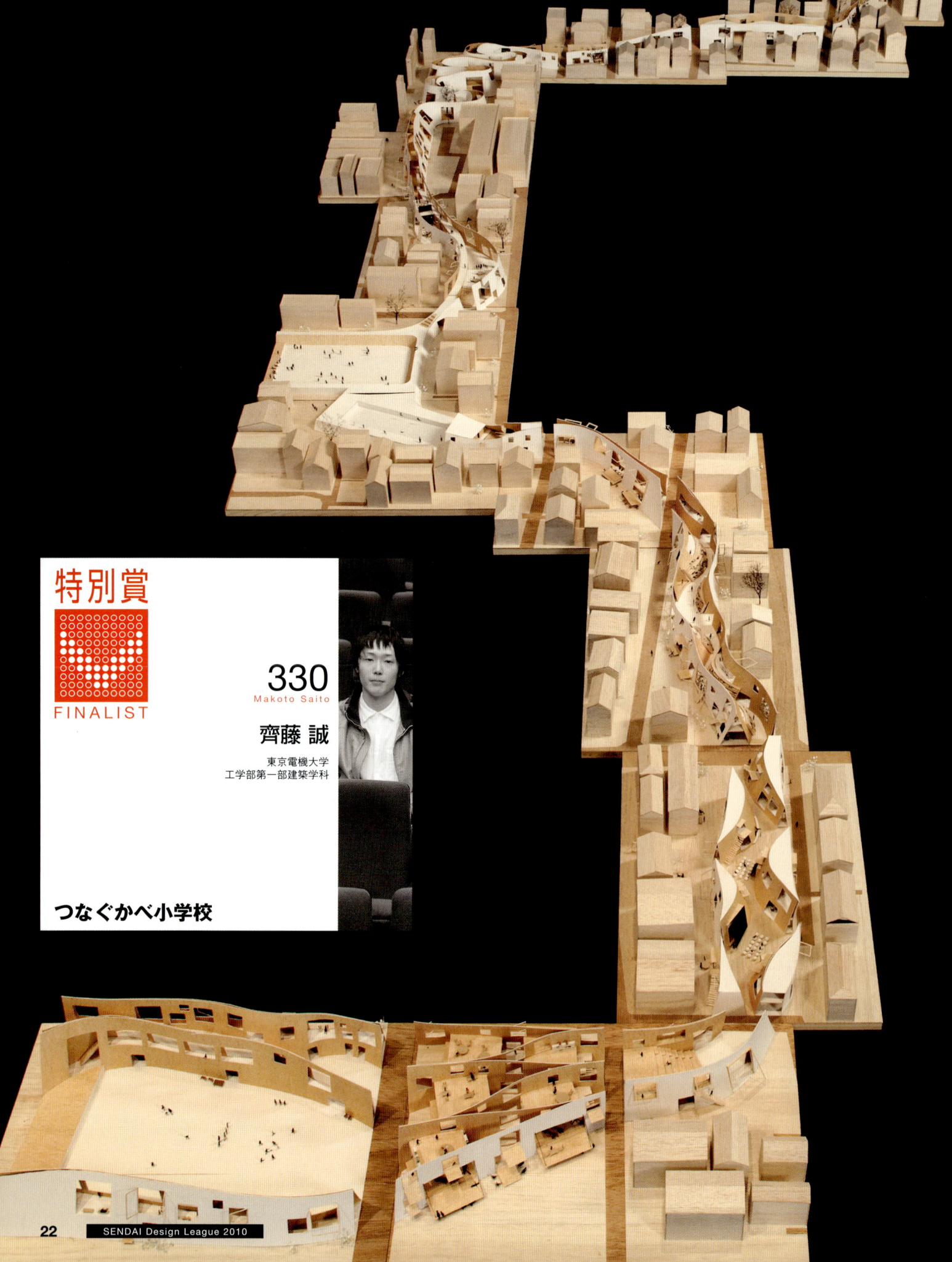

特別賞 FINALIST

330 Makoto Saito

齊藤 誠

東京電機大学
工学部第一部建築学科

つなぐかべ小学校

社会環境、経済環境に振りまわされて、土地や建築は時代を反映する。そんなグリッド状で穴あきだらけのこの街に、ヒモのような、城壁のような、伸びたり、縮んだり、ほつれたりする「やわらかな」小学校を、街を糸で縫うように通す。結んで、開いて、いろいろなものをつなぐ壁の中の小学校。

▼ 審査講評

　小学校を細長い建築として設計し、都市の中に挿入するという案。

　街全体に行きわたるような大きさの建築を提案し、小学校のアクティビティ（活動）とその地域のアクティビティをミックスしていこうという姿勢は、建築をとてもポジティブに考えようとしているふうに思えて、僕にとっては好感が持てた。

　また、川のようなかたちとスケールを持つ建築を設計していくことで、建築とも都市計画ともランドスケープともとらえられるような不思議な何かをつくり出せるのではないか、という建築的な可能性をぼんやりと想像させられた。

　しかしながら、想像力はなんとなく掻き立てられるけれど、そこまで具体的なものを示せていなかったということも事実である。たとえば、なぜ断面が三角形なのか、なぜそれぞれの場所での建物の高さがほとんど同じなのか、この壁のような建物によって隔てられる地域を具体的にはどうしたいのか、2つの小学校を実際どのように結んでいるのかなど、いろいろな疑問点も同時に感じられた。（石上 純也）

特別賞 FINALIST

342
Miwako Kido

木藤 美和子

東京藝術大学
美術学部建築科

歌潮浮月(かちょうふうげつ)──尾道(おのみち)活性化計画

広島県尾道市向島造船ドック。
この人工的に切り込まれた地形の中に身を置いた時、私は海の音を聴き、匂いをかぎ、空気に触れ、そして「海」という空間に包まれることを体感した。
建築が、周囲の環境や時間の持つリズムを、より豊かなものとして再構築するような、そんな状況をつくり出す。
そうして生まれた情景が、尾道の未来へと還元されていく風景に期待する。

▼審査講評

「ランドスケープ石屋」(ID284 松下案)対「入れ子システム」(ID420 佐々木案)が争った今年の卒業設計日本一決定戦は、身体を張った精緻なスタディと創作者としての明確な意思表明をした松下案(ID284)に軍配が上げられることとなった。こうした創作者としての強い意志という点では、今回、紅一点のファイナリストとなった木藤のプレゼンテーションも決して引けを取るものではない。むしろ、審査の途中で、再度パフォーマンスする機会が与えられれば、その結果は違ったものになったかもしれないと思わせるぐらいの出来であった。

尾道に残されたドックに、その空間特性を見ながらていねいに新機能を与えることで、その再生を提案している木藤の案。中でもひときわ異彩を放つのが、ドックの上に差し掛けられた100m×100mのボリューム(量塊)である。象徴的な意味以外に、この部分の役割を位置づけることが困難であったために、次のステージに進むことができなかった。けれども、対岸の尾道旧市街と都市レベルで呼応するこの白く巨大な構築物に、抗し難い魅力があることも確かである。こうした量塊をシャープにつかみ出す本人の能力が周辺の要素と連鎖反応を起こし、説得力に富んだ案に昇華する日は、そう遠くないような気がする。

(小野田 泰明)

section1

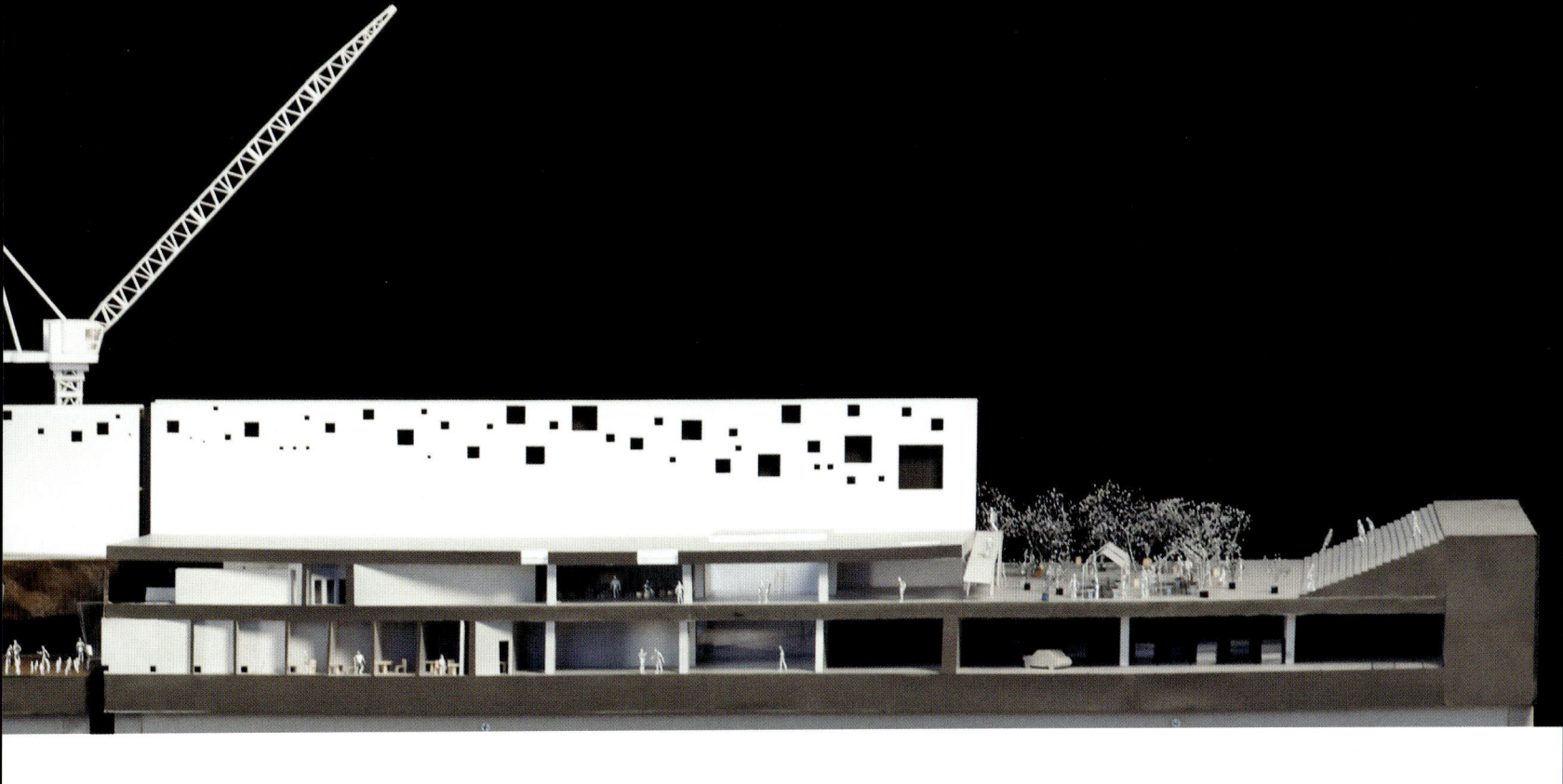

FINALIST

木の葉の記憶

130
Keiji Kurata

藏田 啓嗣
東京理科大学
工学部第二部建築学科

山肌を彩る無数の葉。枝から伸びる姿も地に着く姿も……その葉は、どの瞬間にも意味があり、人はそれを美しいと感じる。では、なぜ都市の中で落ち葉はゴミと映るのか。紅葉を終えた落ち葉は可燃ゴミとして清掃工場に集められ、焼却処分されている。
紅葉している木を人が美しいと感じるのであれば、地面に落ちて土へと還っていく落ち葉の姿も、ゴミではない別の捉え方ができるのではないだろうか。落ち葉を体感する建築の提案。

▼審査講評

　静けさと軽やかさが同居する作品。薄い壁と屋根とが織りなす、落ち葉が自然に重なってできたようなふわりとした空気感がある。仮想的な樹木の配置から導かれるボロノイ分割[*1]を壁とガラスで立体化することで、「人の領域」「木の葉の領域」を区分しつつ隣接させている。周辺への葉脈のような空間の広がりだけではなく、成長や落葉の時間的な広がりも重層的に包み込む、記憶を持つ立体的な公園とでも言うべき「自然」は、ただ緑の樹木だけが並ぶ公園より豊かに感じられる。その魅力は全体模型のチャーミングなたたずまいに充分に表れていた。
　しかし意外にも、プレゼンテーションの半分以上は、施設の存在意義説明に費やされた。単純であるが広がりを持つ設計手法と対比的に、固定化した利用方法の説明。「清掃工場の裏手にあるトラックの荷台から搬入される廃棄物（＝落ち葉）のストック場所」という工業的なイメージは、作者にとっては、不完全ながらも作品に社会性を獲得しようとした試みであったが、かえってこの案の自由度を奪ってしまうように見える。
　それでも朽ちながら再生する、都市の中の新しい自然の姿の可能性に挑戦したことに拍手を送りたい。
（福屋 粧子）

註　＊1 ボロノイ分割：母点（平面上に分布した点）をもとに、隣り合う母点間を結ぶ直線に垂直二等分線を引き、各母点の最近隣領域を分割する操作。環境調査の分野でよく利用される。

FINALIST

SEVEN'S HEAVEN──創作家七人のための集住体

136 Kosuke Nakazono

中園 幸佑

京都大学
工学部建築学科

あてがわれた「機能」が漂白され、待ち焦がれた「出来事」が現出する。
それは個人の波動が衝突し、融和した家による力にほかならない。
「契機の開発」が行なわれる、新たな創造の地平が感じられ得る集住体（集まって住む住まいの形態）である。

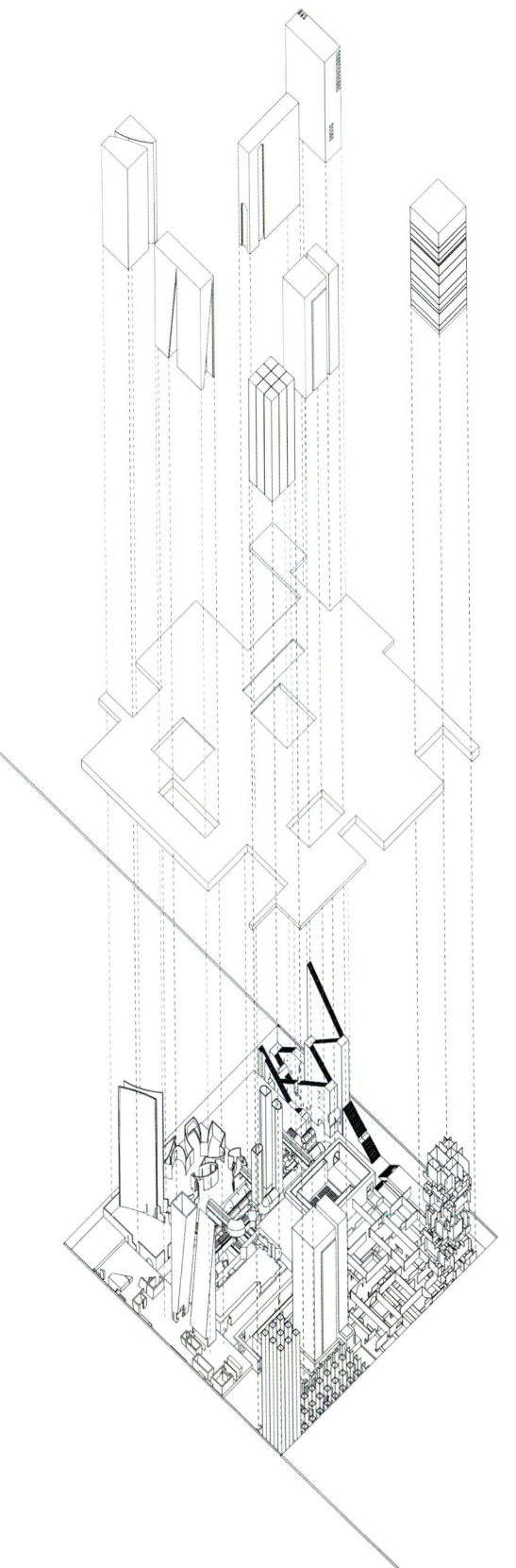

▼審査講評

敷地は砂漠である。が、実際には同時期に生きていない作家たちの創作活動の場なのだから、存在しないに等しく、彼らにとっての天国の家というべき空間なのだろう。メンデルゾーン（建築家）、キアロスタミ（映像作家）、恩地孝四郎（版画・装幀家）、ライヒ（音楽家）など、7人を選んでいるが、これはあえてバラバラであることを狙っており、むしろその関連に意味を発生させないことが目的である。たまたま具体的なサンプルを提示し、そこから発生する形態を探る実験というべき作品だ。フォルマリズム（ここでは、形態のための形態を追求し、強い形を導くデザイン）によって建築に強力なキャラクター（性格）を与える手法は、自殺者の家や建築の仮面劇を構想した建築家ジョン・ヘイダックを想起させるだろう。このプロジェクトは、クールベ（画家）の家など、さながら7つのアイディア・コンペ（設計競技）を解いているようだが、それぞれが分離しているわけではなく、地下では形態のルールがドライブ（作用）し、7棟が相互に絡み合う。ここに現代性もあるのだが、干渉し合う空間がどうなっているかが、わかりにくいのは惜しかった。

（五十嵐 太郎）

FINALIST

森のサナトリウム

485 Akinori Hamada

浜田 晶則
首都大学東京
都市環境学部都市環境学科建築都市コース

使われずに荒れている地方の人工林を「療養の森」に再生。都市生活で疲弊(ひへい)した人々が自然に囲まれた環境で療養することができる、ストレスケアのサナトリウムを計画する。

▼ 審査講評

　都市の中で、心を病んでしまった人たちの暮らすサナトリウムの計画である。緑豊かな山の中をうねるように縫いながらたたずむ建物は、その有機的な形態と半透明の表面仕上げによって、どこかはかない印象を持つ。

　精神病という非常に現代的な課題に対して、自然とのふれあいを通じて安らかに過ごせる場所を提供しようという姿勢や、建築の断面詳細や構法、仕上材まできちんと考えて、正面からリアリティを追求しようと取り組む姿勢には共感した。しかし一方で、こうした施設で最も考えるべき平面・断面計画のストーリーには、具体的な生活の姿や治療効果などの説明がほとんどなかったし、「半透明な仕上材は、光が透けるほど薄くスライスした木材」という説明を聞くと、社会の現実や素材の特性を表面的なイメージでしか捉えていない学生の限界も感じた。心を病んだ人に寄り添うような建築の「弱さ」が魅力的だっただけに、それを補強するリアリティに今一歩の説得力があればと惜しまれる。

（末廣 香織）

FINALIST

waltial──一つの概念からなる都市的空間の提案

573
Masahiro Suzuki

鈴木 政博
武蔵野大学
環境学部環境学科住環境専攻

幾重にも重なる壁は場所により異なる空間を認識し、個人の領域は守られながらも同じ空間を共有する。互いの領域は入り交じりながら多様性を持ち、小さな空間は連続していく。壁はただ、わずかな空間をつなげていく。wall+spatial=「waltial（ウォルティアル）」。壁によって生まれた空間に人の生活や活動などさまざまなものが存在する（起こる）。

▼審査講評

　無数の壁柱が林立して渦を巻いている。濃密に作り込んだ模型が印象的な作品。予選審査で審査員全員から票を得た。

　屋根はどうなるのか、内外を区切るガラスが壁とは別に入るのか、など気になる点は残るが、基本的に一律の高さの壁だけで、これだけの迫力のある空間をつくり出している力量はすばらしい。特に、正方形を旋回させながら入れ子状に配した「ギャラリー」の平面は、図式的で単調に見えるのに、わずかにスリバチ状の地形を導入することで、一気に空間は複雑で動的なものに変化している。均質な「群」の造形に波を起こす、地形とは運動の異名なのかもしれない。

　鈴木は、この設計に先立って「遮蔽物による対人距離・固体密度に関する研究」を行なっている。実験室に複数の人を入れ、視線を遮蔽する壁の数と位置、あるいは被験者たちの性別や人間関係によって、彼らがどんな位置に身を置くかの実験である。本作のデリケートな寸法の感覚はこうした地道な実験によって裏打ちされていたのだ。
　　　　　　　　　　　　　　　（本江 正茂）

FINALIST

小さな世界の大きな風景

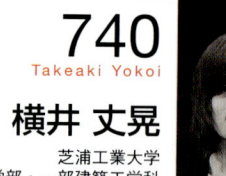

740 Takeaki Yokoi

横井 丈晃
芝浦工業大学
工学部・一部建築工学科

規格化され、速い時間とモノであふれる東京。そこに、何もない虚構の空間へと導く装置としての火葬場をつくり出す。それは雨上がりの後の小さな水たまりに映る空に、漠然とした大きな世界を感じられるような空間。

▼審査講評

　都心部の込み入った住宅地にある既存の火葬場のあり方を考え、地下に埋設するというかたちで再提案した作品。内部はとても美しく整形された空間の連続で、死を取り扱う建築としての造形的な可能性を追求した挑戦的な建築である。

　敷地の要件を考えると、火葬する施設を顕在化させず、別れの儀式を執り行なう場のあり方を真摯に考え、そのシークエンス（場面展開）や空間の質感などをていねいに取り扱ったところに魅力を感じた。

　一方で、住宅地に突如現れる煙突は、明らかに生の終焉、死の世界への接続部を表象する存在である。コンセプトとして、その煙突を明示することの意義は理解できるものの、実際にそのような存在が閑静な住宅街に屹立（きつりつ）することへの違和感や嫌悪感のようなものが沸き上がってしまうのではないかという懸念が大きな論点となった。

　建築の問題提起が純真で潔く美しいからこそ、そこで起こる日常的な人々の感情の機微（きび）とどう折り合いをつけるかに作者の明快な見識が問われたのだが、そこに目の覚めるような明言が与えられなかったことが残念であった。
　　　　　　　　　　　　　　　　　（中田 千彦）

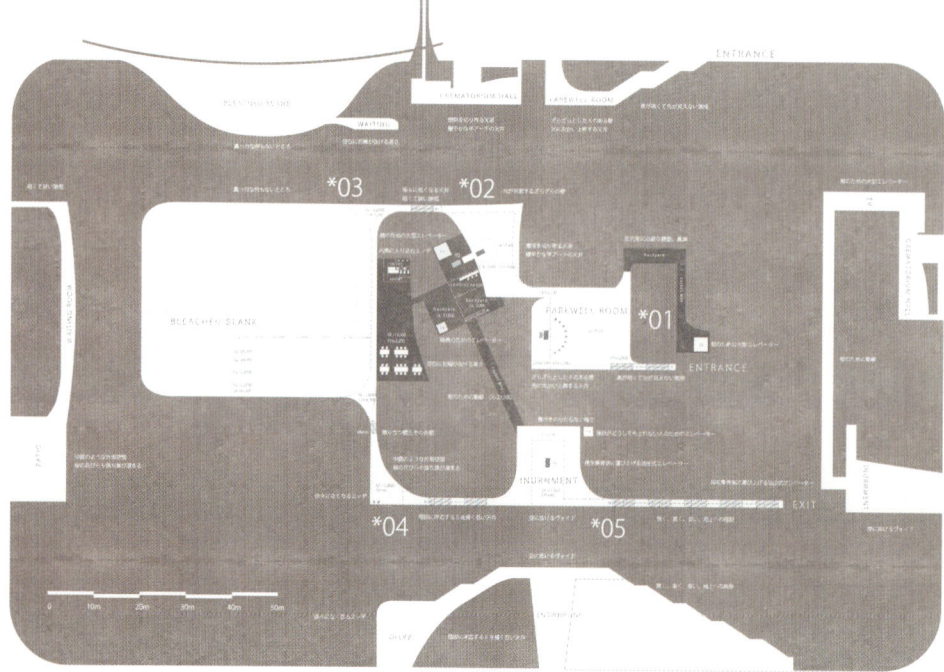

Preliminary round

Process 01
予選

2010.03.06 AM
せんだいメディアテーク
5・6階ギャラリー

554 ▶ 105

公開審査の前日の予選審査では、全出展数554作品の中から、セミファイナルの審査対象となる作品が、上位100作品をめどに選出された。アドバイザリーボード*を中心にした10人の予選審査員は、まず、展覧会場を個々に巡って審査し、それぞれ100票をめどに投票。学生アテンドはそれぞれに決められた色のシールを、作品の前に備えられた投票カード（キャプション）に貼り付けていく。投票の集計結果をもとに、予選審査員でもう一度、会場を巡回し、1つ1つの作品を確認。獲得票数がボーダーライン上にある作品については、より深い議論が重ねられた。判断に迷う作品は、一時保留とされて審査が進行した。そして最終的には、保留になっていた作品をすべて含めて、合計105の作品が予選を通過。展覧会場の該当作品には、目印として赤い花が付けられた。

*：アドバイザリーボード＝仙台建築都市学生会議と定期的に情報交換を行なう、また、学生会議が関係する企画運営にも協力し応援する、SDL審査委員長経験者（UCLAの渡邉豊和チェアマン）、東北大学の小野田泰明教授、石田壽一教授、五十嵐太郎准教授、堀口徹助教、東北芸術工科大学の竹内昌義教授、宮城大学の中田千彦准教授、東北工業大学の福屋粧子教育講師、東北文化学園大学の本江正茂准教授、東北文化学園大学の教育准教授

Preliminary round 予選 投票集計結果

合計	ID	氏名	石田	櫻井	竹内	中田	馬場	福屋	本江	厳	予選通過
8	288	山田 健太朗	1	1	1	1	1	1	1	1	◎
8	573	鈴木 政博	1	1	1	1	1	1	1	1	◎
8	576	西島 要	1	1	1	1	1	1	1	1	◎
7	342	木藤 美和子	1	1	1	1	1		1	1	◎
7	420	佐々木 慧		1	1	1	1	1	1	1	◎
7	665	青木 史晃	1	1	1	1	1	1	1		◎
7	672	荒木 省吾	1	1	1	1	1	1	1		◎
6	019	佐熊 勇亮	1	1		1	1	1	1		◎
6	025	福田 充弘	1		1	1	1	1		1	◎
6	035	安齋 寿雄		1	1	1	1		1	1	◎
6	164	真田 菜正	1		1	1		1	1	1	◎
6	172	江川 拓未	1	1		1	1	1		1	◎
6	284	松下 晃士	1	1			1	1	1	1	◎
6	311	松田 勇輝	1			1	1	1	1	1	◎
6	316	居山 直樹	1		1	1	1	1	1		◎
6	327	高田 雄輝	1	1	1		1		1	1	◎
6	351	松永 圭太	1		1	1	1	1		1	◎
6	485	浜田 晶則		1	1	1	1	1	1		◎
6	523	高橋 翔太朗		1	1	1	1	1		1	◎
6	542	小澤 瑞穂	1		1	1	1	1	1		◎
6	548	坂本 達典		1	1	1	1	1		1	◎
6	626	豊後 亜梨紗	1	1	1		1	1	1		◎
6	662	若山 範一	1	1		1	1	1	1		◎
6	667	岡田 晃佳	1		1	1	1	1		1	◎
6	740	横井 丈晃	1	1		1	1	1	1		◎
5	009	村上 毅晃	1	1	1		1		1		◎
5	023	坪田 直	1	1	1	1		1			◎
5	059	川西 乃里江	1			1	1		1	1	◎
5	113	西川 昌志	1	1			1	1	1		◎
5	115	山中 裕加	1		1	1	1			1	◎
5	129	廣瀬 理子		1	1	1		1	1		◎
5	130	藏田 啓嗣	1	1			1	1	1		◎
5	136	中園 幸佑		1	1	1		1	1		◎
5	149	平井 良祐	1			1	1		1	1	◎
5	157	冨田 直希	1		1		1	1	1		◎
5	158	陣内 美佳	1	1		1			1	1	◎
5	197	大瀬戸 雄大	1	1		1	1		1		◎
5	250	青砥 建	1	1		1		1	1		◎
5	253	沼尾 知哉	1			1	1	1		1	◎
5	275	宇田 雅人	1	1		1		1	1		◎
5	330	齋藤 誠	1		1	1	1		1		◎
5	340	百田 智美			1	1	1		1	1	◎
5	344	細矢 祥太	1	1		1	1			1	◎
5	394	小清水 一馬	1	1		1	1		1		◎
5	407	増田 光	1		1		1	1		1	◎
5	427	奥野 裕美			1	1	1	1	1		◎
5	508	泰永 麻希			1	1	1	1		1	◎
5	534	木下 慎也	1	1		1	1		1		◎
5	563	高城 聡嗣	1	1	1			1	1		◎
5	588	大沼 慈佳	1				1	1	1	1	◎
5	607	藤川 知子	1		1	1	1		1		◎
5	608	佐藤 元樹	1			1	1		1	1	◎
5	630	桑原 一博	1	1	1			1	1		◎
5	666	向井 優佳	1	1		1		1	1		◎
5	713	朴 真珠	1	1		1	1		1		◎
5	727	滝沢 佑亮	1	1	1		1		1		◎
5	737	野島 将平	1		1	1	1		1		◎
5	761	内山 ゆり	1	1	1	1			1		◎
4	041	紺野 真志	1		1		1		1		◎
4	060	杉山 聖昇			1	1	1		1		◎
4	070	村中 奈々		1	1			1	1		◎
4	104	棚田 美紀子 林 将利 早田 大高	1					1	1	1	◎
4	108	上島 直樹	1			1			1	1	◎
4	139	木村 俊介					1	1	1	1	◎
4	156	山田 奈津子	1		1	1	1				◎
4	159	徳山 史典	1			1	1		1		◎
4	179	大和田 栄一郎			1		1	1		1	◎
4	205	小林 亮介	1			1		1		1	◎
4	211	三浦 星史	1	1		1	1				◎
4	214	布川 悠介	1	1				1		1	◎
4	215	貝沼 泉実				1	1	1		1	◎
4	258	篠原 慶直		1		1	1		1		◎
4	263	渡辺 隆保	1		1	1			1		◎
4	267	立石 龍壽			1	1	1		1		◎
4	281	田中 涼子	1	1			1		1		◎
4	287	高橋 昌之	1			1	1		1		◎
4	328	田中 麻未也				1	1	1		1	◎
4	396	宮崎 智寛		1		1	1		1		◎
4	441	栗本 絢子	1		1				1	1	◎
4	478	磯崎 裕介	1		1		1		1		◎
4	517	角 彩			1		1		1	1	◎
4	533	高木 薫		1		1		1	1		◎
4	569	乙坂 譜美	1	1	1				1		◎
4	590	村山 和聡				1	1	1	1		◎
4	596	辻本 知夏	1				1	1		1	◎
4	597	山崎 大樹	1		1		1		1		◎
4	613	前田 秀人		1		1		1	1		◎
4	641	西浦 皓記			1		1	1	1		◎
4	694	阿部 祐一	1		1		1		1		◎
4	704	青柳 有依	1				1		1	1	◎
3	005	大橋 秀允	1	1					1		◎
3	011	中野 賢二					1	1	1		◎
3	020	祝 亜弥			1	1	1				◎
3	026	薗 広太郎	1					1	1		◎
3	050	池末 聡			1			1		1	◎
3	066	杉浦 絹代		1	1	1					◎
3	081	佐原 あい	1				1		1		◎
3	103	中安 智子		1						1	◎
3	105	萩原 ユーカ	1			1			1		◎

合計	ID	氏名	石田	櫻井	竹内	中田	馬場	福屋	本江	厳	予選通過
3	122	齋藤 慶和	1	1		1					
3	124	山澤 英幸			1		1		1		◎
3	184	森 友美					1		1	1	
3	194	嶋田 貴之	1		1	1					
3	231	畠 和宏				1		1			
3	232	柏木 俊弥	1				1	1			
3	254	村上 友健	1						1	1	
3	269	土田 昌平	1			1		1			
3	285	南野 望	1		1		1				◎
3	369	木村 昌人		1		1		1			◎
3	398	丸山 洋平	1			1		1			
3	401	伊藤 孝仁	1		1				1		
3	484	山本 恵	1						1	1	◎
3	503	森 信貴	1		1		1				
3	520	加藤 隼輝			1		1		1		
3	549	佐々木 潤一				1	1	1			
3	550	香川 芳樹		1		1			1		
3	572	佐々木 良介			1	1	1				◎
3	595	佐藤 敬 / 佐藤 菜生 / 本間 智希			1		1		1		
3	606	鈴木 康二郎		1		1			1		
3	635	赤垣 友理	1	1			1				◎
3	644	今野 和仁			1	1	1				◎
3	645	池上 晃司	1	1	1						◎
3	647	針貝 傑史					1	1		1	
3	674	平野 晴香	1	1			1				
3	683	守谷 英一郎	1				1	1			
3	709	西高 秀晃			1		1	1			
3	743	井上 湖奈美			1	1	1				◎
3	757	岸田 一輝		1		1			1		◎
2	002	赤瀬 玲央奈			1						
2	014	下村 和也			1	1					
2	016	藤本 綾			1	1					
2	032	富井 育宏			1		1				
2	049	長田 章吾			1			1			
2	092	永嶋 竜一		1					1		
2	097	小谷 至己									
2	101	宍戸 香織	1						1		
2	110	小林 春美		1	1						◎
2	112	八角 紀子	1							1	
2	121	土屋 栄子					1	1			◎
2	131	斎藤 信吾 / 平田 裕信 / 平野 遼介	1						1		
2	154	斎藤 芳子			1	1					◎
2	175	河原 裕樹	1				1				
2	190	松井 夏樹		1		1					
2	193	松澤 広樹							1	1	
2	198	畑野 真由美		1		1					
2	201	春日 和俊	1					1			
2	207	宮内 礼子				1		1			
2	227	小松 克仁							1	1	
2	294	一瀬 健人	1						1		
2	298	池谷 翔		1		1					◎
2	299	林 晃輝			1	1					
2	320	冨永 初穂					1	1			
2	323	行木 慎一郎				1		1			
2	325	内堀 佑紀	1						1		
2	331	鈴木 篤志			1	1					
2	334	中田 翔太			1		1				
2	337	喜田 健資		1				1			
2	371	鈴木 智博		1					1		◎
2	374	蝦名 達朗			1			1			
2	381	杉浦 陵子			1	1					
2	412	竹田 純平	1						1		
2	414	梶 隼平						1	1		
2	431	古川 智之	1						1		◎
2	437	中澤 晋平			1			1			
2	447	山日 康平			1		1				
2	452	石賀 悠也					1	1			◎
2	454	小沢 翔太			1			1			
2	459	鴨志田 航		1		1					◎
2	461	長柄 芳紀	1					1			
2	465	嶋原 悟			1		1				
2	467	小代 祐輝	1					1			
2	483	西川 日満里				1			1		
2	504	久保 一樹			1		1				
2	524	谷口 和泉		1		1					
2	527	大室 真悟		1		1					
2	528	大田 将平	1				1				
2	552	古川 祐輔							1	1	
2	562	吉田 遼太 / 島田 麻里子 / 吉村 真一		1					1		
2	568	杉浦 彩		1		1					
2	570	芳木 達彦					1		1		
2	587	渡辺 一功		1					1		
2	589	香村 翼	1	1							
2	593	野村 武志		1	1						
2	620	矢部 浩史 / 大友 望			1				1		
2	636	斉藤 裕貴						1	1		
2	637	森田 修平		1		1					
2	658	佐藤 理都子					1	1			
2	660	小野間 景子		1		1					
2	661	水野 貴之			1	1					
2	676	山中 友希		1		1					
2	688	藤末 萌		1				1			
2	695	上島 克之			1			1			
2	707	平 裕 / 細井 淳 / 中村 友香		1	1						
2	714	久保田 大貴	1	1							
2	724	新岡 朋也			1		1				

Preliminary round 予選 投票集計結果

合計	ID	氏名	石田	櫻井	竹内	中田	馬場	福屋	本江	厳	予選通過
2	735	川東 大我			1				1		
2	744	藤原 康晃			1		1				◎
1	003	石井 勇貴								1	
1	010	鈴木 晴香			1						
1	033	河合 美緒				1					
1	038	渡辺 佳苗				1					
1	054	佐伯 亮太				1					
1	055	橋場 諭								1	
1	056	二宮 佑介		1							
1	064	伊勢 文音							1		
1	068	伊藤 瑠美					1				
1	079	浦野 宏美		1							
1	085	宮坂 夏雄			1						
1	091	林 直毅							1		
1	098	三島 直也				1					
1	099	遠藤 創一朗							1		
1	109	今冨 佑樹		1							
1	118	石川 翔一				1					
1	119	渡邉 光			1						
1	126	加藤 優一				1					
1	127	竹内 彩		1							
1	138	佐藤 敦					1				
1	143	上谷 佳之				1					
1	147	田中 裕大	1								
1	148	水野 真宏			1						
1	162	小野寺 亜希						1			
1	170	須藤 裕介				1					
1	171	大竹 大輝					1				
1	173	荒川 達磨		1							
1	174	八木 優介						1			
1	177	川村 健介	1								
1	200	中村 創				1					
1	210	中村 太一	1								
1	212	清水 基宏							1		
1	213	海老塚 啓太		1							
1	222	佐藤 大基						1			
1	223	横山 まどか							1		
1	226	中野 舞							1		
1	228	矢野 杏奈				1					
1	235	太田 翔							1		
1	243	伝宝 知晃 / 川辺 真未 / 藤澤 寛久						1			
1	247	高橋 孝太	1								
1	259	近藤 茉莉							1		
1	260	上田 淳		1							
1	301	小木曽 茜				1					
1	312	濱本 拓磨								1	
1	317	松田 真也					1				
1	336	矢谷 百代					1				
1	347	岩本 真菜								1	
1	348	森山 晴香				1					
1	349	石川 悠	1								
1	361	川合 達哉			1						
1	375	宮越 真央			1						
1	377	古賀 巧也				1					
1	379	岩城 和昭			1						
1	380	鈴木 脩平		1							
1	383	廣瀬 友香						1			
1	400	山下 尚哉			1						
1	423	望月 真菜		1							
1	429	加藤 雅史		1							
1	430	竹内 吉彦			1						◎
1	434	坂上 敦志								1	
1	439	土井 亘							1		
1	445	山﨑 啓道		1							
1	453	福永 修子	1								
1	466	林 絵里子								1	
1	491	永井 裕太								1	
1	499	林 和秀						1			
1	521	柴田 龍一						1			
1	525	松本 玲子		1							
1	530	廣瀬 遙						1			
1	538	深田 享佑						1			
1	564	大川 厚志			1						
1	566	粟野 悠			1						
1	580	向阪 真理子					1				
1	583	山元 宏真		1							
1	586	高石 竜介						1			
1	602	奥野 充博								1	
1	619	井手 岳郎			1						
1	628	藤本 健太					1				
1	634	山内 響子				1					
1	643	瀬戸 基聡						1			
1	650	山上 裕之								1	
1	652	木内 洸雲				1					
1	664	佐々井 良岳						1			
1	673	菊地 豊栄						1			
1	677	黒岩 克人						1			
1	687	今村 博樹						1			
1	696	松川 元美		1							
1	699	北野 克弥		1							
1	705	信楽 佳孝				1					
1	708	辿目 佑子						1			
1	717	岩田 友紀						1			
1	725	堀川 佳奈			1						
1	728	村上 由梨子		1							
1	747	川元 大嗣						1			
1	762	木原 紗知		1							
800		得票総数	100	100	100	100	100	100	100	100	

※得票0票のものは未掲載

ボーダーラインを浮沈した作品たち

投票の後、全審査員で再検討されて予選通過作品は決まる。以下、予選のボーダーラインを浮き沈みした作品の勝敗の分かれ目について審査員のコメントを紹介する。

中田 千彦（予選審査員、セミファイナル審査員）

Preliminary round 予選

凡例：ID［得票数］作品名（サブタイトルは省略）

少得票ながら予選通過

026 ［3］ World of Under The World
全体の構成の単位となるちゃぶ台のような所帯じみた形には疑問があったが、こうした素朴かつ空間構成として複雑になる形の提案は他に例が少なかったため。

050 ［3］ 開聞火葬場
造形が荒っぽいため少票だったが、堂々とした造形で、空間の質感もうまく表現されていた。火葬場というプログラムとの関係もおもしろく、このコンセプトが通用するかを検証するために選出。

066 ［3］ 白という建築
最終的な建築のあり方をどこに求めるのかが不鮮明であったが、タイポロジー*1に専念した作品は他になく、徹底した造形操作に取り組んだ姿勢とその造形力が評価された。

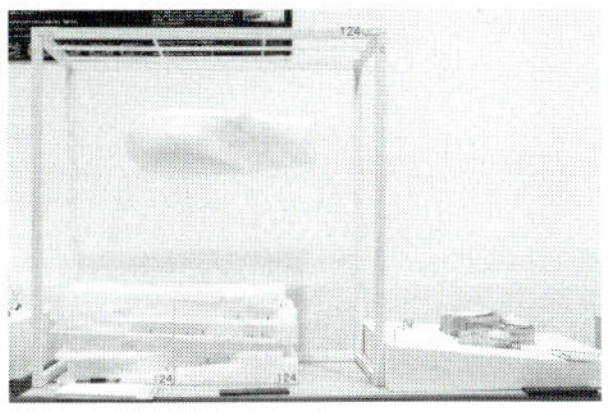

124 ［3］ National Electronic Library TOKYO
プレゼンテーションが明解でなかったため、建築の本意を捉えにくかった。しかし、図書が電子化された未来に、その情報の開示方法、図書館司書の仕事の意味などが予見される建築とも思われ、天窓から差し込む光に空間や図書の重要性を置き換えようとしたところに評価が集まった。

285 ［3］ 時々刻々と変わる人の感覚、それに答えるかのような一つの建築
最終的な建築のあり方には疑問が残り少票だった。空間や形態の試行錯誤はずいぶんしている。こうしたピュアな造形感覚をどう評価するかを考えるために選出した。

369 ［3］ winding current
空気の流れを制御するというアイディアはおもしろい。建築の表現としてきちんと次のステップで評価されるかどうか、作品の持つ力を試すために強く推す意見が上がった。

484 ［3］ ajisai
作品の雰囲気の野暮ったさのため最初の評価は低かったが、断面が露出した地下空間を使うといった現代的なアイディアとの対比について議論すべきという意見により選出。

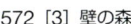

572 ［3］ 壁の森
造形に既視感が漂っていたことから少得票だったが、積層する屋根、構造的にも配慮された壁柱の美しさが認められた。

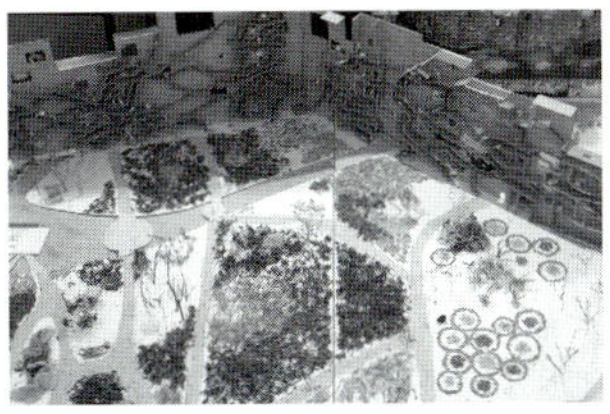

635 ［3］ 六ヶ所村の大きな箱庭
模型の印象が悪くて最初の得票は少なかったが、核施設の将来をどう考えるかというストーリーが確認できたため、次の審査に進めるべきテーマ性がある、という意見が高まった。

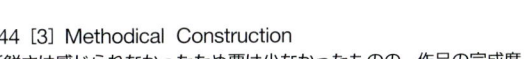

644 ［3］ Methodical Construction
新鮮さは感じられなかったため票は少なかったものの、作品の完成度、まとめ方、作業の精度などをよく見ると、力量の高さが感じられた。

645 ［3］ 中野マニア
コンテクスト（敷地状況）に対して熟慮が欠けている、という意見から最初の評価は低かったが、日本を代表するサブカルチュア「まんが」の殿堂としての建築を議論するために選出。

743 ［3］ 散歩道
建築的な提案として積極性を見出しにくかったため少得票だったが、アーケード商店街の改善計画として、既存の領域をはみ出して自由に浸食、展開する新たな商業空間の可能性を感じた。

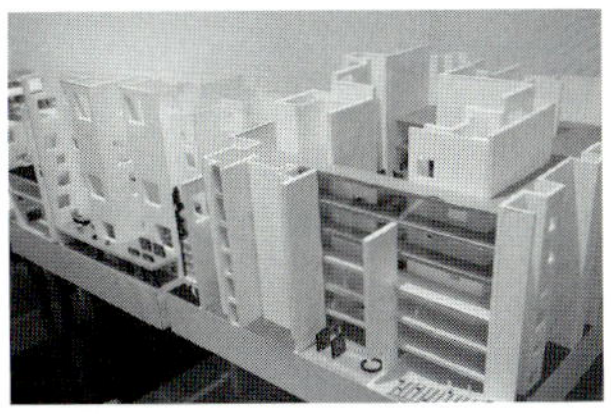

757 ［3］ あつまれ！日大！
住宅の詳細について疑問点が多いため票が少なかった。しかし、ランドスケープのような模型の持つ造形力が見事だった。

110 ［2］ suki ma
形がハート型であることにはじめは違和感を感じたが、示されている建築の素材感が明確で、幾重にも重なるドレスのような空間の積層に関心が集まった。

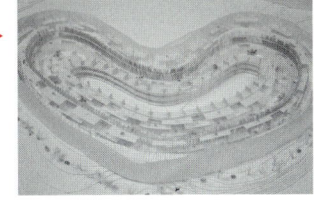

121 ［2］ やわらかいということ
「強引に木の構造で勝負するという気迫にのみ注力しているのではないか」という懸念から最初は得票が少なかったが、むしろその「布で建築を作るとこうなる」という強い意識を形にしているところをあえて再評価するに至った。

註 *1 タイポロジー：類型学、形式論。類型を見つけ出して型ごとに分類し、その型の本質をはじめ、さまざまな事柄を考察すること。

模型撮影：越後谷出＋仙台建築都市学生会議

154 ［2］淡い画
柔軟性の高い素材を実寸で組み上げていこうというアイディアは、希有な存在だった。施工技術の是非はともかく、こうした作業への熱意がセミファイナルでどのように評価されるかを確認する意味で選出された。

298 ［2］イオンのカタチ
当初は得票数が少なかったにもかかわらず、ショッピングモールというビルディングタイプに対して、斬新な形態を大胆に採用したところに注目が集まった。

371 ［2］machi-ful
空間的な提案に乏しく風景もありきたりなものに見えたため得票は少なかったが、既存の街並みを補強する倒壊防止の建築を置く際に、「ボックスを変形させたもので複数の既存建築を連結して守る」というアイディアを再評価。

431 ［2］動きある個の集合体
建築そのものの魅力に疑問があり、少得票だったが、模型を動かす仕掛けを組み込むことで、建築が動いた時にどのような世界が広がるかを議論できる、という観点から選ばれた。

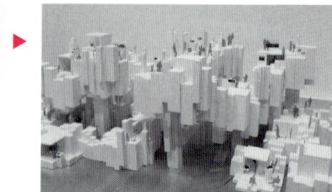

452 ［2］砂中のローカル
地下空間の設計方法について賛否が分かれたため少得票だったが、砂丘の中の定点観測所をランドスケープとして魅力のあるものに置き換えている点が評価された。

459 ［2］つがいの建築 / 美術館 / 都市
敷地に対する建築の形の意味が理解しにくく少得票だったが、馬蹄形の建物が水面をはさんで呼応する配置になっていることへの関心と造形力への評価によって選出された。

744 ［2］織りなす、とき
造形としては目立たずに少得票だったが、素朴さとまじめさを感じさせる。こうした誠実な建築は、他のアグレッシブ（意欲的）な作品群との対比として、並べて評価すべきという視点から選出。

430 ［1］張りぼてと対
造形力や空間性の可能性は感じられたが、全体像が不鮮明で少得票だった。一方で全体としてどのようなまとまりを示すのかがよくわからず、それを吟味すべきだとして選ばれた。

得票は多かったのに選外

250 ［5］セカイ系としての礼拝堂
当初は造形力、構成力に魅了され、票を獲得した。しかし、作品をじっくり読み込む中で、「建築としての説得力にもう少し力強さがほしい」とう意見が出て、詳細を確認したが説得力のある魅力が見当たらなかった。

344 ［5］寄り添う関係
過去に高評価を受けた、類似した表現手法の作品に引きずられて票を集めたが、その作品と比べて突出した魅力やアイディアを見て取ることがむずかしく、このアイディアのユニークさを表現しきれていない。

179 ［4］壁龕の街
街並みの再生プロジェクトとして興味深いところがあり票を集めたが、建築の形やたたずまいは旧式に感じられ、新鮮さに欠けていた。

441 ［4］おしこむ ひろがる とけあう
「積層した壁面が美しい」という評価が票を集めたが、積層された壁面の意味や、建築的な魅力について議論となった。手法には既視感があり、類似性のある作品と比べて突出した内容が見当たらなかった。

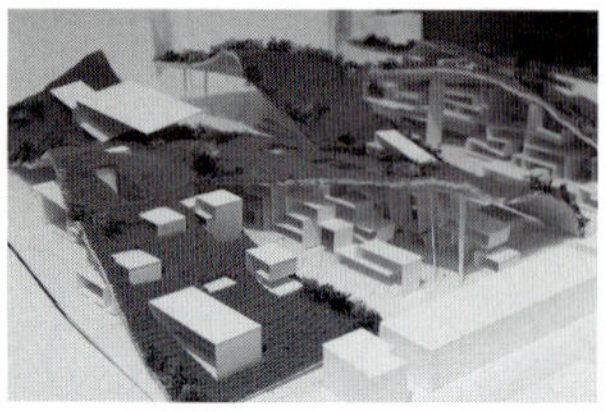

517 ［4］Composite Office
スケールの大きな構造を持った人工地盤が興味を引き高得票だったが、人工地形と内部空間との関係があまり魅力的な造形になっていなかった。

590 ［4］一万分の一の風景
美しい作品であったため票を集めた。しかし、この旧態依然とした、いわば古めかしい内容では、他の作品と互角に戦えるほどの力強さが備わっていない。

641 ［4］やねのはなし
連続する屋根の断面の魅力が票を集めた。再検討する中で「機能面での配慮が欠けている」という指摘を受け、その問題が魅力を凌駕してしまった。

694 ［4］ALTANATIVE SUBURBAN
アルゴリズムを使った住居群の生成プロセスを丹念に考察した点はよかったものの、結果としての建築が何か新しい視野を広げるものになるという期待が持てなかった。

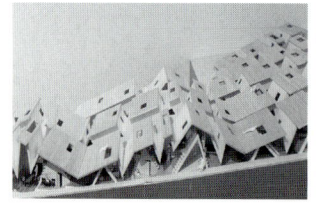
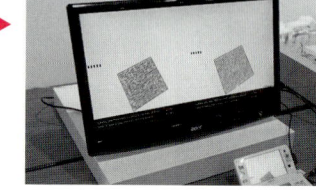

| 今年の傾向 | 個別審査と投票を終えた審査員に、投票とは関係なく今年の出展作品の中から気になった作品を3つずつ挙げてもらった。2010年の出展作品の傾向と審査に対する予選審査員それぞれの視座がうかがえる。 |

2010

Preliminary round　予選

建築の外部性
石田 壽一

全体の平均点は高いなと感じた。「傾向と対策」という視点から見れば、トレンドを狙った似たようなグループに分類できる。たとえば少子高齢化の状況にあって、集合住宅には「子ども向け」と「老人向け」など、似たようなテーマ設定が散見できる。そこで、トレンドに乗ったものは外して、可能性が感じられるものを選んだ。

023
at that time, the stone is lifted
坪田 直　京都精華大学

通常の建築の文脈では語れない「何か」を感じさせた。展示スタッフが模型の箱を開けた時に、「遺体が入っているのか」と驚かされたエピソードもある。通常の設計作業は、建築に与えられた初期条件を踏まえて、経済的、構法的に合理的な最適解を導き出す。この作品は着想のところで、石を持ち上げた後の残余空間で何かできるんじゃないかという発想がある。

374
町工場ミュージアム
蝦名 達朗　法政大学

スタティックな模型が多い中で、プレゼンテーションが魅力的なインタラクティブアート*1作品。展示会場がメディアテークであることを考えると、音環境を扱ったこの種の作品が、もっとあってもよいのでは、と感じる。日本のハイテク産業を支える町工場を復興させる狙いがあるようだ。稚拙ではあるが、種の萌芽が見えるという点で、評価したい。

635
六ヶ所村の大きな箱庭
赤垣 友理　東北大学

完成が1000年位先。敷地は原子力エネルギー関連施設を持つ青森県六ヶ所村。6角形の箱庭の中に有機系の廃棄物を使って花を栽培。虚構の大きな庭を提案している。時間も空間も壮大なテーマを扱っている。「国家インフラ＝六ヶ所村」という立ち位置から、自然と核施設の環境相対を大胆な構想で、建築空間として定着させているところが魅力に感じた。

註　*1 インタラクティブアート（Interactive art）：作品と作品を見る人が相互にやりとりをする芸術形態。『町工場ミュージアム』の展示は、音声に対応して、模型に取り付けられた液晶パネルの光が点滅する。

ユニークな視点
櫻井 一弥

僕しか票を入れていないもので、セミファイナルには進まないだろうが、作者の視点が鋭く、好感を持てた案を選んだ。

079
こどもどこでも
浦野 宏美　北海道大学

幼児が1m³の箱を開けて展開すると、家具が登場する。とてもおもしろい案。大きなスケールのテーマを取り上げた出展作が多い中、小さいテーマを扱う作品だけれど、「あったら便利だな」と思わせる社会性があり、とても好感が持てる。接合部もよく考えられていて、ネーミングも含め商品開発にチャレンジしている。もう少しサイズを小さくできたら現実的になる。

213
ARK
海老塚 啓太　京都大学

模型は、少し宗教がかったテイストを感じさせるが、海の上を浮遊する動物園。絶滅危惧種の保存、原子力の動力による核戦争の抑止、というとても大きな問題に取り組んでいて、システムとしても大きな破綻はない。ノートパソコンで流れるアニメは、ポエティックだけれど、よくできている。

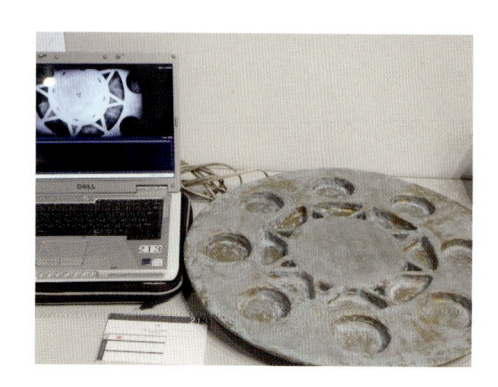

380
8ページ62コマ
鈴木 脩平　東京都市大学

マンガのコマ割りを、建築の表現に使うことで、マンガの殿堂であることを顕している。各階の床面の高さを複雑に変えて、そこそこ空間をうまく操作できている。コンセプトを形にしていく時の視点がおもしろい。形態をデザインしていく時の着想の一例。

スケール感
竹内 昌義

小さなスケールの部分と大きなスケールの部分とのつながりがうまくいっている案を選んだ。

330
つなぐかべ小学校
齊藤 誠　東京電機大学

「隙間の中に挿入していくもの」に関心を持ち、形態だけに留まらず、きちんと内部まで考えている。建築への隙間の入れ方、壁を使って層をつくる方法がうまい。壁の使い方と意味をきちんとわかった上で、それぞれの場のスケール感をうまく表現している。

596
Loop-Line-Library
辻本 知夏　大阪大学

今年は図書館をテーマにした作品が多いが、この作品は、本棚の高さをいろいろと変えて、建築を作っているところが、おもしろい。図書館と人間と空間について、またその関係について、よく考えられている。これは、実際の建築でも使えるアイディアだと思った。

761
CANVAS—変わらぬ土地、移ろう風景
内山 ゆり　千葉大学

オブジェとしての提案か、絵としての提案かがわからない作品。アートのようにも見えるが、意外と、忠実に細かいものまで取り上げて、表現している。小さなものを積み上げて大きなものをつくるための手法として、アンビバレント（二律背反）な感じがしておもしろい。

フェアネス
中田 千彦

「これが突出しておもしろい」というものは、なかった。しかし、優秀な作品の母数は増加していて、ここから日本一を選び出す審査は、非常に困難をきわめるのではないかと思う。
選んだ作品は、作品に、時間の超越を感じさせるもの（342）。流行に拘泥（こうでい）せず、先を歩んでいるもの（215）。体験したことのない建築観を見せているもの（060）。

060
☆
杉山 聖昇　神奈川大学

大きければいいということではないが、模型に「なんだ、これは」と感じさせる存在感がある。設計をする時に、敷地や周囲の環境を考えるが、これは、図面も揃っているのに、すべては模型のために用意された筋書きのように見える。戦艦のように巨大な物体をつくってしまい、メディアテークに転がり込んできたような印象。とにかくこの模型が、ぶっきらぼうで、「取りつく島のない、生々しすぎる原始の姿」を見せている。

215
TOHU! 家の中の家は都市
貝沼 泉実　宮城大学

古い街並みの中に都市が挿入された集合住宅。昔の雰囲気を残して、建築をつくろうとすると、とかくノスタルジック（懐古的）になりがちである。それは、既存の価値の上に乗り、不健全な状態をつくってしまうことが原因。この計画は、何もないところから、ケアフルに（思慮深く）新しい建築をつくっていると感じた。

342
歌潮浮月―尾道活性化計画
木藤 美和子　東京藝術大学

これは、最近の卒業設計の流行を追うものではない。時代を遡って、20年くらい前の卒業設計を見ているような気がした。とにかく建造物を美しく作り上げていこうという一本気な熱意を感じさせる。尾道のドックが懐古趣味的に見えなくもないが、情報を戦略的に扱おうとする「巧妙さ」や「饒舌さ」は感じられない。

造形、トピック、不可思議な可能性
馬場 正尊

造形的に強くて美しい案(154)、今の社会性をうまく突いている案(129)、まだ作者は消化できていないながらも新しい空間の可能性を感じさせる案(288)、の3作品を選んだ。

129
ダムトショカン
廣瀬 理子　武蔵野美術大学

最近、公共施設のリプログラムに関心があって、リノベーションの案を1つ選びたかった。これまで「水」を湛えていた巨大な公共事業の廃棄物「ダム」を、これから「知識」を湛えていく「図書館」に変貌させるというストーリーは、スケールが大きい上に、アイロニカルで笑いを誘う。ダムの底に立ったら、『バベルの図書館』*¹並みの迫力だろう。迫力があっておもしろい空間ができている。

154
淡い画
斎藤 芳子　東北芸術工科大学

オブジェとして、建築空間として、紙や竹など繊細ではかない素材を使った、住宅の模型が魅力的。1つも直線の部分はなく、人が横たわったり腰掛けられるなど、さまざまな行動を誘発するような角度が屋内外に存在している。模型は吊って展示できるほどの軽やかさで、作者のイメージしている空間の質をよく表現できている。「淡い」と付けたタイトルにセンスを感じる。

288
The Emperor's new clothes
山田 健太朗　北九州市立大学

模型に圧倒的な魅力がある。内向的な空間（独房）に見えるのに、コミュニケーションについて語ろうとしている。モロッコのカスバの街並みを、立体的に高密度に積み上げたイメージで、隙間から人影は見えて気配は感じられるけれど、きちんとコミュニケーションはとれない。こういう会えそうで会えない空間構成の街やそこに住む人がどうなるかをどう評価すればいいかわからないが、空間の出現の仕方としてはあまり見たことがなく新鮮。

註　*1『バベルの図書館』：ホルヘ・ルイス・ボルヘス『伝奇集』(1935-44年)に収載された短編小説。すべてのアルファベットの組み合わせを蔵書に持つ、巨大な塔状の完全な図書館の話。

読めないものを読ませるパワー
福屋 粧子

まず、これだけの数の模型が1日のうちに開梱されて、並べられているという現実に驚いた。審査は、時間との格闘で「図面を読む時間がない＝悩む＝保留＝落とす」という結果になり、それぞれの作者がどれだけの時間を使ったのかと考えると、苦しい。その中で他の作品の審査時間を奪うほど、脚を止めさせられた作品を選んだ。

130
木の葉の記憶
藏田 啓嗣　東京理科大学

「木の葉の記憶」というタイトルは、最初、建物の形態を表現しているという印象を持った。敷地にこの建物ができて、木の葉が降り積もれば、時間的な深みや広がりを感じる体験につながるだろう。建物の中に入っても、外部を感じることができる。やわらかさとかたさのバランスがとれていて、こういう建物が実際に公園にあってもいいな、と思う。建物自体に「木の葉」感がある。

139
湯浴み場
木村 俊介　多摩美術大学

物質感のある模型だけを見て選んでいたが、木版などさまざまなマテリアルと表現手法を用いたドローイングもよい。統一された手法ではないところが、より古代をイメージさせる表現になっていると感じた。現代建築を含めいろいろな建築が参照された気配があるが、遺跡のような形とあいまって、それらを強引に1つのデザインに結びつけていく力強さを感じる。

573
waltial ——一つの概念からなる都市的空間の提案
鈴木 政博　武蔵野大学

模型に圧倒的な存在感がある。無機能の空間モデルのような、内部なのか、外部なのかわからない構成。身体的な手がかりだけから形作られたような空間の密実さ（密度の高さ）と、それらをドライに俯瞰する視点が同時に存在するような奇妙な設計だと感じた。タイトルも謎めいているが内容がわかりやすく、とてもよいと思う。

焦点を遠くに
本江 正茂

日常の身近な題材を扱っていながら、目の前にあるものだけに目を奪われず、時間や季節など、遠くにピントを合わせて、新鮮さのある視点から設計に取り組んでいる案を選んだ。

104
川縁の里程標
棚田 美紀子／林 将利／早田 大高　早稲田大学

東京・品川操作場跡地という、通常なら騒々しくスピード感や高密度をイメージする敷地を、何もない空間として設計。目の前に見える濃密な都市空間をあえて見ず、反転して何も建てずに、元の海の記憶を浮かび上がらせる。都市を見直そうとした時に、その土地の持っている潜在的なものを見つけようとする姿勢が評価できる。

124
National Electronic Library TOKYO
山澤 英幸　多摩美術大学

「情報化時代の図書館はどうなるのか？」というのは卒業設計で人気のテーマ。その中で意外な案。模型はわかりにくいが、大空間にトップライトから光が差す空間で、司書はその色や形を見て、その意味を読み取るのが仕事。蓄積された記号が充満していくはずの図書館の究極の未来は、真っ白く何もない空白の空間で、本を読む代わりに非常にデリケートな意味を取り出すというストーリーが新鮮。

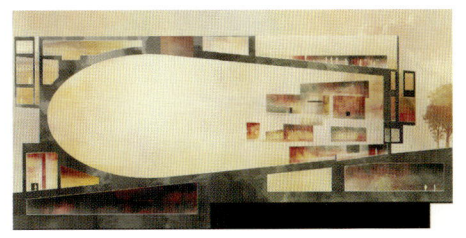

197
Heritage-Product In NISEKO
大瀬戸 雄大　北海学園大学

時間を建物に織り込んでいて、生命感あふれる森のイメージだけでなく、冬は屋根の高さギリギリまで雪が積もるシーンを想定した木立の中のコテージ。雪原の中に散策路のように建物の残るイメージがいい。濃密な生命感あふれる時季より、真っ白になったシーンに共感を覚える。普通なら一番大変な時季にこそ、価値のある空間をつくっているところがいい。

魅力的なプレゼンテーション
厳 爽

全体的に、ダイナミックな空間が少なく、小さいユニットを高密につなぐことで全体を構成していく案が多いように感じた。アプローチ(157)、図面(226)、模型(294)といった「表現手法」に注目し、印象に残る案を選んだ。

157
設計プロセス2.0
冨田 直希　京都大学

階段室型団地のよさを活かしながら現代のライフスタイルにどう応えるか、というリアリティに富んだテーマを設定し、設計方法論を提案している。模型の梱包まで法則に従ったストイック(禁欲的)な設計姿勢に好感を持てる。ダイヤグラム(図式)がそのまま模型になり、設計プロセスは明快に表現できたが、建築の空間性に対する提案がやや弱くなったのが残念。

226
魔法のじゅうたん
中野 舞　大阪大学

CAD図面が多い中で、手書きドローイングが醸し出す自由な雰囲気が目に止まった。屋外と室内空間の関係、人の居場所や居方、コミュニケーション場面などが思い思いに表現できている。「実際にこういうのがあるといいなあ」と思わせるファンタジー(空想)のようなやわらかさがよい。学生らしく、身近で夢を感じられる明るいテーマに好感が持てる。

294
呼吸する総体
一瀬 健人　神戸大学

息が詰まりそうな密度で集まって住む空間は、よい住まい環境とは言えないが、隣人と呼吸まで共有する必然性さえ感じられる。他人とのコミュニケーションを提案している多くの作品の中、不自由で窮屈な生活環境によって、互いの助け合いが生まれるのではないかというコンセプトが鋭い。その窮屈さは洗濯物や植木鉢まで作り込まれた模型からも伝わってくる。

Process 02
セミファイナル

Semi-final round

2010.03.07.AM
せんだいメディアテーク
5・6階ギャラリー
6階バックヤード

105 ▶ 10

午後の公開審査（ファイナル）でプレゼンテーションのステージに立つ10組を選ぶのが、セミファイナル審査だ。
学生アテンドに案内されて、各審査員はせんだいメディアテークの5・6階に分かれた展覧会場内を巡回。前日の予選を通過した105作品を中心に、全出展作品を一通り確認しながら審査した。各審査員は、3点票10票、1点票20票をめやすに投票。予選同様、学生アテンドはそれぞれの審査員の色のシールを、作品の前に備えられた投票カード（キャプション）に貼り付ける。
投票が終わった審査員は順に6階バックヤードへ。投票の集計がまとまると、集計結果をもとにディスカション審査が始まった。

Semi-final round セミファイナル 投票集計結果

AK=アストリッド・クライン

合計	ID	氏名	隈	AK	ヨコミゾ	石上	小野田	五十嵐	末廣	中田	福屋	本江
20	420	佐々木 慧	3			3	3	1	1	3	3	3
19	740	横井 丈晃	3	1		3	3	1	1	3	3	1
15	288	山田 健太朗	1	1		3	1		3	3	3	
15	330	齊藤 誠	3	1	3		3	1		3		1
14	158	陣内 美佳		3			1	3	3	3		1
14	573	鈴木 政博	3			3	3	1			3	1
13	009	村上 毅晃	1	3		3	3		1	1	1	
13	136	中園 幸佑		1		3	3	1	1	3		1
13	523	高橋 翔太朗	3	3		3	3			1		
13	576	西島 要	3	3	3		1			3		
11	342	木藤 美和子				3	1	1		3		3
10	327	高田 雄輝		3		1		3				3
9	025	福田 充弘			1	1	1	1			3	1
9	113	西川 昌志		3	3					1	1	
9	548	坂本 達典	1	1	3		3			1		
8	156	山田 奈津子						3	1	3		
8	630	桑原 一博		1	1				1	3		
8	635	赤垣 友理				1		3	1			3
8	662	若山 範一		1		1	1		1	3		1
7	019	佐熊 勇亮	1			3				3		
7	035	安齋 寿雄			3	1		3				
7	130	藏田 啓嗣	1	3				1			1	1
7	284	松下 晃士	1				3			3		
7	287	高橋 昌之	1	3				3				
7	311	松田 勇輝	3		1	1			1		1	
7	316	居山 直樹			3			1				3
7	396	宮崎 智寛						3	3	1		
7	452	石賀 悠也					1		3	3		
7	485	浜田 晶則	1			1			3	1	1	
7	508	泰永 麻希			3				3	1		
7	626	豊後 亜梨紗	3	3			1					
6	129	廣瀬 理子		1		1	1		1		1	1
6	263	渡辺 隆保	1	1		1				3		
6	666	向井 優佳					1	1		3		
5	104	棚田 美紀子 林 将利 早田 大高				1		1		1	1	
5	115	山中 裕加	1					3		1		
5	124	山澤 英幸							1	1	3	
5	157	冨田 直希	1		1			1	1			1
5	215	貝沼 泉実			1		1		3			
5	534	木下 慎也	1			1	3					
5	667	岡田 晃佳			3				1		1	
5	672	荒木 省吾		1				1				3
5	713	朴 真珠				1		3				1
5	727	滝沢 佑亮				1	3				1	
5	737	野島 将平	1	3							1	
5	761	内山 ゆり	1			1		1	1		1	
4	050	池末 聡							1	1	1	
4	059	川西 乃里江	3					1				
4	060	杉山 聖昇	1			1			1		1	
4	110	小林 春美	1	1		1		1				
4	139	木村 俊介							3		1	
4	285	南野 望	1			1		1			1	
4	351	松永 圭太	3				1					
4	607	藤川 知子										
4	665	青木 史晃				3					1	
3	066	杉浦 絹代	1	1			1					
3	122	齋藤 慶和						3				
3	164	真田 菜正								1	1	
3	334	中田 翔太				3						
3	572	佐々木 介			1	1						1
3	608	佐藤 元樹	1	1						1		
3	743	井上 湖奈美			3							
2	026	薗 広太郎				1			1			
2	041	紺野 真志										
2	070	村中 奈々		1								
2	197	大瀬戸 雄大								1		1
2	214	布川 悠介			1			1				
2	253	沼尾 知哉			1	1						
2	267	立石 龍壽						1			1	
2	281	田中 涼子				1		1				
2	340	百田 智美		1						1		
2	427	奥野 裕美		1						1		
2	430	竹内 吉彦			1					1		
2	478	磯崎 裕介				1	1					
2	588	大沼 慈佳	1						1			
2	744	藤原 康晃				1			1			
1	010	鈴木 晴香						1				
1	023	坪田 直										
1	121	土屋 栄子										1
1	149	平井 良祐				1						
1	172	江川 拓未								1		
1	205	小林 亮介								1		
1	211	三浦 星史		1								
1	213	海老塚 啓太				1						
1	298	池谷 翔					1					
1	349	石川 悠						1				
1	371	鈴木 智博		1								
1	394	小清水 一馬							1			
1	407	増田 光										
1	459	鴨志田 航		1								
1	533	高木 薫										
1	644	今野 和仁										
1	645	池上 晃司								1		
1	704	青柳 有依		1								
0	108	上島 直樹										
0	154	斎藤 芳子										
0	159	徳山 史典										
0	258	篠原 慶直										
0	275	宇田 雅人										
0	328	田中 麻未也										
0	369	木村 昌人										
0	431	古川 智之										
0	484	山本 恵										
0	542	小澤 瑞穂										
0	563	高城 聡嗣										
0	569	乙坂 譜美										
0	596	辻本 知夏										
0	597	山崎 大樹										
0	613	前田 秀人										
0	757	岸田 一輝										
		3点票合計	30	30	30	24	30	30	30	30	30	30
		1点票合計	20	20	20	20	20	20	20	20	20	20
494		得点合計	50	50	50	44	50	50	50	50	50	50

※ ID は予選未通過ながら票の入った作品　※ ID はファイナリストに選出
※ ── はディスカションの対象となった得点のボーダーライン

420 密度の箱

740 小さな世界の大きな風景

330 つなぐかべ小学校

288 The Emperor's new clothes

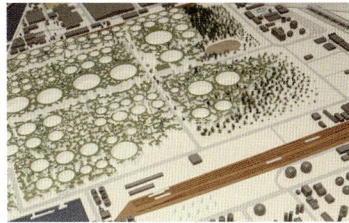

158 森の記憶

Semi-final round　セミファイナル
ファイナリスト選出のためのディスカション

本江：それではセミファイナル審査を始めます。得点の多いものから順に7点取った作品まで、31作品のポートフォリオを床に並べてあります。上位から順に見て、ファイナリストにするかどうかを決めていただきます。まずは「通過」「保留」「落選」の3つのうちのいずれかに仕分けしていただき、最終的に10作品にしぼっていきましょう。詳しい議論は公開審査でしますので、ここではファイナリストに選ぶかどうかの判断を願います。

それではまず、最高得点の20点を獲得したID420『密度の箱』です。グリッド（格子）状に細い線と太い線が混在している巨大な四角い箱の作品です。これはファイナリストにしてよろしいですか？
隈：いいんじゃないですか。
本江：はい。ではID420は「通過」です。次に19点を取りましたID740『小さな世界の大きな風景』。これはいかがですか？
審査員一同：（うなずく）
本江：はい。この2作品は得点も高いので、問答無用で「通過」でもいいかと思います。

次に、15点の作品が2つあります。1つは、ID288『The Emperor's new clothes』で、角砂糖が隙間を空けて積み重なっているような模型の作品です。もう1つはID330『つなぐかべ小学校』で、たくさんの四角いパーツに分かれて並んでいた模型の作品。これらをつなげると、2枚のカーブする長々とした壁の隙間に学校が作られています。
ヨコミゾ：ID288『The Emperor's new clothes』がなぜ残っているかよくわからないんですが……。
隈：うん、僕もその作品は微妙だと思う。
本江：はい、ではID288『The Emperor's new clothes』は一旦、保留とします。ID330『つなぐかべ小学校』はどうでしょう？
隈：これはいいんじゃないでしょうか……。
福屋：全体配置がわからない。周辺との関係性が重要なプロジェクトですが、そこについての提案がほとんどないのが気になります。保留ではどうでしょうか。
ヨコミゾ：保留でしょう。
本江：では、保留にします。

次に、14点を獲得した2作品。まず、ID158『森の記憶』。ガスタンクを型枠にして抜いた形の建物で区画を計画している作品です。
隈：う〜ん、1回ちょっと保留だなあ。
本江：ファイナリストは10作品なんですが、まだ保留が続きますか？（笑）今のところセミファイナル審査を通過しているのは2作品だけです。
隈：う〜ん、保留だね（笑）。
アストリッド・クライン（以下AK）：保留〜！

本江：それでは、保留ということで、もう1つはID573『waltial――一つの概念からなる都市的空間の提案』です。
末廣：これはちょっと意味がよくわからないというか……。空想的な話としてはいいんだけど、リアリティがあるのかどうかはよくわからないなあ。
本江：内容についての詳しい議論は最終ディスカションで行ないます。ここでは議論の対象にするべきかどうかにフォーカスしてください。
小野田：僕は結構いいと思ったんですが……。
隈：う〜ん、僕もまあ……保留？

本江：じゃあ、ID573『waltial』は保留にします。それでは、次からは13点を取った4作品。まずID576『自由に延びる建築は群れを成す』、斜めのビルが寄り集まっている作品です。
隈：僕はいいと思うんだけどな、それ。
AK：私も1位ではないと思うけれど、こんなにメガストラクチャー（巨大構築物）やスカイスクレイパー（高層建築）がたくさんあるところが、ちょっとオルタナティブに（新しい方法として）考えられるんじゃないかと思います。
本江：似たような作品がたくさんあった中では、まだマシではないかと……？
小野田：高層建築系ではおもしろいと思います。
隈：僕も高層建築系ではいいと思う。
本江：通しますか？
小野田：いい感じのボーダー（保留）で……。

本江：では、ID576『自由に延びる建築は群れを成す』は、保留の上の方にします。
次はID523『会話するハコ』です。さまざまな形の白いスペースをたくさん集めた、スペースのコレクションが並んでいるというタイプの作品です。
ヨコミゾ：これはねえ……なんだか「全く自分の世界だけ」という印象なんだよね。
末廣：彫刻の域（造形だけ）を出ていないという感じがしました。
小野田：僕も票を入れたんだけれど、なんだか、ちょっと……。
本江：誰も応援しないのでしたら、落ちますよ。
AK：この作品はどこか特別な感じがして、ある意味、ハッピーでポジティブな感じがするんです。

本江：そうですか。では、ID523『会話するハコ』は保留として残します。
次に、ID136『SEVEN'S HEAVEN――創作家七人のための集住体』です。地下の見えるアクリルの床があって、7つのタワーが並んでいる模型です。
隈：う〜ん。これはわからなかったな、保留。
小野田：古い手法だけれど、おもしろいと思ったんですがね。
ヨコミゾ：懐かしさはあるんだけれどね（笑）。
小野田：今これをやるのか？　っていう疑問はある。
本江：どうですか？　ファイナリスト10作品を選ばないといけません。ショーとしてもおもしろくなるように選んでくださいね。
小野田：じゃあ、いろいろなタイプが入るようにバランスをとってこと？（笑）
本江：まあ、ある意味そうですね（笑）。
末廣：すごく力作だとは思いますけれど。
小野田：完成度は高いんだけれどね。
ヨコミゾ：ガスタンクの作品（ID158『森の記憶』）よりはいいと思いますがね。
隈：うん、僕もそう思う。ID158『森の記憶』は落としていいと思う。
本江：不思議な流れになりましたが……。
小野田：キアロスタミ（イランの映像作家）のタワーとかよく考えているよ。
本江：通過作品として決まりという感じではないですか？
隈：決定にはまだしたくないなあ。

本江：では、保留で。今度は、ID009『表層から空間へ』、すごくきれいな作品でした。
ヨコミゾ：僕はちょっと違うと思います。

573 waltial ――一つの概念からなる都市的空間の提案 　　**523** 会話するハコ

576 自由に延びる建築は群れを成す 　　**136** SEVEN'S HEAVEN―創作家七人のための集住体

本江：だめですか？　では保留ですね。

次に、得点数11のID342『歌潮浮月－尾道活性化計画』です。造船ドックの上に白いスクエアがあって、クレーンが伸びている模型の作品です。
AK：う〜ん。

本江：では保留にします。高得点から順に見てきて、このID342『歌潮浮月』までで、通過と保留を合わせて11作品になります。ですから、ここからは、得点が10点以下の作品のうちから、どれを繰り上げてファイナリスト10作品に入れるかを選んでいただきたいと思います。いかがでしょう？
隈：そうですね、これから見る作品の中からは、候補に上げたいものを上げていきましょう。
審査員一同：はい。（うなずく）

本江：それでは、まず10点のID327『砂遊び主義のススメ』です。屋根の上に上がれるもので、ヤオトン（中国中央部の地下住居）のような学校があって住宅と並んでいた作品ですね。
隈：そうねえ、ちょっとファイナルに上がっていくような作品じゃないかもな。

本江：はい、では保留としておきます。
次に9点の3作品。まずID548『人⇔人 依存建築―「隣り」という環境をもつテナントビルの提案』です。四角いものを積み上げた造形はよくありますが、これは、上が大きくて下の方がすぼまった模型です。
隈：模型はきれいだったんだけど、図面を見てちょっとがっかりしたんだよな。
ヨコミゾ：うんうん。（うなずく）

本江：あまり推したくない？　あまりたくさん落としても困りますが……。ID548『人⇔人 依存建築』も保留とします。
続いて、ID113『FRAGMENTAL UNION』。
小野田：ああ、ビルの建築ね。
審査員一同：ああ……。う〜ん。
本江：そうです。建物の内側に大きな空洞があるグレーの模型です。
隈：ちょっとねえ……。

本江：ではID113『FRAGMENTAL UNION』も保留です。
次に、ID025『つくられたものか、残されたものか』。栃木県・大谷の採石場跡地の建築で、地下に降りる階段があり、その底から灰色のタワー群が建っている作品です。
小野田：なんか普通の建築なんだよね、その四角いタワーが……。
本江：さあ、この作品についてファイナル審査で話を聞きたいですか？
小野田：う〜ん。
審査員一同：微妙……。

本江：ということでID025『つくられたものか、残されたものか』も保留です。
ここからは、8点の4作品。最初はID156『chambre de collage』です。非常に私的な作品で、彫刻がたくさんある装飾的な部屋を3パターン作っていた作品です。
ヨコミゾ：ああ、あれね。
AK：いやあ……。
隈：違うな……、違う。
本江：はい、では落としますか？
隈：落とします。
本江：これは取っておいた方がいいという意見はありますか？　推すとすれば五十嵐さん？
五十嵐：いや、いいです。
審査員一同：う〜ん（沈黙）。

本江：ではID156『chambre de collage』は初の落選となります。
続いて、ID635『六ヶ所村の大きな箱庭』です。緑の楽園のまわりに壁を巡らせて、その周辺に六ヶ所村の核施設があるというもの。薄い壁の中に空間があって、将来的にはその中庭が新しいエコシステムになるだろうという構想の作品です。
小野田：発想はおもしろいんだけどね。
末廣：完成した建築自体がちょっと弱かったという気はしますね。
本江：落ちますか？　五十嵐さん推してらっしゃいましたがいかがですか？
五十嵐：うう〜ん……。（苦笑）
隈：落としていいんじゃないですか。

本江：はい、ではID635『六ヶ所村の大きな箱庭』も落選となります。
次にID630『藤岡の住宅地』です。厚みの違ういろいろな塀があって、その上に小さな家型の住宅が建っている作品です。
福屋：壁の上に家が載っている作品ですよね。
小野田：これはおもしろいと思いました。
AK：うん、ちょっとおもしろい……。
小野田：まあ、おもしろいっていうだけだけどね。
末廣：これは改修ではなくて、新しく建てたものなんだよね？
本江：議論がおもしろくなりそうならば、ファイナルのステージに呼んでもいいんじゃないですか？
ヨコミゾ：結局、敷地の真ん中にポツンと建てているだけなんだよね……。

本江：その議論はぜひ本人を呼んでからやっていただいて、今は、ファイナリスト10作品を選んでください（笑）。一旦、ID630『藤岡の住宅地』は保留とします。続いて、ID662『Walk Long Wall －痕跡を残して』です。白い壁を……。
小野田：コンビナートの跡地に建つ作品ね？
末廣：さっきのID635『六ヶ所村の大きな箱庭』と似ていますよね。

本江：では、このID662『Walk Long Wall』も保留として、ここまでで、15作品が選ばれました。この中から、5作品は落とさないといけない勘定ではありますが。もっと得点数が低い作品も引き続き見ていきますか？
審査員一同：はい。
本江：では、7点の12作品。まずID311『もう少し動く建築』。大きな木製の建具を開けるといろいろなプランに変化するという作品。白い壁と木の建具の模型です。
小野田：これはよくできていたけどね。
隈：うん、僕もこれはよくできていると思いました。
本江：評価は高いですか？
隈：うん、高い。

本江：ということで、ID311『もう少し動く建築』は再評価を受けて保留とします。
次は、ID019『空間の濃度』です。

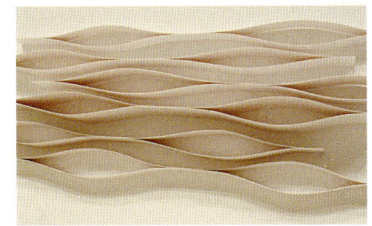

009 表層から空間へ 　　327 砂遊び主義のススメ 　　113 FRAGMENTAL UNION 　　156 chambre de collage

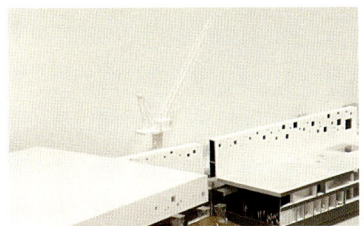

342 歌潮浮月－尾道活性化計画 　　548 人⇔人 依存建築－「隣り」という環境をもつテナントビルの提案 　　025 つくられたものか、残されたものか 　　635 六ヶ所村の大きな箱庭

審査員一同：う～ん。
AK：落としていいと思います。
隈：落としてもいいと思う。

本江：ではID019『空間の濃度』は落ちます。
続いて、ID035『垂直動物園』。模型がとても巨大な力作で、象やキリンがいました。
（一同笑）
末廣：動物園という発想はおもしろいと思ったんですが。
AK：プログラムはおもしろいんですが、建築としては別に。ただメガ（巨大）なだけ。
末廣：健闘賞ではあるよね。

本江：はい、ではID035『垂直動物園』はここで落ちます。
今度は、ID316『感性を育む保育園』です。いろいろな感性を育てる感性生成装置としてあるパターンの空間をつくり、それに接続するものを並べるというプロセス重視の作品です。模型のでき上がりはいまひとつですが、それよりはこの模型の持っている手順を見てほしい作品ですね。
隈：いいんじゃないですかね。

本江：では、ID316『感性を育む保育園』は一旦、保留とします。
次に、ID485『森のサナトリウム』です。斜面に建物がある白いきれいな模型でした。
小野田：おもしろいんだけど、プラン（平面計画）がサナトリウムになっていないんだよなあ。
末廣：でもリアルにつくろうとしているよね。
隈：リアルにつくろうとしているから、ちょっと保留にしておきましょうよ。

本江：はい、ID485『森のサナトリウム』は保留になります。
続いてID452『砂中のローカル』。鳥取砂丘に地下空間をつくり、出入口だけ地表にぽこっと出ていて、みんなの足跡が絵になるという作品。
小野田：プラン（平面）が丸いのがね。
隈：う～ん。これはちょっと厳しいと思うなあ。
本江：厳しいですか？　落ちますかね？
審査員一同：はい。

本江：ではID452『砂中のローカル』は落選です。
今度は、ID284『geographic node』。筑波に石を置くというランドスケープの再生計画で、たくさんの自然石が置いてあった模型の作品です。
小野田：農道と現在の道の交差するところに石を置く点を取っていて、おもしろいと思ったんです。
隈：うん、いいじゃん。

本江：ID284『geographic node』は保留です。
続いて、ID396『発情装置の構築－建前と私利私欲に生きるムッツリ糞野郎に告ぐ。』はどうでしょうか？　これは、「四十八手 裏表（性交体位）」[*1]を造型にするという作品。
審査員一同：（笑）
本江：そういう意味で、学生に人気がありました。
小野田：本江さんにでしょ？　人気があったのは（笑）。
本江：いやいやいや……（笑）。twitter[*2]では、この作品に関心を持った発言が多かったんです。
AK：なんか一番目立つのがピンクのシルエットの部分だから……。建築じゃないんですよね。
隈：建築じゃないなあ、ちょっと……。
小野田：だって、プロセスが大事なのにさあ……。
隈：そうそう。
本江：五十嵐さんいいですか？　落としますよ。
五十嵐：議論するにはおもしろいと思うけどねえ。

本江：落ちますよ。ID396『発情装置の構築』は落選です。残念！
次、ID130『木の葉の記憶』は、落ち葉がたまる所とそうでない所のスペースを壁で分けている作品です。
小野田：あ、これはおもしろいと思った。でもちょっと弱いんだよなあ。
AK：それをキープ（保留）していただきたいです。
隈：じゃあ、キープしましょう。

本江：ではID130『木の葉の記憶』はAKさんの推しで保留です。
次に、ID287『花と木と面』。ID130『木の葉の記憶』と似ていますが、木や傾いた面がたくさんあって、それを背景にしながら植物との関係を再構成しようという作品です。
隈：やっぱり、こっち（ID287『花と木と面』）が残るべきではないんじゃない？
AK：うん。
小野田：ID287『花と木と面』はちょっと手数が少ないという感じがしますね。

本江：では、ID287『花と木と面』は、ID130『木の葉の記憶』との比較で落ちます。
続いて、ID508『mnemonikos』は、焼却場がだんだん成長していく話です。大きな水面を表現した模型がありました。
審査員一同：ああ……う～ん。
隈：ちょっと厳しいな。

本江：誰も応援しないですか？　ではID508『mnemonikos』は支持を得られず落選です。
次は、ID626『せいかつしあう』。模型の床一面に、大きなアミダくじのようにガタガタした形の壁が巡っていた作品です。
審査員一同：う～ん。
末廣：これは落としていいと思います。建築に必然性がないですね。

本江：ということでID626『せいかつしあう』は落選です。
7点の作品まで見てきましたが、ファイナリスト確定は依然、ID420『密度の箱』とID740『小さな世界の大きな風景』の2作品です。残り8つの席をめぐって、20作品が現在、保留となっています。それから、今までに登場しなかったけれど、検討したい作品がありましたら、このタイミングで推薦してください。それがないようでしたら、保留の20作品の中から、残りのファイナリスト8作品を選ぶということで進めますが、よろしいでしょうか？
審査員一同：はい。（うなずく）

本江：では、頭から再度、チェックしていきます。2つに1つぐらいのペースで選んでいってください。
まず、ID330『つなぐかべ小学校』です。
隈：これは一定のレベルに達しているような気がするけどなあ。

630 藤岡の住宅地

311 もう少し動く建築

035 垂直動物園

485 森のサナトリウム

662 Walk Long Wall 一痕跡を残して

019 空間の濃度

316 感性を育む保育園

452 砂中のローカル

本江：それとも微妙？　では、ID330『つなぐかべ小学校』はかなり高い評価で、通過に近いということにしておきますね。
では次に、ID136『SEVEN'S HEAVEN』です。
小野田：手法は古いんだけれど、話を聞いてみたいんだよね。
隈：小野田さんが推すなら……。
小野田：いやいやいやいや（笑）。
AK：でも、結構作品をしぼっていかないとならないので、これが日本のトップレベルかというと……。話を聞きたいというなら、個人的に会いにいってもいいですよ（笑）。
（一同笑）
本江：ここで選ぶのは、それが、日本の建築デザイン教育のトップ水準を示す10作品であるかという点だと思うんですよね。
審査員一同：そうねえ。
本江：みなさん、渋いですね……。
五十嵐：僕は、推します。実際、バランスを欠かないためにはこういう作品も1つぐらいはあった方がいいと思うんです。
AK：なるほど。

本江：ではID136『SEVEN'S HEAVEN』は、さらなる応援があれば残るということで保留にします。
続いて、ID573『waltial』です。
AK：逆に私はこっちの方が話を聞きたいですね。もう本当になぞなぞ。
隈：僕は、これを推したいですね。
末廣：僕にはこれはよくわからなかった。わからないから話を聞きたいというのはあるけれど、深い話が出てくるのかどうかも正直わからないなあ。
ヨコミゾ：建築かどうかがよくわからない、インスタレーションに近い気がするよね。
小野田：いやこれは、内部空間をつくろうとしているんじゃないかな。
ヨコミゾ：内部があるんですか。
小野田：柱と柱の間に内部があるよ。屋根が問題なんだよね。

本江：ではID573『waltial』はポジティブに保留にしておきます。
次に、ID288『The Emperor's new clothes』、建物のところどころに隙間のある作品です。誰か支持しますか？　支持がないと落ちます。
隈：これにはネガティブです。
末廣：僕は支持します。空間というよりは、昔の城跡のイメージを残そうとしているところがおもしろいと思う。
小野田：う〜ん、これは決まらないねえ。

本江：では一応、保留にします。あと20分です。
続いて、ID576『自由に延びる建築は群れを成す』、斜めになったビルが寄り添っている作品です。
隈：タワーの作品の中では、これを残したいな。
AK：そうねえ。
小野田：これは僕も残していいと思う。
本江：残していいということは、3作品めのファイナリストとして通過ということですね。
審査員一同：そうそう。

本江：ではID576『自由に延びる建築は群れを成す』は通過です。
次に、ID009『表層から空間へ』。
末廣：これもなんだか、いまひとつ。
ヨコミゾ：これも屋根がないんだよね。
末廣：ま、あったとしてもねえ……。
ヨコミゾ：4年生でねえ……。建築になっていないと思うんだよ。

本江：どうですか？　落とすなら落としますよ。……ではまだ保留。
続いて、ID158『森の記憶』です。
小野田：これはいらないんじゃないですか。
隈：いらないですね。

本江：結構、票を取っていましたが、いいですか？　では、ID158『森の記憶』は落選です。
今度はID523『会話するハコ』です。
小野田：う〜ん、これもどうかなあ。
隈：落としましょう。
AK：はい。

本江：では、ID523『会話するハコ』は落選です。
次に、ID342『歌潮浮月』です。
ヨコミゾ：僕はこれはアリだと思う。
小野田：僕も、産業遺産系としてはいいと思う。でも、建築としての発展がない気がする。
末廣：うん、僕も発展性がないと思う。それを残すぐらいだったら、さっきのガスタンク（ID158『森の記憶』）の方がいいと思う。
AK：私もそう思う。オリジナリティがあるという意味でね。
末廣：ええ、オリジナリティという意味では。
本江：はい、共倒れという線もありますが……。
ヨコミゾさんはキープ（保留）したい？
ヨコミゾ：う〜ん。ID158『森の記憶』は、ガスタンクの話だけでしょ？
小野田：そうそう、アイディア一発なんだよね。

本江：では、ID342『歌潮浮月』は一旦保留で、どんどんいきます。
次に、ID327『砂遊び主義のススメ』です。
隈：う〜ん、これはちょっとレベル的にねえ……。いらないような気がする。
本江：いいですか？　落ちますよ。
審査員一同：（うなずく）

本江：では、ID327『砂遊び主義のススメ』は落選です。
続いて、ID025『つくられたものか、残されたものか』、大谷の採石場跡の作品です。
AK：ノー！
隈：ノー（いらない）だよね、これも……。
小野田：いらない。

本江：すごい高い水準の争いですからね。いいですか？　ではID025『つくられたものか、残されたものか』は落選です。
今度は、ID113『FRAGMENTAL UNION』、グレーのキューブの模型の作品です。
小野田：ああ、これねえ。
ヨコミゾ：大学の研究所かなにか？
本江：そうです。研究施設のような中に……。
隈：これは大きい「ハコもの」という点で、ID420『密度の箱』とかぶるからなあ。それに比べたらいらないような気がする。
小野田：なんかグジャグジャしてるところが、ちょっと似ていますね。

284 geographic node

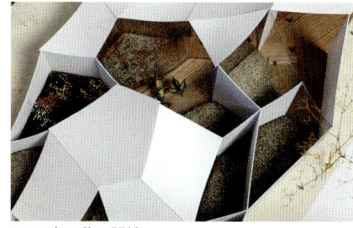

130 木の葉の記憶

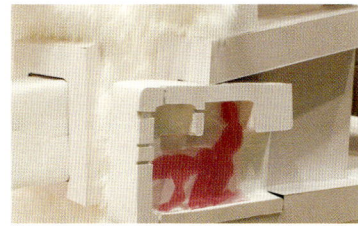

396 発情装置の構築-建前と私利私欲に生きるムッツリ糞野郎に告ぐ。

287 花と木と面

本江：ID420『密度の箱』は当確でしたが、なんだか道連れにする怖れも出てきましたね（笑）。
（一同笑）
隈：いやいや、ID420『密度の箱』はいいと思う。だから、それと印象がかぶるID113『FRAGMENTAL UNION』を、僕は落としていいと思うんですが。
本江：ID113『FRAGMENTAL UNION』は落としていいでしょうか？
審査員一同：はい。

本江：ID113『FRAGMENTAL UNION』は落ちます。続いて、ID548『人⇔人 依存建築』、下部が狭まっているタワーの模型です。
隈：これは、いらないんじゃないかな。
AK：はい。
石上：はい。

本江：はい、ID548『人⇔人 依存建築』は落ちます。今の時点で、通過が3作品、ここまでの再確認で保留確定として残ったのが6作品です。
次にID311『もう少し動く建築』です。
小野田：これに似た作品が2年ぐらい前にあったんだよね、確か。
本江：いいですか？　支持がなければ落ちます。
審査員一同：（うなずく）

本江：ID311『もう少し動く建築』は落選しました。
次は、ID630『藤岡の住宅地』。
隈：う〜ん、もう少しねえ……。
AK：もうちょっと現代的なデザインの屋根であればよかったんだけれどね。
本江：はい、いいですか？　落ちますよ。
審査員一同：（うなずく）

本江：はい、ID630『藤岡の住宅地』は落選です。続いて、ID662『Walk Long Wall』です。
AK：もうちょっと建築になっていればよかったな。
隈：さっきのID009『表層から空間へ』より、壁だけならこっちの方がきれいなんだけどね。

本江：はい、ID662『Walk Long Wall』は白い壁のID009『表層から空間へ』と方向性がかぶるので落ちます。

次は、ID130『木の葉の記憶』です。
AK：1つぐらいは、かわいいとかロマンチックでわかりやすいものがあってもいいですよね、バランス的には。
小野田：うん、その方が楽しい（笑）。
隈：これは当確でいいんじゃないの？
審査員一同：（うなずく）

本江：ではID130『木の葉の記憶』は当確、ファイナリストとして審査通過決定です。
次は、ID284『geographic node』です。
ヨコミゾ：何がいいのこれ？
小野田：区画整理でできた今の農道と元の農道が重なったところを起点に、石を置いていくプロジェクトなんだけど……。区画整理で生まれる茫漠とした土地にいかに魅力を与えるかという……。
ヨコミゾ：この石が建築なの？
本江：石の置き方が建築ということでしょう。
小野田：別に僕も推しているわけじゃなくて、おもしろいなと思っているだけなんです（笑）。内部空間がなくてランドスケープだけだから、建築とは言えないかなとも思っているんだ。
隈：じゃあ、これはちょっと保留にしておこう。

本江：はい、ではID284『geographic node』は保留にしておきます。
続いて、ID485『森のサナトリウム』です。
AK：う〜ん。
隈：これはちょっと保留にしておきましょう。

本江：はい、ID485『森のサナトリウム』は保留。
続いて、ID316『感性を育む保育園』です。
AK：ちょっと模型に繊細さがないよね。
隈：う〜ん、そうだよね。
ヨコミゾ：一応、残していただいて再度、検討しませんか？

本江：いいですよ、ID316『感性を育む保育園』は保留。
あと15分で決めていただきます。
今のところファイナリストには、ID420『密度の箱』、ID740『小さな世界の大きな風景』、ID576『自由に延びる建築は群れを成す』、ID130『木の葉の記憶』の4作品が決定しています。残っている候補9作品から3つを落としていただきます。
ID009『表層から空間へ』、ID136『SEVEN'S HEAVEN』、ID284『geographic node』、ID288『The Emperor's new clothes』、ID316『感性を育む保育園』、ID330『つなぐかべ小学校』、ID342『歌潮浮月』、ID485『森のサナトリウム』、ID573『waltial』が残りの9作品です。

小野田：ID284『geographic node』の石は落としていいですよ、空間というか、建築じゃないから。
隈：そう？　それより、僕はID136『SEVEN'S HEAVEN』の方がいらないと思うんだけど。
ヨコミゾ：じゃあ、ID284『geographic node』とID316『感性を育む保育園』とID288『The Emperor's new clothes』を落としたら？
AK：でも、ID573『waltial』とID288『The Emperor's new clothes』なら、ID288『The Emperor's new clothes』の方が、考え方が極端というか、メガロマニアック（誇大妄想狂的）なんですよね。

本江：今は、「これがダメじゃないか」という消去法で話が進んでいますが……。
AK：そこ（ID288）に住むのは厳しいかもしれないけれど、なんかちょっと魅力が……。
隈：でもID573『waltial』は、地形的にもすり鉢状になっているなど、おもしろい点があるんだよね。
AK：なるほど……。
本江：ID573『waltial』はわりと強く支持がありましたので通りそうということですね。

小野田：それだったら、僕はID009『表層から空間へ』も上がっていいかと思うんだけど。
ヨコミゾ：これ（ID009）って集合住宅でしょ？
小野田：うん、集合住宅。
石上：あ、そのID009『表層から空間へ』は、僕はカットしてもいいですよ。
本江：はい、ではID009『表層から空間へ』は落としますよ？
審査員一同：はい。
本江：ではID009『表層から空間へ』は落ちます。あと2つ落とします。

508 mnemonikos

626 せいかつしあう

隈：で、ID284『geographic node』とID316『感性を育む保育園』は今、落ちているんでしょ？
本江：はい、推薦がなければID284『geographic node』とID316『感性を育む保育園』は落としますよ？
現在、ファイナリストに確定しているのが、4作品。残りの6作品として有力なのが、ID485『森のサナトリウム』、ID288『The Emperor's new clothes』、ID330『つなぐかべ小学校』、ID573『waltial』、ID342『歌潮浮月』、ID136『SEVEN'S HEAVEN』です。
小野田：ID284『geographic node』とID316『感性を育む保育園』の2作品を本当に落とすか、それともこの6作品のどれかと入れ替えるかということですね。

隈：僕は、ID136『SEVEN'S HEAVEN』より、ID284『geographic node』の方がおもしろいと思うんだけど。
AK：いやあ、でも一応は「建築」ですよね（笑）。
（一同笑）
本江：さあ、ID136『SEVEN'S HEAVEN』とID284『geographic node』ですが、どうしましょう？
小野田：ID136『SEVEN'S HEAVEN』は確かに手法は古いけどね、僕が古いのかなあ（笑）。でも、「キアロスタミの塔」とか見ると、「確かにキアロスタミはこうだ」と思えるところがあるんだよね。
末廣：かえって新しくなるかもしれないよ（笑）。
ヨコミゾ：ID284『geographic node』を選ぶと、なんだか「思いつき一発」を選ぶようで、気になる。
小野田：う〜ん、僕もID136『SEVEN'S HEAVEN』とID284『geographic node』だったら、ID136『SEVEN'S HEAVEN』を選ぶようで気になる。
本江：他のみなさん、いかがですか？このままだとID284『geographic node』とID316『感性を育む保育園』が落ちます。ID316『感性を育む保育園』を推したいという人はあまりいないですね？
審査員一同：（うなずく）

本江：はい、ではID316『感性を育む保育園』は落選です。
あと1作品を落としていただくます。ID284『geographic node』、ID136『SEVEN'S HEAVEN』、または、ID288『The Emperor's new clothes』。この3作品の中から1つが落ちるということでいいでしょうか？
小野田：うわあ厳しいなあ（笑）。ID136『SEVEN'S HEAVEN』はダメですか？
AK：これ（ID288『The Emperor's new clothes』）は、一番、怖いのよね。住むには。
隈：これは住めないよね。僕はこの中では、ID136『SEVEN'S HEAVEN』がいらない。
小野田：隈先生、どこがダメなんでしょう？（笑）
隈：な〜んかセンスがねえ（笑）。
小野田：ああ（笑）。現代的じゃない感じがするんですかね。
AK：まあ新しさがないかな。
本江：どうですか？
末廣：僕は、なんだかID284『geographic node』の石がねえ……。
本江：評価が分かれるのはいいですが……。

隈：そしたら、ID288『The Emperor's new clothes』はなくてもいいかなあっていう気もしますが。
小野田：それとは別にID284『geographic node』の石は議論したいですね。
隈：うん、僕も議論してみたい気がします。
AK：人口密度の増加やメガシティ（巨大都市）など、これからの暮らし方を考える上で、ID288『The Emperor's new clothes』も議論した方がいいんじゃないですか？
小野田：でも、これは断面計画で設計していないんだよね。
AK：うん、確かに。
ヨコミゾ：隙間はあるけれど、なんかツンツンとしてる。
隈：ポートフォリオの絵がキレイなだけなんだよな。
AK：オッケー、落選。

本江：いいですか？ではID288『The Emperor's new clothes』が補欠に落ちます。
それでは、ファイナリスト10人を確認したいと思います。ID130『木の葉の記憶』、ID136『SEVEN'S HEAVEN －創作家七人のための集住体』、ID284『geographic node』、ID330『つなぐかべ小学校』、ID342『歌潮浮月－尾道活性化計画』、ID420『密度の箱』、ID485『森のサナトリウム』、ID573『waltial －一つの概念からなる都市的空間の提案』、ID576『自由に延びる建築は群れを成す』、ID740『小さな世界の大きな風景』の以上、10作品です。意義ありませんか？
審査員一同：（うなずく）
本江：それから、補欠の2作品、補欠1位がID288『The Emperor's new clothes』、補欠2位がID316『感性を育む保育園』となります。
ヨコミゾ：補欠はどういう時に効くんですか？
本江：ファイナリスト10人はこれからプレゼンテーションをするので、連絡した時に会場にいないと失格になるのですが、その際に、補欠が順に繰り上がります。過去の大会で一度だけ補欠が繰り上がったことがあります。
さて、以上10作品が決定しました。残り時間は8分ですが、これでよろしいでしょうか？
審査員一同：（拍手）
本江：ありがとうございました。

註
*1「四十八手 裏表（性交体位）」：性交体位の型で、四十八手の裏表で96手と言われる。江戸時代に日本で、相撲の決まり手の数「四十八手」になぞらえて名づけられたという。
*2 twitter：（ツイッター）「さえずる、ペチャクチャしゃべる、クスクス笑う」という意味。インターネットを使ってリアルタイムにメッセージを交わすWebサービス。個々のユーザーが投稿した140文字以内の短い発言（つぶやき）や返信を、みんなが共有することで、ゆるやかで自然発生的なコミュニケーションが生まれる。会場にいない誰もが同じプラットフォームに参加できるように、今年の大会ではじめて導入され、審査と同時進行で議論や意見が飛び交った。

Final round

Process 03
ファイナル（公開審査）

2010.03.07.PM
東北大学百周年記念会館
川内萩ホール

PRESENTATION>>Q&A
プレゼンテーション｜質疑応答

130 Keiji Kurata　木の葉の記憶
136 Kosuke Nakazono　SEVEN'S HEAVEN ―創作家七人のための集住体
284 Akihito Matsushita　geographic node
330 Makoto Saito　つなぐかべ小学校
342 Miwako Kido　歌潮浮月―尾道活性化計画
420 Kei Sasaki　密度の箱
485 Akinori Hamada　森のサナトリウム
573 Masahiro Suzuki　waltial ――つの概念からなる都市的空間の提案
576 Yo Nishijima　自由に延びる建築は群れを成す
740 Takeaki Yokoi　小さな世界の大きな風景

FINAL DISCUSSION
ファイナル・ディスカション

10 ▶ 5

3月7日午前、せんだいメディアテーク5・6階および6階バックヤードで行なわれたセミファイナル審査は時間通りの進行。前日の予選審査で選出された105人を中心に、10人の審査員によって、ファイナルのステージに立つ10人のファイナリストが選出された。今年のファイナル（公開審査）の会場は、昨年に引き続き、東北大学百周年記念会館　川内萩ホール。選出作品が決まるとすぐに、模型とポートフォリオがファイナルの会場へ搬送され、審査員たちも会場へ向かった。
ファイナルでは、ファイナリスト10人のプレゼンテーションと質疑応答が行なわれ、その後、ディスカションによって各賞が決定した。

FINAL round PRESENTATION>>Q&A

藏田 啓嗣
東京理科大学

130

木の葉の記憶

Presentation プレゼンテーション

「なぜ落ち葉がゴミと映るのか」というテーマに基づき今回、卒業設計に取り組みました。近年、都市では落ち葉はゴミとして認識され、行政や住民によって徹底的に除去され、最終的には焼却処分になっています。東京23区における2008(平成20)年度のデータを見ると、可燃ゴミ総量305万tの中で、落ち葉をはじめとする草木ゴミは約9％の27万tを占めています。都市の中で草木の緑の重要性が再認識され、街路樹などの植樹を推進する一方で、それら緑が可燃ゴミを増加させている現状には矛盾を感じます。
紅葉している木を人は美しいと感じるのであれば、地面に落ちて土へと還っていく落ち葉の姿も、ゴミではない別の捉え方ができるのではないでしょうか。今回そのための空間装置として、ストックした落ち葉の変化を鑑賞する美術館を提案します。
敷地として東京の目黒清掃工場に隣接する緩衝緑地7,000m²を選びました。この緑地は、清掃工場の北側に住宅街が接近しているため、その緩衝地として造られた公園です。普段からきれいに清掃され美観を保っていますが、このような場所こそ、ここで処分されているものの現状が見える場所であるべきだと考えました。
ダイヤグラム（図式）として、樹冠*¹の分布がボロノイ分割*²と相関関係があることに着目し、目黒区で実際に見ることができる樹木の形状を参考にして、この空間をつくりました。
「都市の落ち葉の記憶」を考えると、まず、都市で木から落ちた落ち葉は、一旦地面に落ちると、人々の意識からは少し遠のいてしまって、もう人々はそれを見なくなります。そこで落ち葉のみを一度すべて回収して、この美術館に運び込みます。この美術館は、運び込まれた落ち葉を風雨にさらし、自然の状態で落ち葉が腐葉土化していく姿を人々に見せるという目的を持っています。美術館の主な機能空間は3つあり、一度回収した木の葉をそのまま放置しておくためのピット、また、その落ち葉の積もっている層を見るための展示用ピット、さらに腐葉土化して時間が経った後の落ち葉で植物などを育成・観察するためのピットです。これらのピットをそれぞれ時間の経過とともに移動することによって、この美術館は徐々に成長していきます。落ち葉は、およそ1年間で腐葉土として使えるものになります。ここでできた腐葉土は、このピット内からまた取り出し、区内の緑地、学校、地域住民などへと還元されます。

註
*1 樹冠：樹木の枝や葉が、枝を伸ばし葉を茂らせて、冠状になった状態のこと。種類ごとに特徴的な形になるため、樹種の分類にも利用される。
*2 ボロノイ分割：本書26ページ註1参照。

Q&A 質疑応答

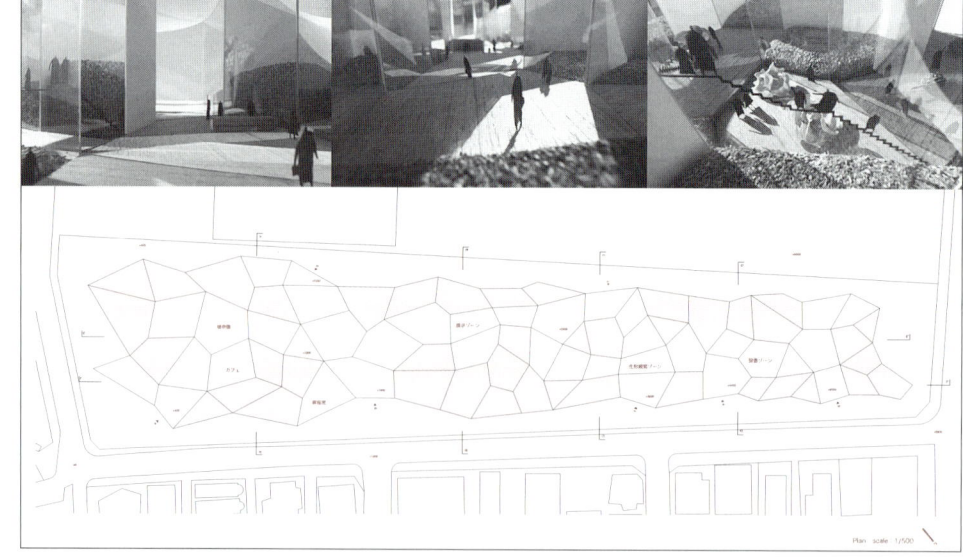

アストリッド・クライン（以下、AK）：建物を見るととてもポエティック（詩的）な形で、見た目も美しいのですが、プレゼンテーションの中で建物の形や美術館にある機能についてあまり説明がなかったので、もう少し知りたいです。
130：都市部では、子どもが落ち葉や腐葉土とふれあう機会が減っているので、実際に人が、この落ち葉のピットに入り、落ち葉の中で実際に起きていることや、他の植物が落ち葉に集まってきてどのような環境ができるかを感じてもらえるようにしています。見学するだけの美術館ではなく、体験をする・体感できる美術館であることを主題にしています。

小野田：通路のようなものはあるんですか？ メインの通路があるのであれば、美術館にどういうふうに入っていくのかとか、ピットの中に人が入る時のアプローチ方法とか、具体的にどうやって腐葉土を取り出して使うのかなど、建物の中について説明してもらえますか？
130：（模型の傍へ移動）落ち葉を回収してきた清掃車が搬入口まで来たら、基本的には大きなクレーンのようなキャッチャーでつかみ上げて、各ピットへ捨てます。また、通路脇に設けたキャットウォーク（作業通路）を伝って、人が落ち葉のピットの中へ入れるようになっています。
中田：模型の説明だと、その辺の内部のことがなかなかわからないんですが、平面図のようなものはありますか？
130：少しダイヤグラム的な平面図になっていますが、落ち葉を見るための主要な動線があり、そのまわりにある3種類のピットが落ち葉を溜めたり、腐葉土化したものを体験する場所です。

石上：着目点や建築をつくるコンセプト・イメージはいいと思いました。しかし、落ち葉を空間の一部に取り込んだり、落ち葉自体をきれいに見せるというのに、今のままだと、ゴミ処理場の一部を見せているという印象から抜け出していないような気がします。せっかく、落ち葉の美しい場面に着目したのであれば、もっと落ち葉のいろいろな見せ方があったり、敷地自体が落ち葉によって何か変わっていったり、そういう仕掛けがあってもいいと思います。単純に、集められてきた落ち葉を見せているだけというのがちょっと残念ですね。

隈：落ち葉って普通は木の足元にある。木があって、落ち葉があって土があるという具合だからき

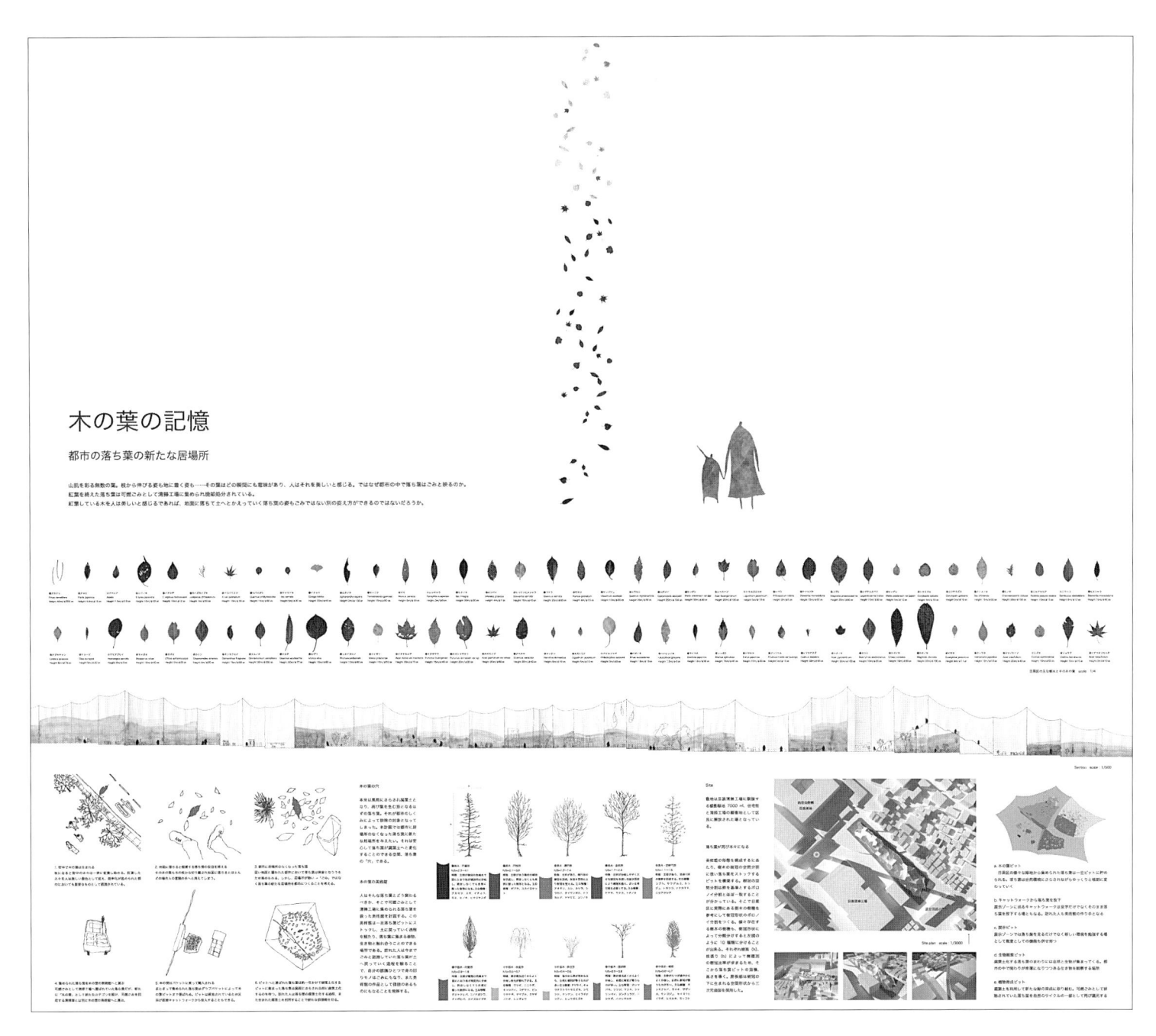

木の葉の記憶
都市の落ち葉の新たな居場所

山肌を彩る無数の葉。枝から伸びる若も地に落ち一一一木の葉はどの瞬間にも意味があり、人はそれを美しいと感じる。ではなぜ都市の中で落ち葉はごみと映るのか。
紅葉を終えた落ち葉は可燃ごみとして清掃工場に集められ処理されている。
紅葉している木を人は美しいと感じるであれば、地面に落ちて土へとかえっていく落ち葉の姿もごみではない別の捉え方ができるのではないだろうか。

れいなわけじゃない？ でも、君の場合は、そういったものから切り離してかなり抽象化してしまっていて、おまけにほとんどの場所は屋根まで架かっている。雨も降らないわけだから、たとえば、雨の日に湿気を帯びていい感じになる落ち葉の様子も全く感じられない。ある意味では、非常に人工的な工場みたいなものだよね。それを人間が見て、本当に「美しい」とか「いい」と思うかなあ？

130：落ち葉のピットには、基本的に屋根は架かっておらず、通路の部分だけ半屋外空間として屋根が架かっています。

中田：セミファイナル審査では、ヨコミゾさんの票は入っていませんでしたが、その辺も含めてコメントをお願いします。

ヨコミゾ：これは美術館というよりは、プログラムからすれば生産施設だと思う。一種の工場です。都内のあらゆる所から落ち葉を満載したトラックが1日何度となく集まってきて、また、腐葉土化したものを運び出していくという、ターミナルのように活動的な場所になるはずなんですよね。しかも、バイオマス*3的な視点からすれば、落ち葉を再利用する際にエネルギーとして熱を発生しますから、腐葉土化していくプロセスで雨や風、他にもどういったものが必要なのか科学的なリサーチもやるだけやって、生産施設として交通計画も一応やってみた方がいい。そこに何か新しい建築のヒントが見つかるかもしれない。すごくおもしろくなるかもしれませんよ。落ち葉のイメージだけで乗り切るのは、ちょっと辛いですよね。

註 ＊3 バイオマス：生態学で、特定の時点に特定の空間に存在する生物資源（bio）の量を、物質の量（mass）として表現する概念。一般的には「再生可能な、生物由来の有機性資源で化石資源を除いたもの」を指す。

FINAL round PRESENTATION>>Q&A

中園 幸佑
京都大学

136

SEVEN'S HEAVEN —創作家七人のための集住体

Presentation プレゼンテーション

僕は、刺激し合ったり、時には喧嘩したり、そういった激化を免れない人と人との関係をも包含してしまう力が建築にはあるんじゃないかと考えています。それが、この卒業設計のスタートです。

そのような建築の力を考えた時に、それが一番顕著に現れているのが家ではないでしょうか。住み手として、人種や年代が異なった7人の創作家を選び、その7人がともに生活し、創作活動を行なう集住体(集まって住む形態)を設計しています。その7人は、写真家のマーガレット・バーク=ホワイト[*1]、建築家のエーリヒ・メンデルゾーン[*2]、映像作家のアッバス・キアロスタミ[*3]、画家のギュスターブ・クールベ[*4]、版画家の恩地孝四郎[*5]、音楽家のスティーブ・ライヒ[*6]、作家のエルヴィン・ギードー・コルベンハイヤー[*7]を想定しました。

この7人はそれぞれ生きた年代、活躍した場所が違うので、言語は通じません。それぞれの作風や表現媒体も全く違いますが、考え方の違う人たちが1つの集住体に住み、創作活動を行なうことによって、互いに刺激し合うということが建築内で起こるだろうという考えの下、設計を進めました。

7人それぞれが、個別の家を所持します。それぞれの家の表出[*8]として、まず一人一人を表象[*9]した塔が大地に立脚します。塔の主なファンクション(機能空間)としては、創作活動を行なうアトリエや書斎が中心に据えられており、その中に個別のシステムが内包されています。そのシステムは、GL(地表面)以下のレベルで一気に展開していきます。プラン(平面計画)をつくる方法は、自らの家の領域においては、その領域が他の6人のそれぞれを象徴する建築エレメント(形態要素)によってくり抜かれるという操作によって、7つの家に関係性を持たせています。各人が家を所持しつつ、関係し合いつつ、だんだん配置が決まり、集住体を形作っていきました。家の領域以外の何もない部分として設けた中間領域は、地上の光を取り込むボイド(吹抜け)として立ち現れてきます。

続いてプランですが、塔の部分に中核となる個人の創作の場が設けられていて、GL以下でだんだん他の家と関係性を持っていくというのがわかると思います。それぞれの家には、「相貌の家(ホワイト)」「運動の家(メンデルゾーン)」「夢想の家(キアロスタミ)」などと命名しています。互いの関係を持つ場面として、たとえば、写真家ホワイトの家は、自分の建築エレメント以外の形、たとえば映像作家キアロスタミの家のヴォールト(アーチ型の天井)によって、くり抜かれていますが、その部分が写真家ホワイトの暗室への動線になっています。一方その動線は、映像作家キアロスタミの家からの延長線としてくり抜かれているので、互いの空間が垣間見える。このように視覚的にも、空間としても、ファンクションとしてもどんどん関係を持っていくようになっています。

自己を表す肩書きに「家」のつく人々。彼らは言うなれば、自らの歴史や思想を作品として手から離れる1つの統一体たらしめようとする人々であると思います。そのような発現者一個人にとっての家とは、帰り着く場としての家ではなく、創造の現場としての家、まさに自己自身なのではないかと考えました。その家と家とがせめぎ合う時、個々人の波動は衝突し、融和し、そして個人を超えて新たな創造の地平を見るのではないか。この家は目的を持って作られる家ではなく、目的を生み出すために作られる家。この家では「契機の開発」が行なわれる、そう考えます。

註
*1 マーガレット・バーク=ホワイト:(Margaret Bourke-White/1904-71年)ニューヨーク生まれのアメリカ人。女性報道写真家の草分け。戦間期のアメリカを中心に活躍し、戦争はじめ社会問題を扱った写真を『ライフ』誌などで発表。第2次世界大戦後は、インドなどの発展途上国を回った。
*2 エーリヒ・メンデルゾーン:(Erich Mendelsohn/1887-1953年)ドイツ出身ユダヤ系の表現主義の建築家。代表作に、彫塑的なデザインの『アインシュタイン塔』(1921年)等。
*3 アッバス・キアロスタミ:(Abbas Kiarostami/1940年-)イランの映像作家。『桜桃の味』(1997年)でカンヌ映画祭の最高賞『パルムドール』を受賞。
*4 ギュスターブ・クールベ:(Gustave Courbet/1819-77年)フランスを代表する写実主義・現実主義の画家。代表作に『画家のアトリエ』(1855年)等。
*5 恩地孝四郎:(おんち・こうしろう/1891-1955年)日本の抽象表現の先駆として評価される版画家、装幀家、写真家、詩人。第5回装幀美術展(1953年)で『萩原朔太郎全詩集』が入賞。
*6 スティーブ・ライヒ:(Steve Reich/1936年-)ニューヨーク生まれのドイツ系ユダヤ人。ミニマル・ミュージックの音楽家。『ダブル・セクステット』(2009年)でピューリッツァー賞 音楽部門を受賞。
*7 エルヴィン・ギードー・コルベンハイヤー:(Erwin Guido Kolbenheyer/1878-1962年)オーストリア生まれでドイツを中心に活躍した小説家、劇作家、詩人。歴史・民族・世界観を扱った作品はナチス文学に位置づけられる。代表作に『神を愛す』(1908年)等。
*8 表出:内部に潜んでいるものが外に現れ出ること。現し出すこと。
*9 表象:知覚したイメージの記憶をもとに、再び心に思い浮かべられる像。

Q&A 質疑応答

小野田:これは住宅なんですか? その人を記念する表象空間かと思ったんですが……。ここに実際に住むの?

136:住むことを想定しています。

小野田:でも、ほとんどの人が、もう死んでいますよね。

136:そうですね、それに関しては半分、僕の妄想という形の建築になります。完全に住むことを想定して、ファンクションもすべてプラン上に定義しています。

小野田:なるほど。フィクション(虚構)をつくったということですね。

136:そうです。

小野田:この7人はどうやって選んだの?

136:1つの集住体で暮らすと想定した時に、各個人の化学反応のようなものが起こりうる建築にしたいと考えたので、選び方としては、言語や思想、作風……たとえば、抽象的な作品に寄っているのか、ずっと現実を捉えることをやってきた人なのかなど、極力バラバラの7人を選びました。

小野田:その答えには、あまり説得力がないと思うけど。たとえば、映像作家キアロスタミの代わりに、アレクサンドル・ソクーロフ[*10]みたいな人でもいいってことですか? その方が、もっとバラバラな選択だと思うんだけれど。

136:それは可能ではあります。

小野田:大島渚[*11]でもいいってことですか?

136:はい。

小野田:じゃあ、バラバラというのは、何なんだろう? それでは「7」を選択した意味を説明していることにならないと思います。何か7人の共通点なり、登場人物がこの7人でなければいけない理由があるんじゃない? そのヒントになるようなものがあったら教えてください。

136:そうですねえ。「えいやっ!」と決めちゃったところもあるんですが。つくっていく中で1つ気づいた点は、すべて1800年代以降の人たちですが、作風に戦争や人種問題というものが共通していると感じました。ただ、それは僕の感想であって理由にはなっていないんですが(苦笑)。

アストリッド・クライン:すごくバランスがよくて、グラフィックのエクササイズ(視覚表現)としては、きれいだと思います。ただ、そこに7人のパーソナリティ(人物像)やキャラクター(性格)が本当に表れているのかが、大きな疑問です。若者のわりに、こんな古い作家を選んで不思議だなあとも思いました(笑)。本当にその人(7人)たちを理解しているのか? もしかしたら、もっと身近でよく知っている作家を選べばよかったんじゃないでしょうか。

136:それに関しては、設計に入る前段階でこの7人をきっちり決め込み、ストーリーもつくってから設計に移ったので、僕の中ではストンと腑に落ちています。

中田:セミファイナル審査での懸念が少し浮上してきた感じがするんですが……。

小野田:僕はかなり強力にこの作品を推して、他の審査員の反対を押し切って引っぱって来たんですが(笑)、そういう受け答えをされると、「ああ、やっぱりね」と思わされてしまう。そうでなくて、やはり7人を選んだことには意味があるんでしょ

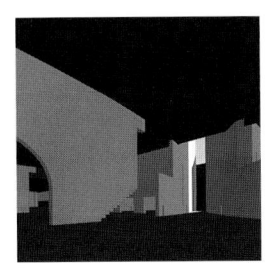

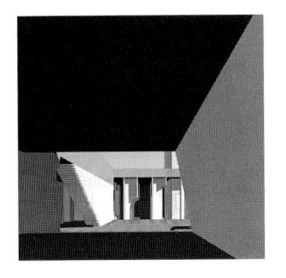

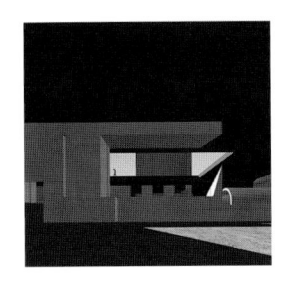

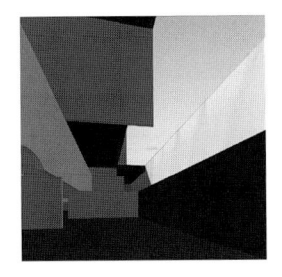

SEVEN'S HEAVEN
～創作家七人のための集住体～

建築は、激化を免れない人と人との関係をも内包することを可能にする。
すなわちかつてない出来事の現出が共時的に建築内で起こることも可能ではないのか。
それは機能としても空間としてもである。

この集住体は全く異なった人種・年代の創作家七人が住まい、創作活動を行う場として設計された。
彼らはみな、自らの歴史や思想を手から離れる一つの統一体としらしめようとする人々である。
そのような発現者一個人にとっての家とは、帰り着く場としての家ではなく、創造の現場としての家、まさに自己自身であると考えた。
その家と家とがせめぎ合う時、個々の波が衝突し、個人を超えた新たな創造の地平を見るのではないか？

この集住体は目的をもって作られるのではなくて、目的を生み出すために存在するのである。
ここでは、「契機の開発」が行われるのだ。

うし、コンテクスト（敷地状況）を全く無視していることも、あなたにとっては積極的な意味があるのでしょう。斜に構えるのではなくて、「これにはちゃんと意味があって、僕の建築観のステートメント（声明）としてこれを建てたいんです」というのを聞きたいんですよね。学校の講評会じゃないんだから、建築人として率直にこう思うということを聞きたいな。

136：建築というものは人と人の関係だ、とずっと考えていたので、卒業設計をやる時には、それを一気に表したいと思いました。人と人がつながっていって、刺激し合って、時々は憎悪や悲しみを抱いたりするような人と人の関係が、内部で起こる建築をつくりたい、その一点です。

ヨコミゾ：一番最初に「建築の力を信じている」という話がありましたが、あなたが信じる部分がもう少し、我々の現代の生活や都市空間などに対してどう有効に働いていくか、という方向に向かっていけば、あなた自身の持っている力に期待したいと思いました。この作品を見る限りでは、閉ざされた自分の世界の中で、自分でつくったルールでひたすらゲームをやっている、というようにしか見えないのが少し残念でした。

註
*10 アレクサンドル・ソクーロフ：（Aleksandr Sokurov/ 1951年-) ロシア（旧ソ連）出身の映画監督。1986年のペレストロイカまで上映禁止だった。代表作に『精神の声』(1995年)、『エルミタージュ幻想』(2002年)、『太陽』(2004年) など。
*11 大島渚：（おおしま・なぎさ/1932年-) 日本の映画監督。松竹ヌーベルバーグの旗手と呼ばれた。『愛のコリーダ』(1976年) で国際的な名声を得た。

FINAL round PRESENTATION>>Q&A

松下 晃士
東京理科大学

284

geographic node

Presentation プレゼンテーション

均一化する郊外においては、大地に準ずる思考が必要だ。
敷地：新交通の開通により新しく生まれた街、茨城県つくば市研究学園駅前。発展を望むが、居場所以前の場所。どこか既視感があるが、ここにしかない場所。切断された3つの未知空間の時間を持つ場所。
コンセプト：都市空間は地形に、道ができ、建築が立ち並ぶことで認識される。この線形的な都市計画は、都市化を図る郊外の平地において、街の均一さを助長している。郊外でその地に限定的な空間を派生させるためには、このプロセスを逆順し、地形自体を編集し、新たに環境をつくる必要がある。
素材：大地のメタファ（隠喩）として、地元産の石を用いる。
アプローチ：今ある輪郭のない平地に対し、現在と過去の3つの時代の結節点に基づき、大きな石を配置。領域的な地形を見出し、この場をフラット（平坦）な場からダイナミックな場へと昇華させる。
シーン：全83個の石から11個を模型化。交差点に飛び出す石（Ch）の先が指す方向には、公園の中の遊具のような石（Pk）。その先には住宅地に屹立する突起としての石（Jt）。この頼りない街の後景としての石（Gk）。車が高速で通り抜ける、街の入口の石（Uf）。その石（Ol）の先は昔からある集落へとつながっている。
大地と同じ密実な（密度の高い）断面を持ち、都市空間の成り立ちを根底で支えるもの。郊外の平野に、3つの時代（農地時代、テストコース時代、郊外的街並みの現代）のレイヤー（時代ごとの地形）の結節点を束ね、見立てとしての地形を築くことで、空間が生まれる拠り所としての定点を刻む。

Q & A 質疑応答

隈：筑波のような、何の拠り所もない場所に、こういう生の自然みたいなものを掘り起こしてくるというか、探してくるわけですか？　発想自体にはとても共感するけれど、巨岩を探し出してくるというのはものすごく大変なことじゃない？　たとえば、ニューヨークのセントラルパークには、実際に巨岩が露出している所があって、マンハッタン島のように人工的な場所でも、その巨岩によって元の自然の痕跡みたいなものが伝わる。けれど、もし、この場所で巨岩を掘り起こせなかったら、そもそも君の作品は成立しないよね。僕だったら、地面を掘るとか、巨岩を探してこなくてもいいやり方をするなあ。君の計画は実際、圧倒的にこの巨岩に寄りかかるところが大きいんだけれど、どう思う？
284：石に関しては、コストとパフォーマンスの関係では確かに成り立たない部分がありますが、僕としてはメッセージとして用いています。実際に、地元の筑波山で採れる、この場所にゆかりのある石を使用しているので、僕の中ではリアリティを持ってこの石は成立しています。
隈：筑波山からこの敷地までは、実際には距離があるよね。本当にこの場所でなければならないというわけでもないし、結局、近くの筑波山というものに無理に寄りかかっている気がする。

中田：その辺について、セミファイナル審査でこの作品を推していた小野田さんいかがですか？
小野田：すみません、何だかヘンなものばかり推しているみたいで（笑）。
石はその辺りでよく産出するものなんですか？
284：はい、掘り起こすことも可能ですし、実際に僕も行ってきましたが、直線距離で7kmぐらいの所に石切り場がたくさんあります。そこで目の当たりにした石の圧倒的な力強さみたいなものを、どうしてもこの郊外のフラットで頼りない場所に持ってきたい、という思いから設計しました。
小野田：もう1つ聞きたいんですが、農道など、元の地形との結節点を見つけ出して石を置いていますよね。元の地形と今の区画整理された地形との、どういう関係の所に石を置くのですか？　ルー

GEOGRAPHIC NODE

ルはありますか？

284：配置のルールについては、まず、今ある街並みに敷かれている道のグリッド（格子状の基準線）の大まかな結節点を取ります。以前、自動車研究所のテストコースがあったんですが、つくば市を開発する際に、それを崩して新たな街ができました。それで、現在と、過去の農道と、その中間にあったテストコースの3つの時代のグリッドを取って、その結節点を線で結びます。

石の形ですが、つなげた線の接線の距離比から石の外形が自動的に導き出され（遠い点の方向へ石の外形線が引っ張られる）、それを形作るとこのような図（左ページ）になります。この時におもしろいのが、道の枝分かれによって石の形が変わることです。車がなかった時代の農道の場合は、いろいろな方向に道が延び、石の形が菱形やとがった形になりやすいです。しかし、現代のグリッドを取った道では、どちらかというと、直角が生まれてきたり均一な石になる。このように、各時代のパラメータ（媒介変数）によって石の形が変わるというルールで、石の外形は決まります。さらに、場所のコンテクスト（敷地状況）を反映する方法でスタディを行ない、模型のように最終的な石の形が決まりました。

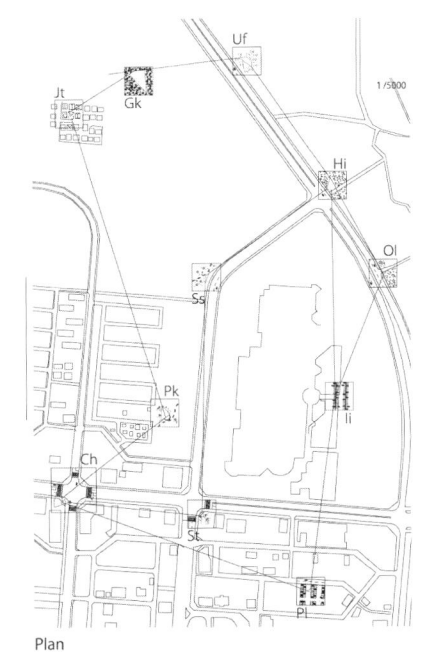

アストリッド・クライン：こんなに大きな岩を街の中に持っていくアイディアはおもしろいと思う。街の中に公園が足りないとか、自然が足りないとかいいますが、こんな感じに極端な場所性をつくる手法は、とても日本人っぽいと思いました。枯山水（ロックガーデン）を作っているのかなあ？　これが建築なのかどうかは別にして、アーバン・パブリック（都市の公共空間）と自然のものが対照的に隣同士にあるのは、とてもおもしろかったです。それから、もう1つのポール（支柱）のたくさん立った模型がよくわからなかったんですが……。

284：それは、この石を配置したことによって顕在化される場所の領域性やポテンシャル（潜在能力）を示しています。今はフラットな場所ですが、83個の石を配置することによって、身体感覚として、こういう地形が存在するという実感、こういう場を自分なりに獲得できるのではないか、という抽象模型になっています。

Plan

1/200 model

FINAL round PRESENTATION>>Q&A

齊藤 誠
東京電機大学

330

つなぐかべ小学校

Presentation プレゼンテーション

これは街から分離される小学校建築に対する提案とともに、下町アーバンデザインの提案です。敷地は、東京都江東区砂町。比較的古い建物が建ち並ぶ住・工・商混合の密集地です。その中で、同じようなボリュームで、同じような街並みの中に建築する2つの小学校に着目します。管理の都合上、積まれたり囲まれたりして、街と切り離されている小学校建築。その輪郭線を、紐を解くように2つの小学校をつなぐ方向に延ばして、小学校を街に開放します。

小さな空白スペース(ボイド)をつくり出している開発遅れの駐車場や、空き地、袋小路を形成する古い木造家屋を都市ボイドと見なして今回の敷地に当て、前述の2つの紐でこれらの場所を縫うように結んでいきます。小学校を線状の形態にすることで街とふれあう部分を増やし、部分的には都市の機能の介入を許すことで、街の様子を感知する1つの神経細胞のようなものとなります。その紐状の小学校は、街の場所場所で、街区によって切れたり、つむいだり、ほつれたりしながら、周辺環境を巻き込みます。

廊下のない教室群がオープンスペースとして周辺住民と直結し、路地裏が廊下のようにつながったり、2階は街から切り離されて、家でも教室でもない、守られた子どもの部屋となります。教室同士の隙間は公園のようで、中庭のようで、家の庭のようでもあります。開口部分の黒板で行なわれる授業は、風景になったりもします。アスレチック場のような図書館は、街の本棚にもなります。昼になると、近所の人も集うランチルーム。ここには、大人も子どももクラスもありません。大きな縁側のような運動広場。アクティビティ(活動)が点在する大きな舞台のような縁側です。街に挿入された小学校で起こる1つ1つのシーンが街の風景となってつながっていきます。

この学校で学区という見えない線引きをされた子どもたちはつながり、通学路でもある小学校で子どもたちは街とつながる。パブリックとプライベートが曖昧につながって、裏側の壁に囲まれた都市ボイドは街の表側とつながります。壁の開口部分は、家具のように人の居場所をつくりながらつながり、放課後の空っぽになった教室には、夜間学校やピアノ教室、そろばん塾など教育のネットワークがつながったりします。街のグリッド(格子状の基準線)に挿入された曲線によって生まれる空き地はつながり、小学校はゆっくりと街に溶け込んでいきます。

街は学校であり、学校は街である。この紐のような壁を介して、街と学校はつながっていきます。教育をはじめ、隣人コミュニケーション、ネットワークとして、道でもない、公園でもない、さまざまなものを結ぶ都市の新しい軸となります。街は小さな、そして確固たる個体として機能し始めます。

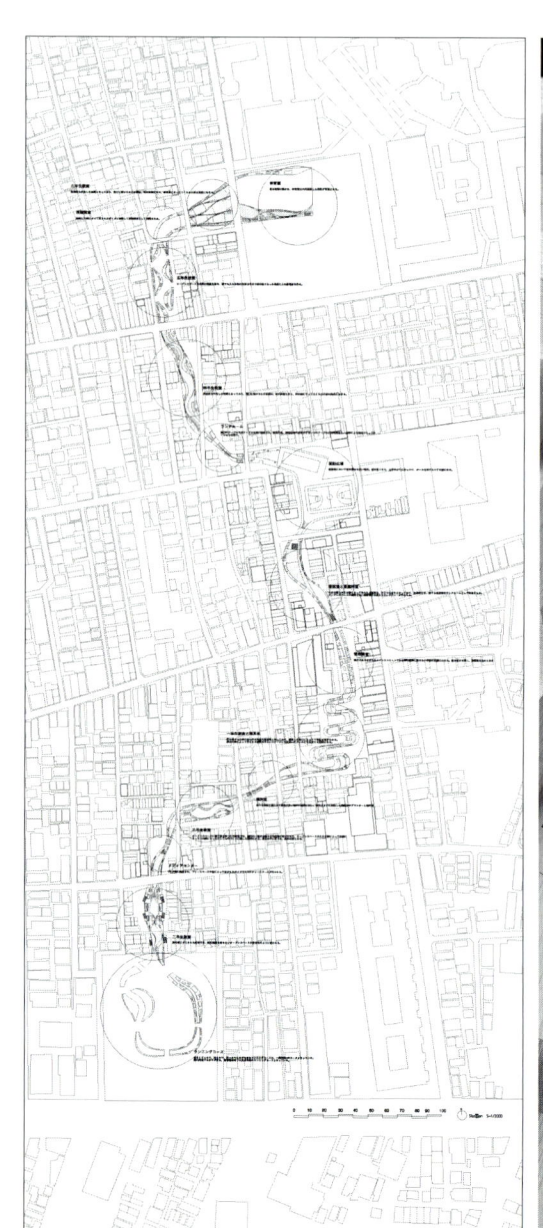

Q&A 質疑応答

ヨコミゾ:基本的には、とても魅力的に感じました。しかし、プレゼンテーションを聞きながらちょっと抜け落ちている部分があるような気がしたので、もし準備していたら教えてほしいのですが……。というのは、全体のマスタープランを見たいんです。小学校として必要なプログラムがそこに盛り込まれているはずなので、その部分の説明を補足していただけますか?

330:これが小学校の全貌になります。真ん中あたりにある砂町商店街は、道幅が3mぐらいしかないような所ですが人通りがにぎやかで、人が集まるポテンシャル(潜在能力)を持った場所です。そこをまず学校の顔として、管理室などがここにあります。図工室や理科室などの特別教室は、各教室に囲まれたオープンスペースに配置しています。たとえば、膨らんでいる部分などがそれぞれ教室空間になっていて、その間にあるオープンスペースが音楽室などの特別教室になっています。

ヨコミゾ:個々の部分の空間同士の関係や、そこで子どもたちがどういう生活をしていくのかなど、状況としてはわかるんですが、小学校として充分に使えるものになっているかどうか、ここまでの説明では確認できません。たとえば、低学年であれば、教室で授業をする時間の方が長い。高学年であれば、教室から特別教室への行き来なども増えてくるはずだし、身体能力も低学年より圧倒的に高いですから、より身体を動かしたいとなれば、グラウンドや校庭にすぐ飛び出していけるような所が教室としては適しているはずです。いずれにしても、子どもたちが1日どういう時間の過ごし方をしているか、教師たちはしっかり責任を持っ

つなぐかべ小学校

社会環境、経済環境に振り回されて、土地や建築は時代を反映する。
そんなグリッド状に穴あきだらけのこの街に、ヒモのような、城壁の様な
伸びたり、縮んだり、ほつれたりするやわらかな小学校を通す。
結んで、ひらいて
いろんなものをつなぐ壁の中の小学校。

つながる空き地は、交流の場であり、遊び場となる。　特別教室の機能を介して、街と学校がつながる。　学校の時間割が街の時計になる。

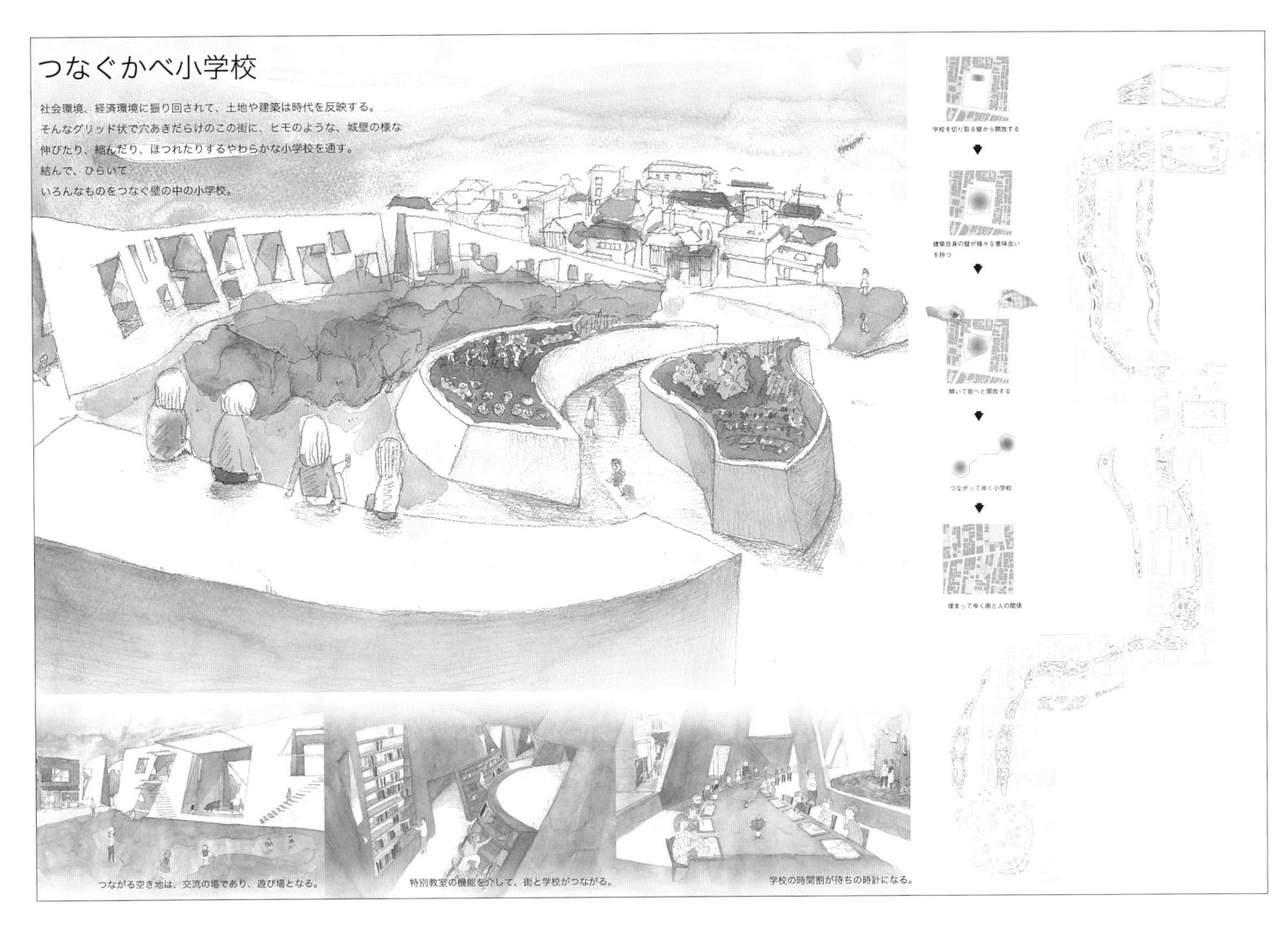

て、この建物全体を見ないといけないですよね？ もし、それらを踏まえた説明をしようとしたら、全体のマスタープラン的なものが必要になるんじゃないでしょうか？ 今のプレゼンテーションは、部分の集積だけで説明しようとしている点に少し無理があるような気がします。

アストリッド・クライン（以下、AK）：小学校がこんなふうに、近隣と混じって存在するというのは、基本的にはとてもいいアイディアだと思うんですが、実際に、こんなに大きくて、たくさんの建物を作らないといけないのかなあとも感じます。くねくねした2つの壁のようなものが並行していますが、壁の間はすべて室内になっているのか、壁と壁に挟まれた部分が室内になるのか、そして屋根はあるのかどうか、その辺をもう少し具体的に説明してくれますか。

330：屋根はプレゼンテーション上の都合で省いています。実際には、部分的に模型に付けたようなルーバー（羽板状の部材を平行に並べたもの）状の屋根が建物全体に付きます。

AK：この学校全体を作るには、ものすごい金額が必要ですね。子どもも減っているんですが……。

330：子どもが減ってきていることに関しては、部分的に介護施設を介入させたりというプログラムを組んでいます。

隈：すごくデザインがうまいと思った。外部と内部の表情の違いとか、都市のグリッドに対する建築の流し込み方とか、それは評価する。けれど、そもそも、小学校の建物をリニア（線状）につなぐということに、本当にリアリティがあるのか？ 都市に小学校を溶け込ませるのであれば、点として混ぜた方が、実際には用地を買収するのも楽だし、子どもの生活と都市や社会の活動とが溶け合うきっかけにもなりやすいよね。リニアにつなぐという手法は、実際には有り得ない一種のポエムを描いているような気がします。AKさんが「大きすぎる」と言ったのもたぶん、そういうことを感じてのことだと思う。社会性がある提案に見えるけど、意外にないのかもなあと思いました。

330：もともと僕は、城壁がすごく好きで、この壁の向こう側に知らない人が住んでいるのかな、と思いを馳せたり……。僕は、壁や城壁などに「つながり」を感じていて、それは建築が持つ力だなと思っています。それで小さな街の中に、小さな城壁のように建築を通したら、人とつながっていられる建築ができるのではないかと思いました。

石上：たぶん、自分の中でまとまりきっていないんだと思います。デザイン的には統一感があり、ある全体像をつくろうとしているけれど、実際の計画は、部分の集積に留まっている感じを受けました。城壁の話も出ましたが、一般的には城壁を街の中に挿入するとしたらネガティブな発想になると思う。それをポジティブなイメージに置き換えるプレゼンテーションができていなかった気がします。自分のイメージを、完全に計画に落としきれていないのがもったいないですね。やっていること自体はかなり前向きで、街に対してあるポテンシャルを築いていくものだと思います。

FINAL round PRESENTATION>>Q&A

木藤 美和子
東京藝術大学

342

歌潮浮月―尾道活性化計画

Presentation プレゼンテーション

「造船ドック」。この人工的に切り込まれた地形の中に身を置いた時、私は海の音を聴き、匂いをかぎ、空気に触れ、そして「海」という空間に包まれることを体感した。建築が、周囲の環境や時間の持つリズムをより豊かなものとして再構築するような、そんな状況をつくり出す。

たとえば、時に人は、部屋に活けられた1輪の花に季節の訪れを感じたり、建物に切り取られた空にその深さを見たりします。そんなふうに建築という人工的造作が、街の魅力を増幅し、そしてそれが街に還元されていく、そんな風景を描きました。

場所は、広島県尾道市向島、尾道駅から見える対岸向島の造船工場跡地。ここに美術館を設計しました。尾道は、山の斜面に貼り付くようにして小さな家々が建ち並ぶ旧市街と、日常のスケール感をはるかに超える巨大な造船工場が軒を連ねる向島とが、わずか200mの海を隔てて向かい合っており、その間を毎日、渡し船が行き来している、そんな特異でおもしろい場所です。

この美術館へは渡し船に乗って訪れます。船に揺られ向島に降り立った人々は、この美術館の世界へと足を踏み入れていきます。この美術館では、たとえば「吹き抜ける海風」「きらめく反射光」「太陽の南中高度」「潮の満ち引き」「打ち寄せる波の音」などのさまざまな現象によって空間が形作られており、季節、時刻、天候の移ろいによって毎日違った尾道との出会いが生まれます。生まれ変わったドックの空間を歩いてみましょう。

1つめのドックは月の劇場です。斜めに架かったガラスの大屋根が波を映し込みます。「潮の満ち引き」により、劇場は刻々と姿を変えていきます。たとえば、今日の正午頃ここでは、海中の劇場でのパフォーマンスが行なわれていました。今夜潮が引くと、美しい月を眺めながら月夜の音楽祭を楽しむことができます。2つめのドックは海の時を刻む野外展示空間です。今まで海の時間を積み重ねてきたドックの壁面に、これからはこの美術館で起こる多くの出会いや思いを重ねていきます。3つめのドックでは船による美術品の搬入と、作品制作が行なわれています。

昔から船を引き入れながら働いてきたドックが、これからも動き続けます。人は海を渡りこの美術館を巡って、新しい尾道と出会う。そして、海を渡ってまた向こう岸へと帰っていく。季節や時刻や天候の移ろいによって生まれるめくるめく情景が、尾道の未来へと還元されていく風景に期待します。

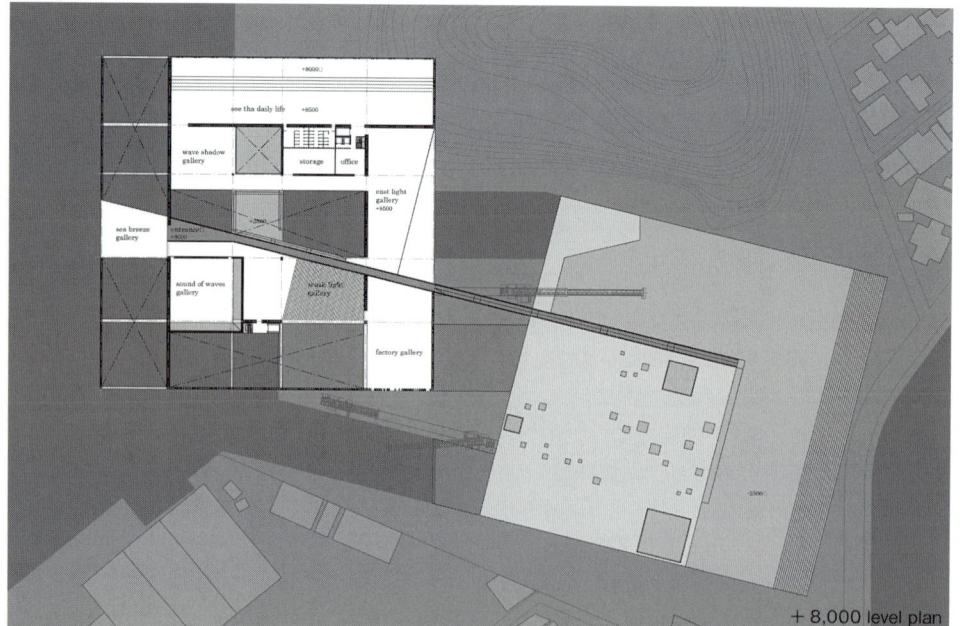

+ 8,000 level plan

Q&A 質疑応答

小野田：模型の上部にある大仰な白いプラットホームのような部分については、説明がほとんどなかったんですが、これは一体何ですか？ そこから壁のようなものがぐーっと出ているのも気になります。上部構造物の説明をお願いします。

342：覆いかぶさっている四角い部分に向かって一直線に延びている壁が、この美術館のエントランスになります。ここから緩やかな斜路で美術館の中に向かうのですが、約3分間かけて斜路を上がっていく時に、今までいた場所のスケール感や時間の流れを後ろに流しながら入っていく、そういうエントランスになっています。そして暗闇に入り、それをスパッと抜けた瞬間にはもう海の上にいるという構造です。それまで陸上にいたのに、いきなり海の上にいるというところから、この展示空間が始まっていきます。

浮いている大きな四角形の部分は、尾道の街並みから空間を切り取る「領域・容器」として、尾道を新しく生まれ変わらせるための装置として存在しています。

小野田：きっちりとした四角形に切っていますが、どのように寸法を決めたのでしょう。そこで切り落とした理由はあるんですか？

342：理由はいくつかあります。この設計のもとになったのは造船ドックでの空間体験ですが、人工的に切り込まれた造船ドックの中に身を置いた

広島県尾道市向島造船ドック。
この人工的に切り込まれた地形の中に身を置いた時、私は海の音を聴き、匂いをかぎ
空気に触れ、そして『海』という空間に包まれることを体感した。
そんな風に建築という人為的造作が、周囲の環境や時間の持つリズムを増幅し
より豊かなものとして再構築するような、そんな状況をつくり出す。
そうして生まれた情景が、尾道の未来へと還元されていく風景に期待する。

時に、今まで目にしていたはずの海への視界が閉ざされたんですが、でも香りだったり……。
小野田：切り落とすことがいけないと言っているのではなく、なぜ、その幅でぱっと切断したのか。そこに何か意味があるのかを聞きたいのですが。
342：尾道はとても起伏に富んだ凹凸の激しい場所なので、そこに1枚の基準になるような大きな面で何か領域をつくりたかったということと、100mの規格の造船ドックにかぶさっているので、その寸法を拠り所にしてこの大きさを決めました。

ヨコミゾ：自分の大学の学生なのでちょっとコメントしづらいんですが。いずれにしてもプレゼンテーションはうまくないよね（笑）。やっぱりここでは、どういう空間をつくりたかったかを素直に説明した方がいいと思います。まあ、簡単に済ませます。

アストリッド・クライン（以下、AK）：10人のプレゼンターのうち唯一の女性なので、それだけでも応援したいな（笑）。パッとプロジェクトを見ると、ある意味では、男性より男性的でモンスターのようなスケールですよね。実は、私も小野田さんと同じ質問をしたかったのです、なぜこの100mという寸法を決めたのか。すごくきれいでていねいにつくってあるし、もともとの造船工場のあり方と対照的でいいと思うのですが、プログラムはどうなっているのでしょうか？ こんなに大きな場所をつくったら、大勢の人に来てもらいたいですよね。外観はすごく目立ちますが、建物の中身も楽しいプログラムになっているのかな？

342：まず、この大きさについてです。尾道は、山の斜面に貼り付くように小さな家が建ち並んでいて、そこを縫うように石段がある坂の町として知られているのですが、対岸にあるこの向島には、大きな工場が軒を連ねています。尾道では空き家がとても増えてしまっていて、旧市街側ではその空き家を利用したアーティスト・イン・レジデンス[*1]や旧市街のスケール感に合った細やかな活動が盛んに行なわれています。それに対して、私は、この向島には、工場地帯の持つ大きなスケール感で、この建築を作ろうと思いました。美術館の＋8,000レベルの海側部分は、光や波のような現象を増幅させる空間になっていますが、もう一方はアーティストが制作したり、町の人がワークショップをしたりできる、制作者の営みの場としての空間になっています。このような空間が、尾道の旧市街の細やかな活動と対比されて、どちらも引き立て合うようなスケール感を持たせたいと思って設計しました。

AK：今回は卒業設計ですが、このような巨大な建物を作るためには莫大な費用が必要ですよね。ビジネスプランをつくって、何年かかって初期投資分が回収できるのか。ただのアーティスト・イン・レジデンスなどでは収益が足りないんじゃないかと思いますが……。

342：たとえば、ベネッセのアートプロジェクト[*2]のように、瀬戸内は土地の持つポテンシャル（潜在能力）がとても高いと思うのです。こんなに人が行きにくい場所のはずなのに、成功しているプロジェクトがたくさんある理由は、やはり土地の持つ力が大きいと思うのです。私はこの建築を作って、この土地の魅力を増やしてあげる。それで人の思いや動きを活発にしたいと考えています。

註
*1 アーティスト・イン・レジデンス（Artist-in-residence programs）：各種の美術・芸術制作を行なう作家たちを1つの地域に集めて一定期間滞在させ、創作活動やワークショップを行なう制度や事業。
*2 ベネッセのアートプロジェクト：「ベネッセアートサイト直島」（1989年頃より直島を舞台に展開）や「犬島アートプロジェクト」（2008年より犬島を舞台に開始）など、ベネッセコーポレーションが出資する「直島福武美術館財団」が、瀬戸内海の島を舞台に展開するアート活動。島の自然と固有の文化の中で、現代アートや建築、アート・イベントを通して、どこにもない特別な場所と経験を創造しようとする試み。

FINAL round PRESENTATION>>Q&A

佐々木 慧
九州大学

420

密度の箱

Presentation プレゼンテーション

均質化した都市・建築空間のオルタナティブ(新しい提案)として、無限に多様な空間「密度の箱」を提案します。この空間は、身体から都市までを一体化し、固定化された都市・建築空間を解体します。コンセプト・ダイヤグラム(概念図式)では、都市・建築空間の基本要素である「箱」を細分化し、それらを段階的に変化する開口部でつなげています。このルールを平面計画にも、断面計画にも同様に適用することで、「密度の箱」は構成されます。コンセプト・モデル(概念模型)のように、床、壁、天井のヒエラルキー(階層)は解体され、細分化されたセル(単位室)が魚群のように集まることで、多様な空間が構築されます。このシステムを用いて、福岡県の福岡駅・駅ビルを設計しました。

敷地は、大通り、大規模商業施設、オフィス街、商店街といった、さまざまなプログラムやスケール感を持つ場所の結節点になっています。「密度の箱」は、このような周辺環境に対応して空間の密度が決まるので、駅ビルは敷地の場所性を吸収したものとなります。プログラムは、ショップ、ギャラリー、レストラン、ライブラリー、オフィス、ホテルといった機能を主として構成されています。さまざまなアクティビティ(活動)が、境界なく、流動的に干渉し合いながら、成立しています。この空間におけるアクティビティは固定化されたものではなく、確率分布[*1]的に発生します。過剰な計画によって規定されるのではなく、海に投げ込まれた魚礁のように、利用者が場所を発見していくことで、必要な空間が生まれていきます。

平面図でわかるように、開口部は、サイズや形態だけではなく、その厚みも変化します。薄い板が段階的に厚くなっていき、厚みのある板の中には設備や収納用スペースとなったり、表側と裏側が反転して、ショップなどの主要な空間が納まっている部分もあります。その結果、さまざまな厚さの壁やスラブ(床版)によって、セル自体のサイズや光・音の環境が多様になります。

1階から13階までの平面図を並べたプラン・ダイヤグラム、スラブに空けた開口と壁の開口をそれぞれ抽出して並べたダイヤグラムを見ると、建物内の疎密の変化がわかります。そしてパース(透視図)に描いたように、明るく賑やかでコンサートが開けるほどの大きなスペースから、暗く静かで、一人で本を読むのにいい小さなスペースまでが、境界なく流動的につながっています。「密度の箱」のスケールとアクティビティは絶えず伸縮し、揺れ動いています。

註 *1 確率分布:確率変数の各々の値について、その値をとる確率を対応させたもの。

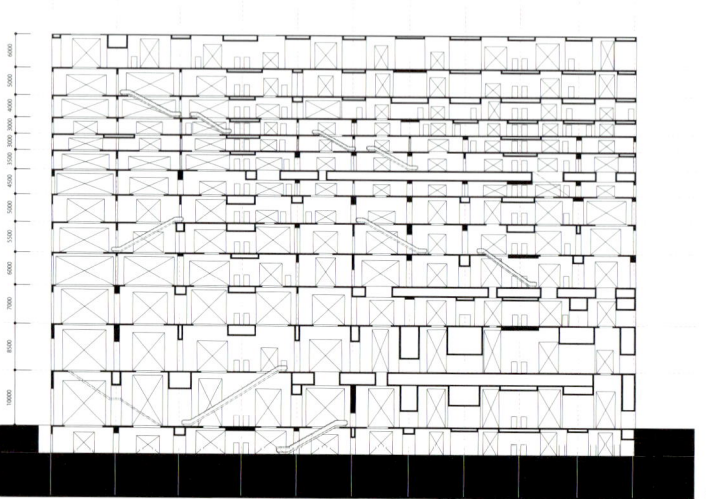

Section

Q&A 質疑応答

石上:まず、操作としては、壁や床の厚みと開口の大きさを変化させているということでいいんですか?

420:はい。大きさだけでなく、形態も縦長であったり横長であったり、場所やプログラムに応じて変わっています。

石上:ホテルやレストランなどそれぞれ必要な機能が違いますよね。そういう時に、開口部の開け方や配置する密度にどういった関係性を持たせていますか?

420:たとえば、レストランやライブラリーなど、公共性が高いけれど、一人で過ごせるような場所だとか……。

石上:具体的に何か1つ示してもらえるとわかりやすいです。

420:たとえば、模型の左側のワークショップスペースなどには大きな開口部が集まっていて、セルが魚群のように集合して大きなスペースをつくっています。逆にライブラリーでは、狭い開口部の空間が集まって閉鎖的な場所になっています。

石上:ちょっとわからなかったんですが(笑)。結局、動線や空間の広がりは、その操作とそれほど関係していないんですか?

420:動線ですか?

石上:たとえば、ライブラリーの中の動線とホテルの動線とは、全く違う。その違いを、壁の厚みや開口の形や大きさで操作していると思うんですが、その操作によってきちんと解けているのかなあと気になって……。

420:ホテルでは、壁の中に収まっている客室もあったり、もともと主要な空間であったセルがリ

「密度の箱」-SHADE BOX-

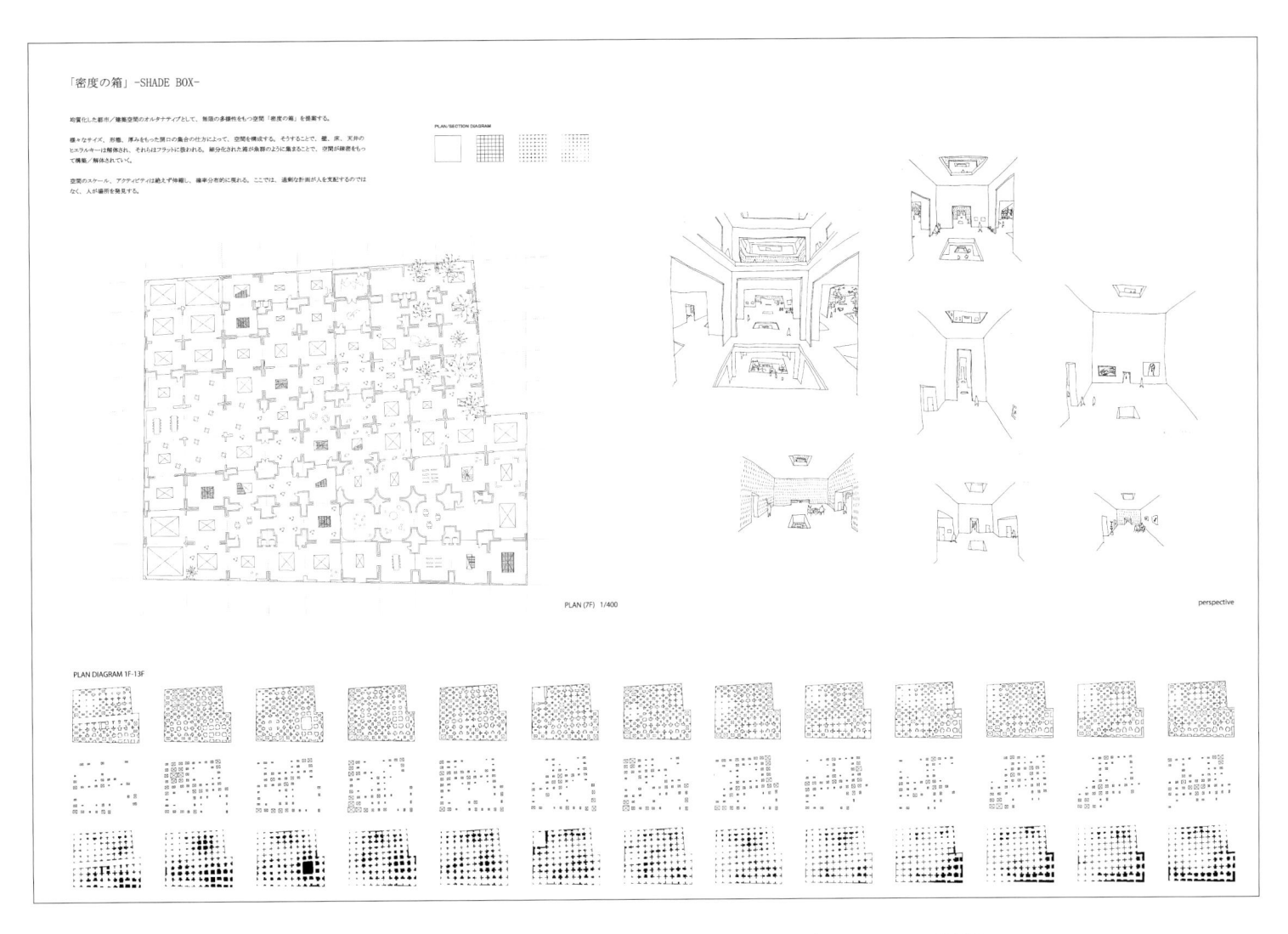

密集化した都市/建築空間のオルタナティブとして、用途の多様性をもつ空間「密度の箱」を提案する。

様々なサイズ、形態、厚みをもった開口の集合の仕方によって、空間を構成する。そうすると、壁、床、天井のヒエラルキーは解体され、それらはフラットに扱われる。細分化された海の魚群のように集まることで、空間が密度をもって構成/解体されていく。

空間のスケール、アクティビティは絶えず伸縮し、確率分布的に現れる。ここでは、適切な計画が人を支配するのではなく、人が場所を発見する。

PLAN/SECTION DIAGRAM

PLAN (7F) 1/400

perspective

PLAN DIAGRAM 1F-13F

ニアな（線状の）場所になって、動線になったりしています。
中田：今のは答えになっていましたでしょうか？
420：あ、そういうことではないですか？
石上：ちょっと、わからなかったね（笑）。
420：すみません。

ヨコミゾ：とてもおもしろい建築の提案をしていると思うんですが、プログラムについて質問があります。「確率分布的に」というのは、ある空間でお茶を飲めばそこがカフェになり、ある空間に作品を展示すれば、その瞬間にそこがギャラリーになるというような捉え方でよろしいんでしょうか？
420：はい。
ヨコミゾ：その時に、とても大切なのは、「ここに作品を展示したらカッコいいぞ」とアーティストに思わせる空間、あるいは「本を読むにはこういう空間だったらいいよね」または「1晩寝るんだったら、こういう空間だと安心して深く眠れるよね」と思わせるにはどうしたらいいか、ということ。そこをもっと徹底させないと、この莫大なボリューム（量塊）の内部を有効に使い切れないと思います。カフェ、ギャラリー、ホテル、とただ名前を書いちゃうという方法は、とても安易な気がします。
420：プランを1枚しか載せていませんが、開口の密度や厚みで多様な空間をつくって、さまざまに適用できるようにしているつもりです。

アストリッド・クライン（以下、AK）：見た目は、すごく格好よく大胆なオブジェだと感じます。窓の配置もバランスがよく上手で、窓まわりの雰囲気がいいなあと思いました。窓際の場所に一番居たいと思うのですが、建物のど真ん中には、暗くてあまり居たいとは思わないのよね。そこら辺はどう考える？
420：一応、上層階から下まで、大きな開口空間が中央を突き抜けるようにはなっていますが、どうしても暗いところはあるので、そこにはそれに合ったプログラムを配置しています。
AK：また、せっかくこんなにオブジェ的な強いキャラクター（性格）を立たせているのに、形状は、敷地に合わせた真四角にはなっていませんよね？　どうせやるなら単純に真四角にした方がいいんじゃない？
420：それは考えましたが、バリエーションを示すためにこうなりました。
AK：それからプレゼンテーション的には、もうちょっとパッション（情熱）を込めた方がいいな。こんなにロボットっぽい雰囲気だと、ちょっと受け取りにくいな（笑）。

420：（苦笑）

隈：自分でゲームの規則のようなものを1つ決めて、その規則で全体を強引に解いていくというのはすごくおもしろいと思う。そのルールもなかなか可能性があっていいと思うんだけど、1個1個の空間のリアリティが、もっと突出してくるとおもしろくなるんじゃないかな。いまひとつ、内部空間にリアリティがないんだよね。
420：いやもう、その通りだと思います。
（一同笑）

小野田：あっさりとしたそういう受け答えが「パッションがない」ということだと思うんですが（笑）。断面図はないんですか？
420：ポートフォリオには一応ありますが……。（ポートフォリオを審査員へ提示）こんな感じです。
小野田：床の懐が深くなっている部分は何ですか？ここに何が入っているんですか？
420：真ん中の床が厚くなっている部分は、書庫になっていたりします。
小野田：そこが空間なんですか？
420：はい、そうです。

FINAL round PRESENTATION>>Q&A

浜田 晶則
首都大学東京

485

森のサナトリウム

Presentation プレゼンテーション

「毎日の追われるような忙しさの中で考えるのは『いま』のことばかりだった。家族とか自然とか、人生とかに思いを巡らすことなどはなかった。病棟に入院していろんな人と出会い、ゆったりとした自然の営みや時の流れを実感する中で考えたことだった」。*¹

「森のサナトリウム」。プログラムについてです。サナトリウムは明治期に現代病とまで言われた結核の療養所として普及しました。立地は森や海に近く環境のよい場所が選ばれていました。現在、結核患者は減りましたが、新たな現代病として「うつ病」が増えてきています。増加の背景には、労働における合理主義や成果主義が影響しており、職場におけるストレスと孤立が原因と考えられています。そこで都市生活で疲れた心を癒し、豊かな自然の中でゆっくりと自己と向き合うことができるようなストレスケア(うつ病などのストレス関連疾患に対する専門的な治療)のサナトリウムを計画します。

対象敷地は、富山県八尾町茗ヶ原。富山駅から車で40〜50分かけてこの集落に着きます。富山県は面積の2/3を森林が占め、その内4割が人工林になっています。当該敷地の近くに庄川峡という峡谷があり、そこには船でないと行けない旅館があります。このようなひっそりと自然に囲まれて隠れることができる場所は、都市生活で疲弊した人々にとっても、静かに自己と対峙しストレスケアを行なう場所として適しているのではないかと考えました。

2010年度に、県はこのエリアで間伐*²を行なう予定になっています。県職員の協力の下、現地調査を行ないました。林齢は約55年で、密度は100㎡に15本とかなり密集していました。密集した人工林を間伐し、広葉樹を植えて混交林にし、より自然な森の状態に再生します。さらに建築によって、その周囲に光が届くようにし、森の維持管理にも役立つ方法で建設します。林齢ごとにタテヤマスギの適正な密度を示した管理体系図で見ると、対象敷地は100㎡に6本程度が目標値になっています。

次に、森における空間イメージです。森などで見られる、木々に囲まれてできるアーチ。私は以前、このような場所に行くと心が静かになり、癒されたということが多々ありました。森に見られるアーチは手に包まれるような形の空間でもあります。手は形態の自由度が高いので、1組の手という可変的なシステムを利用して、多様な空間をつくることができると考えました。このような空間をつくるために、集成材によるフレームを林立させ、さらにそのシステムを連動させることによって共用棟や居住棟にも適合する空間をつくります。

続いて、配置計画です。すべてを分棟にすることで自然との親和性を高くし、小さな集落のような暮らしを演出しました。共用棟は緩い斜面の等高線に沿うように配置し、28棟ある居住棟は急な斜面の等高線に直交するように配置しています。急性期の患者は居住棟1〜5の標高が低く共用棟に行きやすい環境で生活し、回復期は7〜13、維持期は14〜28で生活し、垂直動線や林道を歩くことによって日常的に適度な運動ができるように計画しました。

次に、居住棟です。森や山の空間特性を表す「地中」「林道」「樹上」「樹中」の4つの空間を、林道に直交するように配置することで統合します。植物が光を求めて上へ伸びていくようなシステムを建築に適用することによって、その場に固有な空間をつくります。以下が、その方法とプロセスです。
(1) 標高差10mのコンタ(等高線)に着目します。
(2) 中心線がコンタに直交する円を複数描き、その中心線を結んで固有の基準線をつくります。
(3) 棟間距離を調整した基準線をなめらかにするための操作(スムージング)をします。
(4) 円の接線をつないだ曲線に沿って家具を並べ、小さな活動領域をつくります。
(5) 方向性をなくすために屋根の稜線が左右に揺れるようにします。

続いて、アクティビティ(活動)とその方向性のダイヤグラム(図式)です。居住棟は敷地特性に合わせて空間を決定しているため、その形態はすべて異なります。林道と同レベルにあるタイプAは、地中空間に浴室を配置し、トップライト(天窓)から入る光を見ながら静かに入浴することができます。林道からつながるエントランスは、人と交流したいと思えば人に会えるセミパブリック(半公共的)な場所になっています。林道より下のレベルにあるタイプBは、階段下の空間が地中空間となり、林道と緩くつながるセミパブリックな空間になります。居住棟の先端に浴室を配置し、広々とした空を見ながら入浴できます。木漏れ日のような光に包まれた環境で療養するために、光を透過する外皮をまとわせます。フレームに横架材を架け、その上に薄い1mm厚のスギ板をこけら葺き*³のように葺いていきます。

続いて、共用棟のシステムです。平面形状は、林道の等高線に沿ってふくらんでいくシステムになっています。断面計画では、奥行きが最も大きくなる場合のフレームの高さを6mとし、高さ4mの林道にあるフレームからスムーズにつなげるようにします。エントランス棟、診療棟、図書館、温泉棟、供給棟、レストラン、作業療法棟、地域交流棟と続きます。地域交流棟とレストランに囲まれた場所は、この施設の中で最も緩い勾配になっています。この場所の木の密度を疎にし、建築化したフレームをランダムに配置します。このフレームによって地域交流棟のホールとレストランには一体感が生まれ、屋外の演奏会や食事などのアクティビティがつながります。

「ストレスと、それが過剰に蓄積して出るさまざまな症状と、一所懸命に闘っている患者と毎日の生活をともにしてきたことで、私自身の中にこのままでいいのかという疑問が大きく持ち上がってきた。回復して退院し仕事に就くのが当然の目的だが、いまは、これからどう生きるのかということに自分の中のテーマが確実に変わっている」。*¹

註
*1：武藤泰勝著『海の病棟』(1997年、葦書房刊)より引用。
*2 間伐(かんばつ)：林木の生えている密度を調節して生育を助けるために、また主伐前に収穫を得るため、林木の一部を伐採すること。
*3 こけら葺き：木材の薄板を用いて施工する屋根葺手法のうち最も薄い板を葺く手法。

Q&A 質疑応答

隈：模型の印象はすごくよかったんだけどね。模型の乳白色の部分は、実際には何の材料で作ろうとしているの?
485：木の外皮です。間伐でタテヤマスギを切るんですが、間伐材を薄く1mm厚にスライスしたものを、こけら葺きのように葺いていこうと思っています。
隈：こけら葺きで葺くということは、屋根は不透明になるよね? 模型のように、和紙みたいな感じにはならないわけだよね。
485：かなり薄くスライスして、1mmでスタディした結果、光は通す……。
隈：でも、防水はどうやるの?
485：一応、FRP防水で断熱塗料を塗ることで、透過性を確保しようと思っています。
隈：うーん。まあ、できないことはないかもしれないけど(笑)。なんだか、模型の印象に比べて、室内のドローイングや共用棟のデザインが……。前面を大きなガラス張りにして、集成材のビーム(梁)があるわけだよね?
485：はい。
隈：「間伐材や森と一体になっている」というわりには、間伐材の構造システムなどは意外につまらなくて、ドテッとした冷たい感じの建築になりそうな気がするけれど、大丈夫かな?
485：ええと、それは施工の人と一緒に考えていきたいと思います(笑)。
(審査員一同笑)

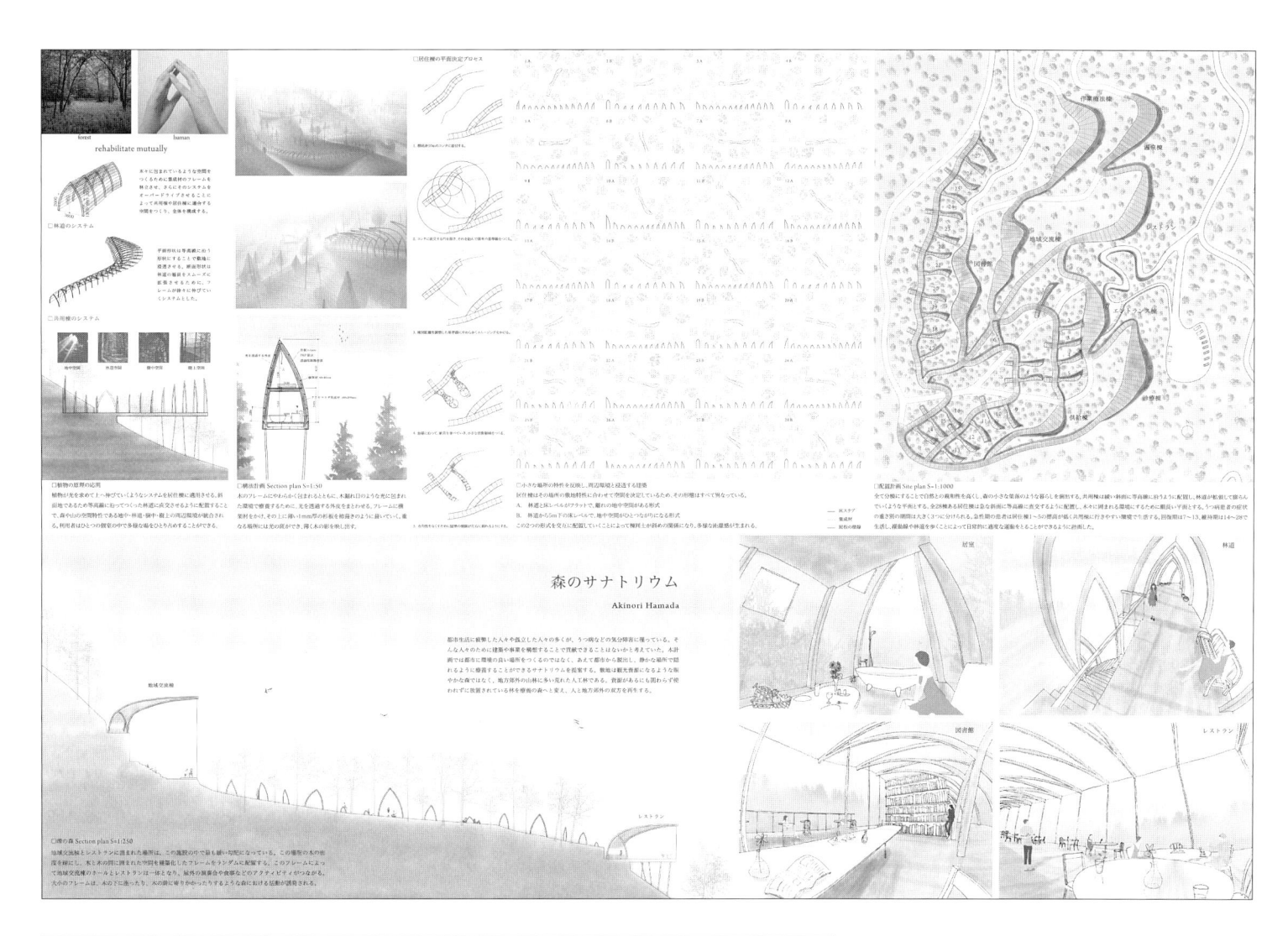

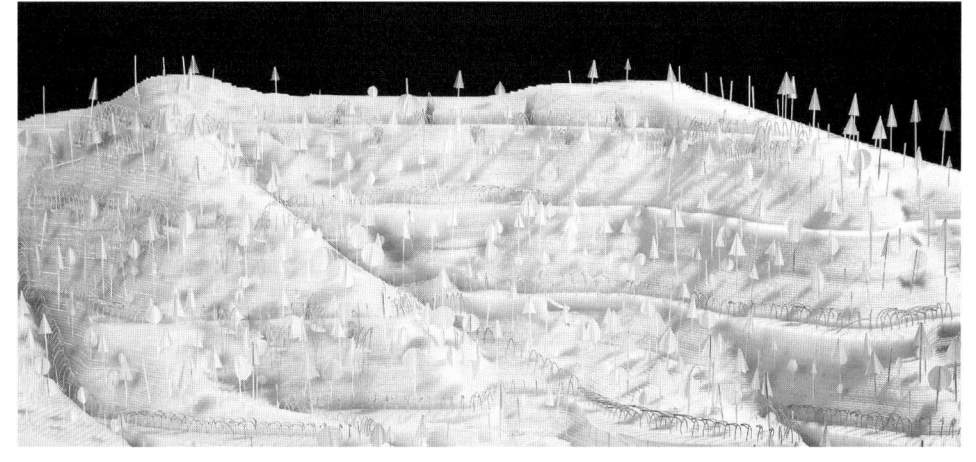

森のサナトリウム
Akinori Hamada

都市生活に疲弊した人々や孤立した人々の多くが、うつ病などの気分障害に陥っている。そんな人々のために療養の事業を補完することで貢献することはないかと考えていた。本計画では都市に環境のよい場所をつくるのではなく、あえて都市から脱出し、静かな場所で療養することができるサナトリウムを提案する。敷地は観光資源になるような豊かな森の中で、地方郊外の各地に多い荒れた人工林である。資源はあるとも関わらずに放置されている林を療養の森に変え、人と地方郊外の双方を再生する。

石上：僕も、隈さんと近い意見なんですが、せっかく木をテーマの中で大きな部分にしているにもかかわらず、操作だけで終わっていて、空間のイメージがどうしても木と結びつかないところが気になります。内部の空間のつくり方にしても、アーチ状につくられた空間にわざわざ窓を開ける、という操作をしているかと思えば、共用部では、キャンティレバーのようにアーチ型が迫り出して、前面をガラス張りにしたり……。なんだか、実際に使っている木材とあまり関係のないやり方をしているところが、もったいない気がしました。さらにそういうものと、ここに入る人たちとがどうリンクしてくるのかもわからなかったので、もう少し設計を詰めた方がいいですね。それは、施工者との関係ではないですから。

485：共用棟の部分と居住棟のシステムの違いは、その性格が違うということで、僕はアリだなと思っていて、そのことに関してはいかがですか？

石上：そういう話ではなくて、そもそも共用棟と居住棟の操作があまりよくないんじゃないか、という話をしているんです。

485：居住棟がなぜこの形になったかというと、自分が森の中を歩いて癒されると感じたアーチに囲まれているような形を建築化することによって、それが癒しの空間につながっていくのではないかと考えたからです。

アストリッド・クライン：サナトリウムにしなくてもいいかな。むしろ素晴らしい別荘だと思うんですけれど。森の中でもいいのだけれど、急な斜面とか、激しい造形とか、建物が高いピロティに載っていて空中にあるみたいだったり、どんなサナトリウムになるのか想像できないんですよね。階段もたくさんあってバリアフリーにもなっていないし、もしかしたら、落ち着かないかなあと思います。サナトリウムよりは、別荘にした方が楽しいかな？

485：僕が設計する際にイメージしたのが、リゾートのようなサナトリウムを作ることによって、今までのサナトリウムや病院にとらわれないものがつくれるんじゃないか、ということです。垂直動線についてですが、ここに入るのは、働き盛りで休職中の人々などです。入ってきたばかりの人は、なるべく共用棟と床が平坦につながるレベルの棟に居住し、よくなるにしたがって、どんどん上部の棟に移っていく。軽い運動や軽いストレスは社会復帰をするためにも必要になるので、森の生活みたいなものが療養になるのではないかと思い、この場所を選びました。

FINAL round PRESENTATION>>Q&A

鈴木 政博
武蔵野大学

573

waltial ——つの概念からなる都市的空間の提案

Presentation プレゼンテーション

1つの概念からなる都市的空間を提案します。最初に、「空間は壁に囲まれることで生まれる」という1つの概念から「基本となる形」(右ページ図)を導き出しました。
そこから、「基本となる形」を幾重にも重ねたモデル、「基本となる形」を多重入れ子状にして中心点を軸に回転させたモデルの2つのプロトタイプを導き出しました。それぞれのプロトタイプに、前者には住宅と保育園、後者にはギャラリーをプログラムとして落とし込みます。そして、1つの敷地内だけではなく街区にまで広げて、「基本となる形」の壁を配置することで、外部の建物とゆるやかな関係性を持った都市的な空間をつくり出します。幾重にも重なった壁による空間は、場所により異なる空間を人々に認識させるため、個人のテリトリー(領域)は守られながらも、互いの対人距離は変化します。壁を介してさまざまなアクティビティ(活動)の入り交じる、多様性を持った豊かな空間をめざしました。
まず壁の配置についてです。卒業研究で行なった実験により、一人の最小空間を2m×2mとし、その寸法の「基本となる形」をエドワード・ホールの「対人距離」*1による「公衆距離」、約8m間隔で配置していきます。それぞれの最小空間2m×2mを中心に、それに接するか重なるように1辺が3・4・5・6・7・8mの6つの「基本となる形」空間を配置します。そしてそれぞれの「基本となる形」の輪郭を部分的に延長し、場所によってそこにいる人の空間への認識が異なるように壁の長さを決めていきます。
次にプログラムを落とし込んだ3つのタイプについてです。まず住宅タイプでは、場所ごとに異なる空間を認識することにより住居が生まれ、次にその隙間を縫ってさらに住居が入り込んできます。住み手が自分に合った空間を選択し、それぞれ異なる家が作られていきます。

住居間に残された空間は、オープンスペースや共有空間となり、重なった領域はアクティビティが交じり合い多様性を持った空間へと変化していきます。
次に保育園タイプでは、壁の配置によって生まれた、連続する小さな空間が秘密基地や迷路などの遊び場となります。成長するにつれて、子どもたちにとって壁や空間の見え方が変わり、子どもとともに空間も成長していきます。保育室や職員室のように「基本となる形」の四つ角の壁に囲まれて大きな床面のある空間と、ホールや遊び場など、道のような線状の空間があり、両者の交点には広場や図書室、畑、舞台などが配置されます。広場や畑は外部空間として、ガラスで覆って内部と外部を分けますが、壁がガラスを横切っていることで、外部から内部に、内部から外部に、領域を視覚的に延長させます。
最後に、多重入れ子状に「基本となる形」を配置して回転させたギャラリー・タイプです。一定方向から見ると、奥まで見える場所と見えない場所があり、進んでいくとさらに奥へ続く回遊性のある流れるような空間を見出すことができます。方向性を持った線状の空間は、まるで道のように、外側の空間の機能が、壁の隙間から内側の空間へ流れ込み、さまざまな関係性が生まれていきます。

註 *1 エドワード・ホールの「対人距離」: アメリカの人類学者ホール(Edward T. Hall/1914-2009年)は、人間も他人や物との距離に対して意識が働き、距離に応じて認知・行動が変化すると考え、「密接距離」「個体距離」「社会距離」「公衆距離(3.6-7.5m)」の4つの対人距離のゾーンに分けて分析した。

Q & A 質疑応答

石上:屋根はどうなっていますか?
573:もっとしっかりリアリティを持って建築化させていく段階で屋根も付けます。屋根のスタディも一応してあります。模型でも壁の一部に、十字柱のような、壁とは言えないほどの小さな壁があるんですが、この小さな壁を他の壁よりも高くして、壁とは切り離されて見えるように屋根を付けようと考えています。

石上:壁と外部と内部の境界はどうなりますか?
573:ガラスで覆われた外部空間の部分には屋根がなく、後のほとんどは屋根の架かった内部になっています。

石上:プレゼンテーションを聞いて、2点ほど僕のイメージと異なった点を感じました。1つは、無限に続くというイメージが今の敷地のままだとあまり表現されていないんじゃないかということ。模型では表現されているのかもしれませんが、配置

図を見るとそういうスケールじゃないような気がしました。それから、住宅や保育園など1個1個の機能空間のつくり方が、ダイヤグラム(図式)的にはわかるんだけれど、実際の3次元の空間としては少しリアリティが欠けているように思いました。
573:敷地に落とし込むことで、空間の無限の広がり・つながりがなくなるというのは確かにそうなんですが……。自分の中でも、リアリティを持たせて進めていくのか、それとも抽象的なまま進

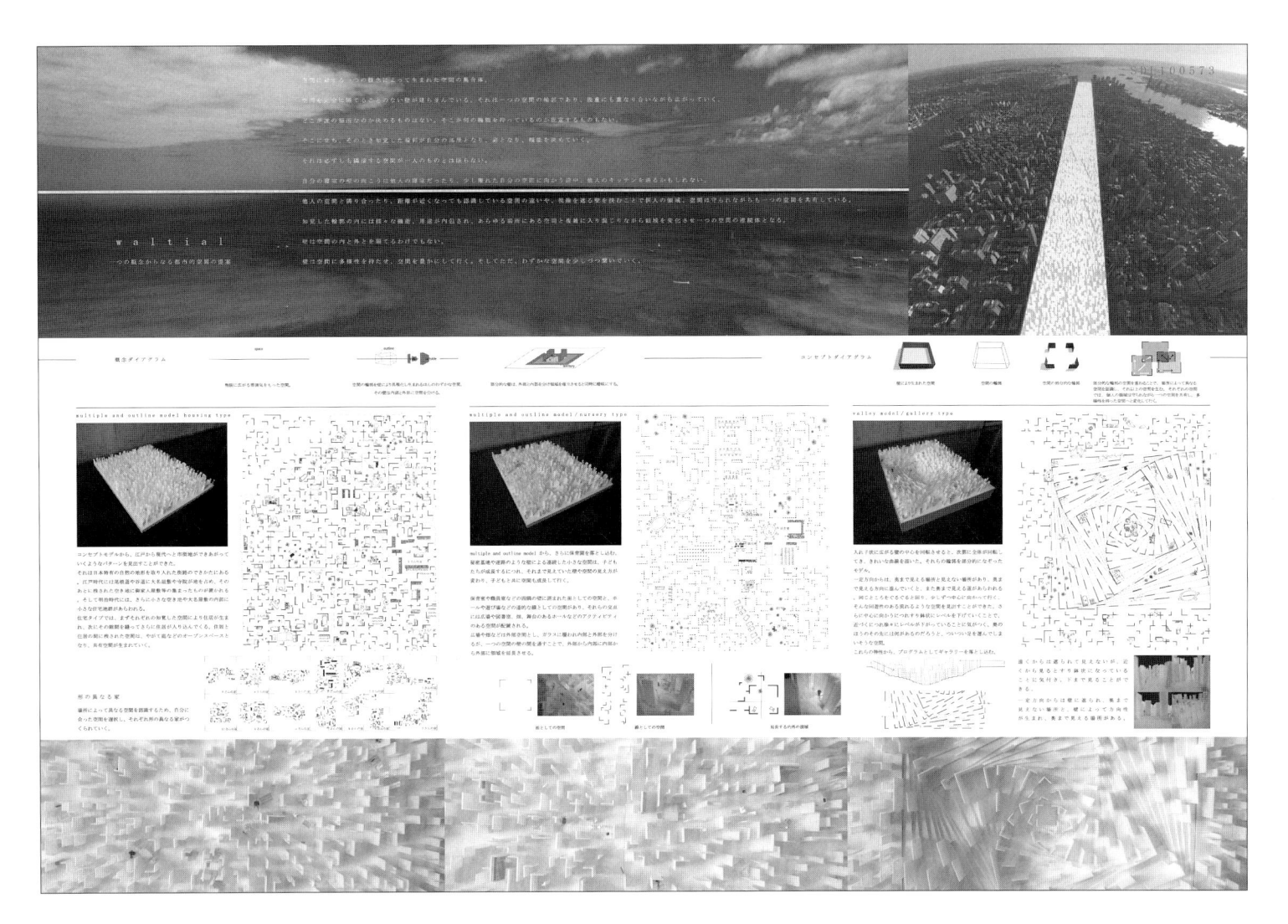

めていくのかというので矛盾がありました（笑）。敷地に落とし込むことで、周囲の環境を変えていくことのできる装置になるのではないかと思いました。

石上：敷地を設定したから悪いというのではなくて、無限につながっていくというイメージをつくる時には、周囲の環境や外部空間との関係をどう建築に取り込んでいくかが重要になってくると思うんです。だけど今は、敷地とまわりの環境が完全に切り離されていて、単に、君の持っている概念的なモデルを敷地に置いただけ、という感じがしました。実際に周囲のランドスケープ（風景）の中に広がっていくようなリアリティや迫力が感じられなかったんです。

573：敷地周辺とのつながりは、反対側を見通せる道を通してあったりするだけです……。

石上：僕だけ質疑の時間が長くなっても何なんですが（笑）。「無限につながっていく」というある種の「凶暴さ」が、リアリティを持って提案されているといいなと思っていたんです。でも、なんだか変なところでこぢんまりしていて、そのわりには空間にリアリティがないので、ちょっと残念でした。

ヨコミゾ：何ていうのかなあ、「こうやったらきっとおもしろい建築がつくれるかもしれないな」と思いつく部分、それはみんなが持っているし、感覚的にも研ぎ澄まされたいい提案は他にもたくさんあったと思います。それを卒業設計として、1つの作品に仕上げていく時には、やはりどこかで辛い思いもしなくちゃいけないんですよ。

具体的にどういうことが起きるかというと、でき上がった空間に自分で設定したプログラムを入れてみて、きちんと機能するのかどうか。それは人が使えるかどうかだけではなくて、たとえば、採光や通風。車などさまざまなもののアクセスが可能なのかとか、あるいは、雨が入ってこないための屋根をどうやって架けようかとか、いろいろな問題を自分自身で見つけて、解いていく必要がある。それを乗り越えないと、1つの作品として一定の完成度に達しないんですよね。「この辺まででいいかな」と途中で手を止めてしまうと、思いつきはいいけれど中途半端なものに見えてしまう。この作品に僕はそれを感じるんです。自分でもっといろいろな問題を見つけて、乗り越えていかなければいけないと思います。でも、それはあなたの作品に限ったことではなくて、他にも似たようなものはたくさんありました。1つの傾向なのかもしれないし、我々に対して向けられた課題かもしれない。双方にとっての問題だとは思っています。

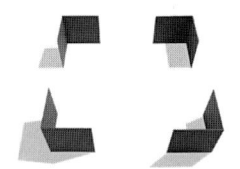

基本となる形

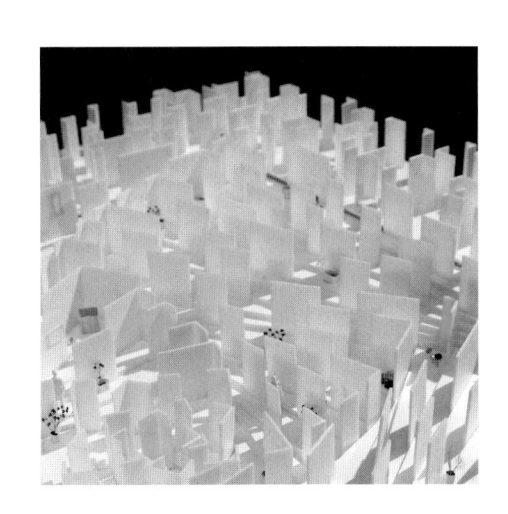

FINAL round　PRESENTATION>>Q&A

西島 要
東京電機大学

576

自由に延びる建築は群れを成す

Presentation　プレゼンテーション

僕は、どこか自然物のように、人間の手では制御しきれない部分が残り続けるような建築をつくりたい。樹木や結晶などの自然物は自由な方向に成長することができる。そういった自然物がいくつも集まって1つの集合体となる時、人間の想像を超越するような風景をつくり出す。樹木は、森や山となって神秘的な風景をつくり出し、結晶は、時にメキシコ・ナイカの結晶洞窟のように異様な風景をつくり、人間を魅了する。自由な方向に延びるということと、集合体を成すということ。いくつもの自由な方向に延びる建築が群れを成すことで、1つの建築を作ることを考える。すべてを意図して作ってしまうのではなく、建築と建築が複雑な相互関係を持ちながら空間をつくっていくような状態。人間の想像をよい意味で裏切るような、簡単には予想しきれないような空間をめざします。

ダイヤグラム（図式）についてです。現在の隣り合う建築と建築の間には関係性がありません。そして、その大きな箱のような建築の中には、苦しそうに住戸や店舗やオフィスが詰め込まれていて、それぞれの空間の境界は1枚の壁やスラブ（床版）で成立しています。たくさんの空間が高密度に集中しているのに、それぞれの空間は孤立した状態のように感じます。その大きい箱のような建築の中に詰め込まれている住戸や店舗やオフィスを、1つずつ小さい平面に分解します。その小さい平面を積層して、何本もの細長い塔状の建築を作ります。すべての空間は四面の表層を手に入れることで、採光・通風を確保することができるようになります。そして、塔と塔が向かい合う状態をつくることによって、それぞれの空間の間には視線による関係が生まれます。しかし、均質なボイド空間（吹抜け）は、それぞれの空間を分離し、そこに人と人の交わるシーンは生まれません。樹木や結晶のような自然物が成長するのと同じように、いくつもの建築（塔）を自由な方向に延ばしていきます。いくつもの自由な方向に延びる建築が群れを成し、1つの建築を作ることで、人口が集中した都市に生活することが魅力的に思えるような風景をつくり出します。そうしてできた建築は、塔それぞれが互いに相互関係を持ちながら、場所ごとに想像以上に異なった環境を生み出していきます。

続いて、内部構成についてです。プログラムとしては、住戸と店舗と小規模オフィスが入っています。間に外部空間を挟みながら、住戸と店舗とオフィスが、さまざまな距離感の中で混ざり合っているような状態です。エレベータは42本中9本の塔に入っていて、他の塔への動線は、塔同士がぶつかり合うことで確保しています。

次に、プラン（平面計画）です。住戸・店舗・オフィスがさまざまな距離感の中で、独立した空間を持ちながらも、同時に他と混在しながら存在しています。セクション（断面計画）では、1本の塔の中に、住戸・店舗・オフィスの3つの用途が入っています。それらの、上下の境界を1枚のスラブで仕切るのではなく、それぞれの用途空間同士の間に、1層分の外部空間を挟み込みます。異なる用途空間に上下を挟まれた外部空間は、住戸・店舗・オフィスでそれぞれ異なる生活をする人々の共用の場となり、そこではさまざまな人々が混ざり合う風景が生まれます。

それぞれの塔は複雑に絡み合うために、ぶつかり合う部分ができます。同じ用途の空間同士がぶつかり合う部分では、塔のボリューム（量塊）は互いに負け合い、両方の外形が凹んでそこに大きな空間ができます。そこは、大きなリビングや枝分かれする動線になったりします。違う用途の空間同士がぶつかり合う部分では、片方の塔のボリュームが勝ち、一方の外形がもう片方の塔の中に刺さっているような状態となります。そこでは、住戸・店舗・オフィスが隣り合う関係が生まれます。たとえば、住戸とオフィスがぶつかり合う部分はSOHOのような使われ方をしたりします。

そして、この建築では、場所ごとに想像以上に異なった環境が生まれていきます。人々の生活があふれ出してくる外部空間や、大きな開口部に映し出される人々の生活する風景、そういった周辺環境が内部空間での生活を豊かにしていきます。建築が絡み合うのと同じように、さまざまな距離感の中で住戸・店舗・オフィスの機能も絡み合い、さまざまな人々の活動も絡み合っていきます。異なる目的で過ごす人々の生活するシーンが、各所にたくさん現れ、そういったさまざまなシーンが絡み合いながら、地上から100m上空まで続いていく。互いに影響し合う建築がつくり出す風景。自由に延びる建築は群れを成す。

Q&A　質疑応答

隈：プレゼンテーションを聞いてがっかりするものが多かったんですが、この作品は、プレゼンテーションを聞いた後の方が、おもしろく思えました。一般的なマッス（塊）の建築を分解して、それから斜めにすることでどういうことが生じるかということが、とてもわかりやすく説明されていました。さっき（ID573の質疑応答で）、ヨコミゾさんがいいことを言いましたが、建築を設計する1つのゲームの規則みたいなものがあった場合、規則と現実がぶつかった時にどういうことが起こるかを、きちんと検証しているか、そこで起こる問題とちゃんと格闘しているかどうか、が大事だと思うんです。この作品の場合も、たとえばエレベータや動線の問題など、君なりの検証をきちんと経ているのがよくわかり、発表はよかったです。そういう意味で、鍛えられ、贅肉がとれている案という感じがしました。けれど、そもそもこういう塔が都市の中にどうか？　という疑問がちょっとありますね。1つの設定から導かれるプロセスとしては、いいものを感じました。

アストリッド・クライン（以下、AK）：高層ビルの作品はたくさんありましたが、どれもプラクティカル（実用的）に、グリッド（格子状の基準線）上にに重ねてあって、わりとつまらない感じでした。この作品はそれとは違って、斜めだったり、太陽に向かっていたり、窓の大きさも変えていたりと、そういう点だけでもいいなあと思いました。

ただし、ちょっと気になったのは、こんなにぐちゃぐちゃにせずに、全体のボリュームを今の1/3に減らした方がよかったかなあという点です。それから、あなたの作品に限らないのですが、この建築の真ん中にはいたくないなあ、と思わずそこでの生活を懸念してしまうんです。設計をしながら1つずつの部屋に入って、「そこにいるとどう感じるか」「ここは本当にいい雰囲気なのか」「ここで住みたいと思うのか」といった検証というかシミュレーションが足りないんじゃないかと思います。もう1点が、さっきのプロジェクト（ID573）もそうだったんですが、クラシックな（従来の）形態の建物の方が、きちんとしたアフォーダンスがあるんです。アフォーダンスというのは、たとえば、銀行のATMに行くと何を押せばいいのか教えてくれるようなこと。たとえば、普通の建物では、どこから入ればいいのか教えてくれる。ロビーから何階にエレベータで上がってとか、いろいろアフォーダンスがありますよね。でも、この作品にはアフォーダンスがないと思いました。どこから入ればいいのか、または入っても、自分が全体の建物のどこ

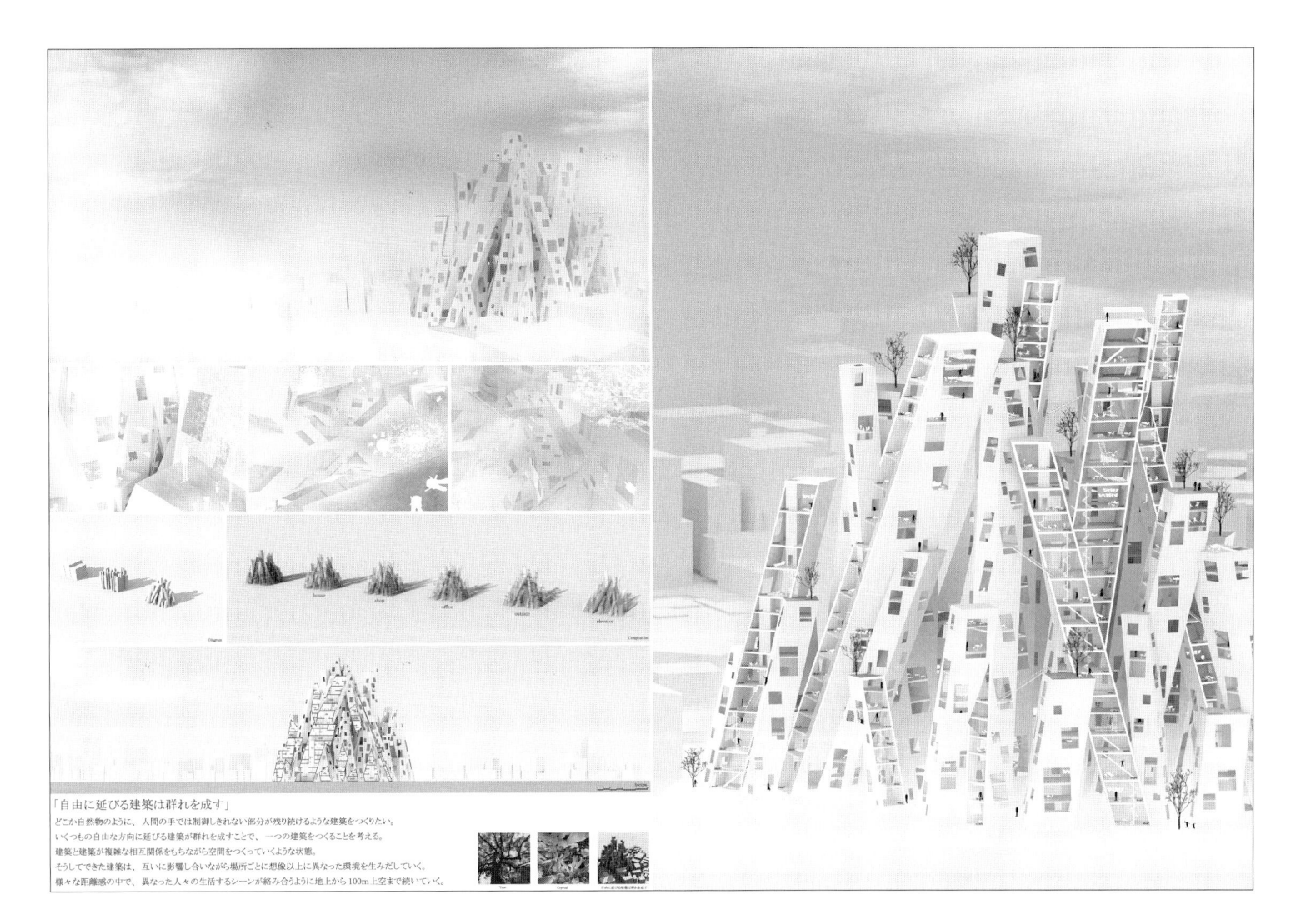

「自由に延びる建築は群れを成す」
どこか自然物のように、人間の手では制御しきれない部分が残り続けるような建築をつくりたい。
いくつもの自由な方向に延びる建築が群れを成すことで、一つの建築をつくることを考える。
建築と建築の複雑な相互関係をもちながら、空間をつくっていくような状態。
そうしてできた建築は、互いに影響し合いながら場所ごとに想像以上に異なった環境を生みだしていく。
様々な距離感の中で、異なった人々の生活するシーンが絡み合うように地上から100m上空まで続いていく。

にいるのか、サインみたいなものがないです。迷路の中で迷子になったみたいでどうしたらいいのかわからない、そういうストレスをどう考えますか？

576：今どこに自分がいるのかわからないということについては、そういうのがいいと思って作ったのですが、実際には困るので、その点では、解決できていません。なので、そこは自分でもいいとは思っていません。
サイン計画でしか解決できないと思っているので、それではダメだと思っています。

AK：サイン計画だけでは解決しないと思う。

576：それじゃダメですかね？

AK：サイン計画に頼ると、この建物にはよくないと思う。

本江：twitter*¹ からの質問で、「周辺の建物との関係や超高層ビルであることの必然性についてはどう考えますか？」とのことです。いかがでしょう？

576：勝手な自分の欲求なんですが、卒業設計として、周囲から山のように盛り上がった象徴的な建築にしたかったんです。都市空間ならどこでもよかったというのもあります。また、この形にした場合、高ければ高いほど入り組んでくるので、超高層でなければならないことは確かで、そういった点では高層にする必要がありました。

本江：周囲の何かに応答しているとか、そういう感じではないわけですね？

576：していません。

ヨコミゾ：ちょっと聞きそびれたのかもしれませんが、この建物は横のタワーに移動はできるんでしたっけ？

576：建物がぶつかり合っているところでできます。

ヨコミゾ：その場所が何フロアかごとにあるのですか？

576：はい。

ヨコミゾ：それから、住居と店舗とオフィスという機能を説明していましたが、これは1本のタワーごとにファンクション（機能空間）が分かれているのではなく、1本のタワーの中で階ごとにバラバラなんですよね？

576：はい。最初は、1本ごとにまとめようと思っていたんですが、バラバラにした方が、異なる生活をする人が混ざり合う風景が生まれたので、そうしました。

ヨコミゾ：そうすると1本のタワーの長い部分の中で、ある部分は住居であり、ある部分はオフィスであり、ショップであるということになるわけですが、根本的な空間の質の違いみたいなものは、それぞれにあるんですか？　たとえば、住居と事務所が一緒になるとか、ショップと事務所の活動が実は同じ空間で行なわれているとか……。

576：タワーがぶつかり合うところで、ショップと住居がぶつかったとしたら、それはその住居に住む人のショップであったり……という関係ができてきます。

ヨコミゾ：なるほど、別のタワーとぶつかり合ったところに、中間的なファンクションが生まれてきてるわけですね。

576：そうですね。

註　＊1 twitter：本書52ページ註3参照。

FINAL round PRESENTATION>>Q&A

横井 丈晃
芝浦工業大学

740

小さな世界の大きな風景

Presentation プレゼンテーション

氷が溶けてやがて小さな水たまりとなり、そこに空が映る。さっきまでなかった大きな世界がその向こう側に続いている。私が住む世界、東京。それは経済、機能が可視化されて形成された都市。モノであふれ、速い時間が流れている……。

「火葬場」、それは死を想い、生を問う場。日常と異なる時間が流れています。しかし、東京の規格化の波は火葬場も飲み込んでいます。東京・新宿副都心の足下にある落合斎場。それは街に対してまるで城壁のような外観、ホテルのような内装、そして、炉が並列している様子はまるで処理施設のようです。果たしてこれは、大切な人の最期を見送る場として正しい姿なのだろうか。たとえば、海や空や砂丘や雪山のようにどこまでも続く風景や、水面や雲のように移ろう風景。そのような風景の中で漠然と想いにふけることのできる火葬場を東京に作れないだろうか。

これらの風景を建築化する3つの図式です。
（1）極小スケールのものを極大スケールに転換することにより、コントラスト（対比）を作成。自然の風景の中に感じる、自由に変化するスケール感と対比することで、都市が規格化されたスケールでできていることを人々に再認識させます。
（2）「際」の操作。従来、空間の輪郭を規定する空間の「エッヂライン」（壁と床の接線）を曖昧にします。「エッヂライン」周辺の壁と床を室内側に膨らませ湾曲させることで、空間の奥行感をなくしたり、「エッヂライン」周辺の壁を室外側に凹ませることで空間の輪郭を移ろわせます。
（3）規格化され空に伸びる都市の「反転」としての地下。地下に広がる建築では、内部にいる人々は内部空間の体験からの情報のみでその建築の全体像をイメージする。そのため、それぞれの人が描く建築の表象[*1]には大きなズレが生じるが、このズレが「規格化された都市」と対照的な「豊かなイメージ」を与える。

これらの図式から、110の空間イメージのスケッチを起こし、それらを立体化して30の断片的な空間モデルを作成しました。さらにそれらを分類・体系化。それぞれに火葬場の居室に必要な性格を与えながら建築化し、都市の虚構としての「都市の空白」（何もないスペース）も生成します。
そして、断面計画と、都市から「静止画としての虚構」へと誘う装置としての平面計画ができ上がりました。
続いて、空間のシークエンス（場面展開）。エントランスから入り告別室に行き、炉前ホールへ。炉前ホールを経て待合室へ。「都市の空白」を通り、屋外を感じられる競り立つ壁の隙間を経て収骨室に行き、地上へと帰っていく……。そのシークエンスを実際に体験してください。地上から先の見えない階段を下っていくとそこは告別室。ここで死者と最後の別れを惜しみます。2つのアール（曲面）が織りなす空間に落ちる光は滝の中のよう。次の室へと向かいます。炉前ホールでは、上を見ると煙突が伸びている。棺を納める瞬間。ザラザラとした壁に反射する光はまるで朝の霧のよう。その霧の中をさまようように奥へと進みます。

待合室では、2.2mの低い天井高の室の向こう側に、「都市の空白」が雪景色のようにどこまでも広がっています。そこに入ってみると、一見漠然と続く風景ですが、歩いているうちに、なだらかな傾斜を感じてやがて底部を見つけたり、人が上れる限界の傾斜を感じたりすることで、全体の地形が朧げに見えてきます。目の前にフラット（平坦）な世界があるように見えますが、そこに人が現れることで、そこには高低差があるのだと知ります。その地形に誘導され、人々は各々気の向くままに座ったり、まとまったりします。雲の上に座って、砂漠をさまよい、氷山に囲まれ、深い海の底で揺られながら、想いにふける。そのような虚構の風景がここに存在します。ここは、モノであふれ時間の流れが速い東京に対する、まるで静止画のような世界。どこまでも続く「都市の空白」。人が現れ、動き、立ち位置を変えていくと空間の輪郭が顕わになり、移ろっていきます。

最後に収骨室へと向かいます。湾曲した床と天井高18mの湾曲した高い壁が織りなす空間では、足下の「エッヂライン」のみを頼りに進んでいきます。両側の壁が競り立つ隙間を抜けていく。足下の「エッヂライン」はいつのまにか湾曲しなくなっている。隙間を抜け、階段の傾斜に呼応してアールを描く天井の下、階段を下ります。
するとそこは収骨室。空に抜けるボイド（吹抜け）の足下は闇に消えて、どこまでも続いているように見えるため、ボイドが宙に浮いているように見えます。小さくなってしまった大切な人と遺族の二者のみの対話の場。見上げるといつも見ている空がある。いつもは遠い空を、今日は手に取れそうなほど近くに感じます。
帰路。幅1.5m高さ22m長さ44mの狭く高く長い地上へと戻る階段を昇っていきます。この階段を昇りきった時、人は、今まで日常だと感じていた都市に対し、どのようなことを感じるのだろうか。いつもは気にも留めていなかった、雨上がりの小さな水たまり。そこに都市よりも大きなスケールを感じる。

註　*1 表象：本書56ページ註9参照。

Q&A 質疑応答

隈：現象学的というか、人間の体験から形を決めていったりするというアプローチはおもしろいと思う。けれど、君の場合も、まず最初のルールがあって、そこからいろいろやり始めていて、プロセスに格闘がない感じがするんだよね。集合住宅などだと、必ず自分でもその格闘がわかってくるんだけれど、火葬場っていうのは、格闘がなくてもできちゃいそうな感じがするところが危なくて……。結局、作品に格闘の跡がないから、ちょっと物足りなく感じる。こってりとした空間の深みがなくて、最終的には模型で終わっちゃっている感じがするんだよね。

740：シークエンスの組み立てなどでも、自分なりにはかなり格闘したつもりで、それを成り立たせるためにかなりの時間を割いたつもりです。ただ、プログラム的には、他の要素が介入してこないため、複雑性などが現れないことは弱みなのかもしれません。

アストリッド・クライン（以下、AK）：私は逆に、ここまで見たプレゼンテーションでは、「雰囲気」が物足りなかったのですが、この案は「雰囲気」から入っているなあと思いました。壁や床のつながり方をどうするのかまで考えた繊細さが素晴らしいと感じました。ただ、「部分的にこういう雰囲気がほしい」というだけで、そこからどんな建築が生まれるのか、という点が少し弱いとも思いました。どこか部分的で終わっている気がするんですね。平面図はとてもわかりやすかったです。

ヨコミゾ：これは、1つの舞台装置としてはすぐれていると思います。けれど、建築になっていないんじゃないか、という疑問も残ります。なぜかというと、内部空間の話しかないからです。落合斎場の建替えということだけれど、その周辺は完全に住宅街だから、その真ん中に葬儀場があること自体が、社会的な課題の1つですよね。この建物が周辺の街に対して、どういう関係でなければならないのか。そのためにどういう外観を持つべきなのか。そこまで含めて考えた提案があれば、よかったかもしれません。

AK：ディテール（細部）にこんな繊細さを持っているなら、今、ヨコミゾさんが言ったことはできないことではないんですよね。そこまでいってほしかったです、本当は。

ヨコミゾ：あるいは、もっと巧みに議論をかわして、郊外のきれいなランドスケープの中に、1つの彫刻的な存在としてこれを作るというのであれば、また話は違ってきたかもしれません。

740：ご指摘いただいたことなんですが、郊外に作ってしまうと、コンセプトの「静止画のような空間」と対比させるものがなくなってしまうと思います。たぶん、郊外に作れば、漠然とした自然の風景は自ずと周囲にあると思うので、やはり東京の自分が住んでいる近くに作りたかったという思いがあります。

それから、落合に対する配慮としては、少し地上に出してもよかったんですが、地上に出すと、外部から内部空間の大きさが目についてしまうので、

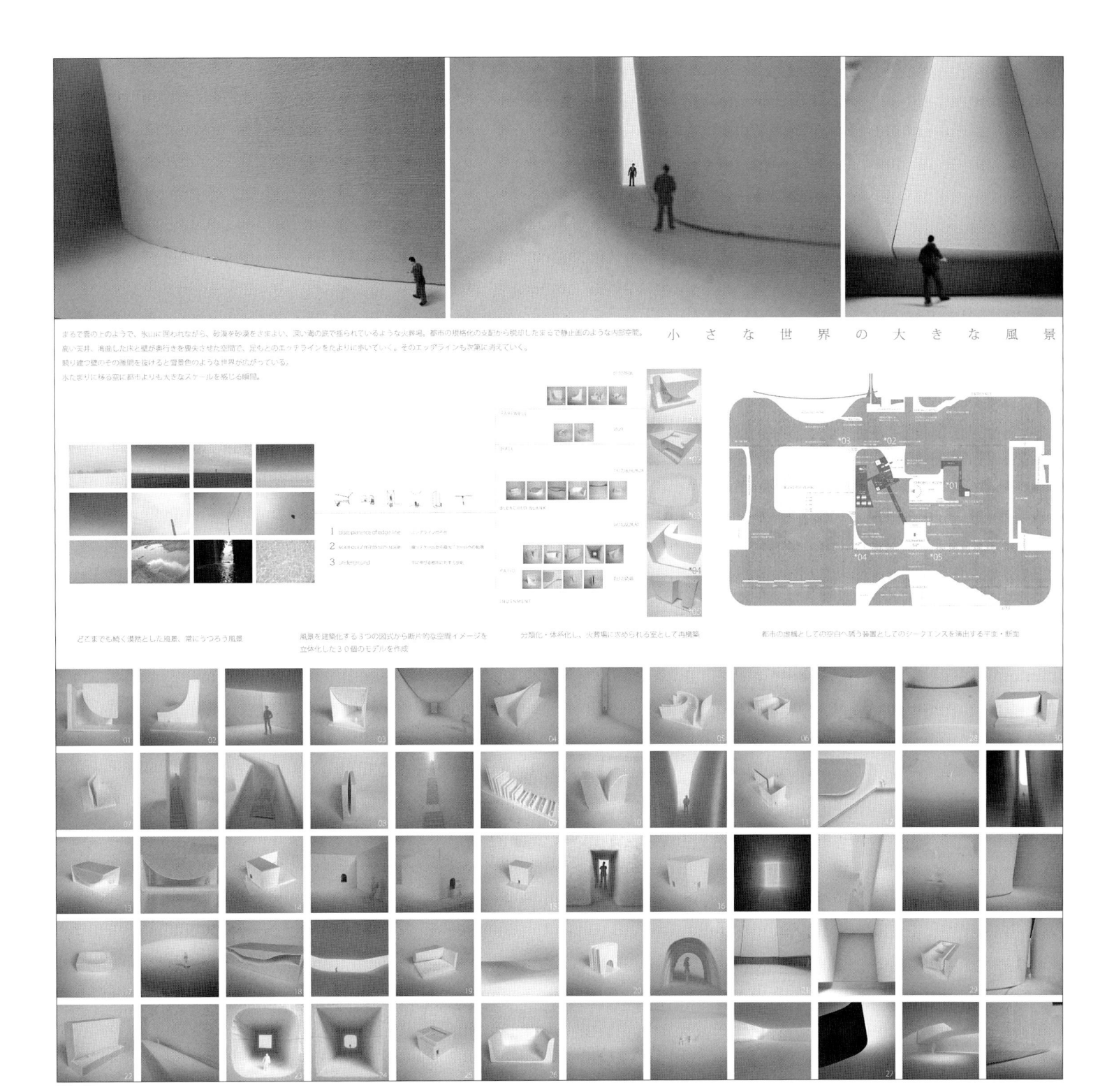

まるで雲の上のように、光に包まれながら、砂漠を砂嵐をさまよい、深い海の底で揺られているような火葬場。都市の規模化の支配から脱却したまるで静止画のような内部空間。　　　　　　小さな世界の大きな風景
高い天井、湾曲した床と壁が奥行きを喪失させた空間で、足もとのエッジラインをたよりに歩いていく。そのエッジラインも次第に消えていく。
切り建つ壁のその端部を抜けると雪景色のような世界が広がっている。
水たまりに映る空に都市よりも大きなスケールを感じる瞬間。

どこまでも続く漠然とした風景、常にうつろう風景　　風景を建築化する3つの図式から断片的な空間イメージを　　分類化・体系化し、火葬場に求められる室として再構築　　都市の逡巡としての空白へ誘う装置としてのシークエンスを演出する平面・断面
　　　　　　　　　　　　　　　　　　　　　　　　立体化した30個のモデルを作成

それが嫌でほとんど地下に埋めました。ただ、今まで城壁のように壁で囲まれていた火葬場が、緑のあふれる公園というランドスケープ（風景）になって、煙突だけがすっとそびえ立つ。圧迫感のあった壁が、煙突という象徴に生まれ変わるというイメージで作っています。
ヨコミゾ：じゃあ、ちょっと誤解してたのかな。地上に出てくるのは煙突1本だけなんですか？
740：そうです。煙突1本のみで、あとはほぼGL（地表面）です。そのGLが少し上がったり下がったりしていて、その段差がイスになったり、ヒューマンスケールになっています。
ヨコミゾ：ということは、落合の人にとってみれば、

そこはもう火葬場ではなく、都市公園化されたランドスケープで、自由に入って遊べるような場所になっているということでしょうか？
740：はい、そうです。
ヨコミゾ：そういう説明が最初にあるとよかったよね。
中田：よかったですね（笑）。
740：ありがとうございます。

石上：僕もヨコミゾさんとほぼ同じことを最初に思ったんですが、もう少し期待していて、建築的な提案をしているのかと思ってました。というのは、建築の形を操作することで、空間の雰囲気とかポ

エティック（詩的）な何かをつくるということは、一般的に行なわれているんですが、それを超える抽象的な建築の新しい使い方や機能などを感じられるのではないかと期待していたからです。逆に、ダイレクトに火葬場という機能に結び付けすぎていて、そこが気になっています。確かに、火葬場としてはとてもすぐれていて居心地のいい場所なのかもしれないけれど、それを超えるものではないところが、残念でした。地上を都市公園化するというのも、聞こえとしてはいいと思いますが、建築の力を否定している気がしました。インスタレーションとして「都市の中に空間装置を挿入した」以上のものになっていないように感じました。

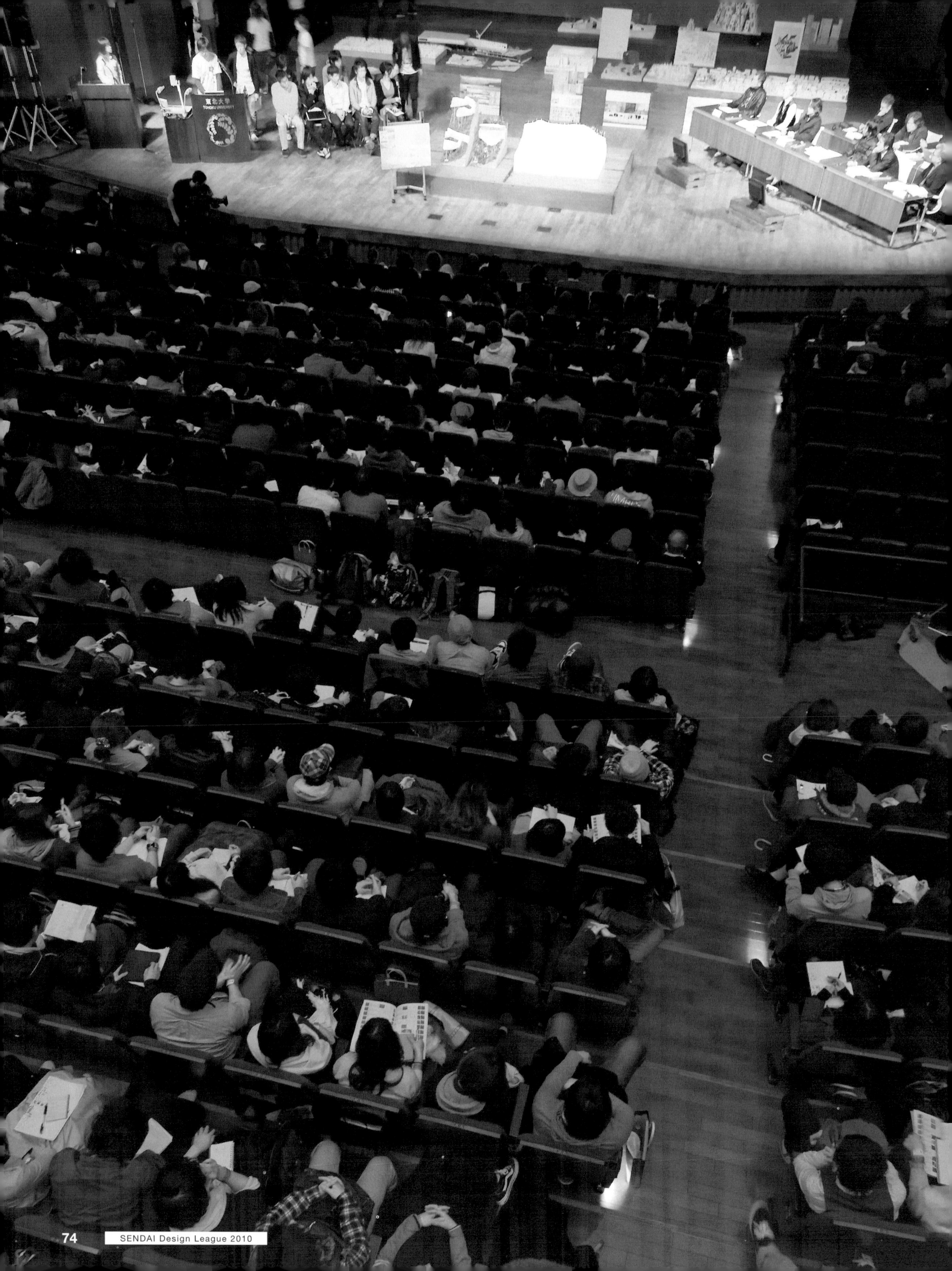

FINAL round

FINAL DISCUSSION
ファイナル・ディスカション

中田：それでは、ファイナル・ディスカッションに入りたいと思います。プレゼンテーション（以下、プレゼン）では、わりと粛々と議論を進めてきましたので、ここからはパッション（情熱）をもって議論をしていきたいと思います。
まず最初に、それぞれの審査員に「日本一」「日本二」「日本三」にしたいと思う3作品を選んで投票していただきます。
（審査員投票）
中田：投票の結果（表1参照）について、各審査員よりそれぞれコメントをいただきましょう。それでは、小野田さんからお願いします。

小野田：淡々としたプレゼンテーション（以下、プレゼン）が終わって、それとは対照的な、先ほど行なわれた「梱包日本一」表彰式の盛り上がりを見ると、「ここに来るんじゃなかったかなあ」[*1]と思いました（笑）。実は昨日、東京の代官山で行なわれた修士設計の日本一を競う「トウキョウ建築コレクション」の司会と審査員をしてきたんですが、修士設計というのは、スタディの部分の比重が大きいので、「この形でどうだ！」というようなパッションがあまり出てきません。建築家の卵としての第一歩を明解に記すような、決然とした強さに欠けるのです。逆に、卒業設計では、もうちょっと明解な強さが出るはずだと思ってたんですが、なかなかちょっと……。
うまくまとめているけれども、矛盾を巧妙に回避しているところが非常に気に食わないので、あえて優等生的な作品は外して、パッションがあるなり、自分をわざわざ遠い所に投げようとした作品、もしくは深読みかもしれませんが、投げようとしたと思われる3作品を選んでみました。中園案『SEVEN'S HEAVEN—創作家七人のための集住体』（136）は、プレゼンを聞いてがっかりはしましたが、再度ポートフォリオを見ていて、奥に潜むパッションをそれなりに感じたので選びました。

石上：僕も正直どの作品を選んでいいのか迷うというか、推したい作品がなかったのですが、その中でも何かを感じると思ったものを選びました。横井案『小さな世界の大きな風景』（740）はあまり推せないんですが、もう少し考えがまとまってから選びます。

ヨコミゾ：全部で5つの入賞を選ぶということですが、どれが一番だと言うよりも、逆に僕は「これは推せない」という案を5つ選んだので先に言います。
（会場どよめき）
よかった点、気になった点を含めて順番に言います。
まず、藏田案『木の葉の記憶』（130）は、ボロノイ分割[*2]による図形を色分けして何かできるかなというおもしろさはあったんですが、はたして都市空間の中で思い描いた建築になり得るかという疑問があり除きました。それから、齊藤案『つなぐかべ小学校』（330）は、細かいところまで設計してあっていいのですが、全体のプログラムをもう少し押さえていたらよかったと思います。浜田案『森のサナトリウム』（485）は、最終的には入居者に社会参加の機会をつくっていかなければならないと思うんです。その時に、選んだ敷地自体も、ああいう傾斜地の深い森の奥でいいのか、人の気配の感じられる山里ぐらいがよかったんじゃないのか、と。最初に見せた写真のイメージがとても美しかっただけに、ちょっともったいない。それから、鈴木案『waltial——つの概念からなる都市的空間の提案』（573）ですが、周囲から閉ざされた敷地の中で、一種の自己完結的なゲームをやってるような気がしました。自分自身で問題を見つけ、それを乗り越えていくということに挑まなくちゃいけないかな。そして、横井案『小さな世界の大きな風景』（740）です。建築には、まずは立面図があった方がいいと思います。地上を都市公園化するという話には説得力があるんですが、唯一見せるものが煙突だけでよかったのか。逆に煙突こそ、みんなが嫌っているものだと思うんです。多くの火葬場では、うまく建物の陰に隠したりして、煙突の存在を消している。それをあえて見せるという選択は、とてもブラックな（悪意のある）気もします。ということで、残った5つの中から、特別賞と上位入賞作品を選びました。

アストリッド・クライン（以下、AK）：ヨコミゾさんの後で、すごくむずかしいですが（笑）、私は、卒業設計に対しては若者の元気さを期待したいんです。今までの建築の枠組みからはずれても、新しい形を探したり、挑戦したり、将来に向けてどんな建築があればいいのかに挑んでほしい。そういう視点から3作品を選びました。
まず、藏田案『木の葉の記憶』（130）は、プレゼンやプログラムの内容が薄かったのですが、私は形で評価しました。みなさんそうですが、ヨコミゾさんからも指摘されたように、一歩手前で止まってしまっているんです。もっと自分の案を実現させるという気持ちで取り組まないと実際の依頼者は納得しませんよ。パッションを持ち、人生を賭けて「ほら、この案がいいだろう！」というぐらいの勢いでプレゼンしないとコンペでは落ちます。そういう意味でも、もうちょっと頑張ってほしいですね。佐々木案『密度の箱』（420）は、大胆さと

■表1 上位3作品への投票（1人3票をめやす）

ID	氏名	隈	AK	ヨコミゾ	石上	小野田	合計	備考
130	藏田 啓嗣		●	/			1	
136	中園 幸佑			○		●	1.5	
284	松下 晃士		○	○	●	●	3	
330	齊藤 誠	●		/			1	
342	木藤 美和子				●	●	2	
420	佐々木 慧	●	●		●	●	4	
485	浜田 晶則			/			0	選外
573	鈴木 政博			/			0	選外
576	西島 要	●	●		●		3	
740	横井 丈晃			/	○		0.5	

＊ AKはアストリッド・クライン（以下、同）
＊● は1票、○は0.5票（以下、同）
＊／はヨコミゾ氏が推せないと言った案

シンプルさがいいのですが、いろいろな問題を乗り越えればさらによくなると思います。西島案『自由に延びる建築は群れを成す』(576)は、高層ビルが少しヒューマンスケールに近づき、高層ビルでさえフレンドリーになったような気がして魅力的でした。次点の松下案『geographic node』(284)は、ファイナリストの中では一番極端な提案だと思います。建築にはなっていないけれど、何となく実現してほしいと感じさせる。人工的な都市の中に、こんなふうに大自然を取り込めば、対照性が生まれておもしろいと思います。

隈：わりと自分の関心に近いけれど、ちょっとずれている提案ほど、点が辛くなる傾向があるんですよね、建築家の場合(笑)。
順番に感想を述べさせてもらうと、藏田案『木の葉の記憶』(130)。葉っぱを使ったプレゼンなど繊細で魅かれるんだけれど、葉っぱを抽象化してしまって工業的に扱うということが、微妙なバランスの部分で、どうしても僕の中で引っかかり推せなかった。
それから、中園案『SEVEN'S HEAVEN』(136)は、建築家がアーティストを表象*3して、メタレベル(一歩引いた思考のレベル)に立って見下ろしてる感じがいまひとつだった。
松下案『geographic node』(284)は、全く平坦な場所に生の自然を導入するというところまでは共感するんだけれど、巨石という巨大なオブジェを使うという部分に引っかかりました。僕だったら、地面を掘るとか、逆にマイナスの方向に行きたかったなあ。
齊藤案『つなぐかべ小学校』(330)は、一種のポエムでフィクション(虚構)じゃないかと言ったけれど、建築のデザインとしては、さまざまなディシジョン(決断)をしていて、建築にしようという意欲が感じられたので、推しました。
木藤案『歌潮浮月一尾道活性化計画』(342)も僕の関心に近い。ドックという一種の穴のようなものに対して、その穴をいろいろな現象を感じる補助線や観測器として使うということに、僕もとても関心があるので、逆に、上にマウンティング(取り付け)している四角い空間に、いまひとつ共感が覚えられなかった(笑)。その微妙なズレの部分で推せなかったという感じです。
佐々木案『密度の箱』(420)は、壁の厚みも開口率も含めての一種のゲームの規則をつくっているという、全体の問題設定自体がとても冴えていると思ったので、推しました。
浜田案『森のサナトリウム』(485)は、一瞬、乳白色の壁に魅かれたけれど、全体の構成自体がもうひとつ工夫が足りないと思いました。

鈴木案『waltial』(573)は、模型で見た時は、「わっ！おもしろい」と思ったんだけれど、1つのルールが現実や地形の多様性に対してどういうふうにリフレクト(反応)していくかという部分を自分で潰してしまっている気がしたね。
西島案『自由に延びる建築は群れを成す』(576)は、説明を聞いて納得したので推しました。ただ、小さい方の模型の作り方は、自分がやりたいことと逆じゃないかと思うんだけど……。要するに、大きいボリュームを細かく砕いて角度をつけた建築という提案なのに、この模型では、まわりのビルの方がヒューマンスケールになってしまっているじゃない？　逆に敷地形状などをいじって、1つのピラミッド状のまとまったオブジェにせずに、もう少し崩していけば、自分のやりたかったことにもっと近づけたと思いますよ。
横井案『小さな世界の大きな風景』(740)は、地下を選ぶこと自体は僕は悪くないとは思います。地下に対しては、無条件に深く掘ると土地を傷つけるし、掘るという方法を採択する上では、いろいろなためらいや抵抗が実際にはあるはず。その抵抗が感じられる地下の掘り方をしてくれると、推せたのになあと思います。

中田：続いてコメンテータのみなさんからもコメントをお願いします。

本江：twitter*4からの反応がプレゼン後の休憩時間にもたくさんありました。ただ、今の審査員のコメントの仕方(落とす作品を挙げる方法)には、「消去法ほど寂しいものはないじゃないか？」「確かに不足などあったかもしれないが、仕方なく決めるというのは失礼すぎないか？」などという意見も出ています。もちろん、審査員から見れば不足は必ずあるはずなので、どれだけポテンシャル(潜在力)を伝えられるかが勝負だと思います。それこそ作品はそっちのけで、「こういう建築がいいのだ！」という話が展開されることを期待しています。

五十嵐：正直、日本一を決めないかどうかを議論してもいいか、ぐらいに思いましたが、そういうわけにもいかないと思いますので(笑)。個人的には、小野田さんとかぶるんですが、僕はパッションで、中園案『SEVEN'S HEAVEN』(136)と木藤案『歌潮浮月』(342)はもう少し話を聞いてみたいなと思いました。

末廣：twitterで、日本一を選ばないといけないのかどうかという議論もされているということですが、「日本一を決める」というこのイベント自体がある種のゲームだと思うんです。今のところ、思っ

たより票も割れていると思いますから、この後の議論が楽しみですね。

中田：この中から入賞5作品を選ばなければなりません。現時点で、1票も入らなかった浜田案『森のサナトリウム』(485)と鈴木案『waltial』(573)は、特に推薦がなければ選外にするということでよろしいでしょうか？
(審査員了承)
はい、では残念ですが、この2作品は選外となります。最後に2人からコメントをお願いします。

浜田(485)：正直言ってファイナリストに残れるとは思っていなかったので、うれしかったです。「針葉樹林をそのまま使う」という点についてですが、間伐しながら、広葉樹を植えて自然の森の状態に戻していくというように考えています。ありがとうございました。

鈴木(573)：「問題に向き合って苦しんでいない」と指摘されましたが、これからはしっかり乗り越えて頑張っていきたいと思います。

中田：ありがとうございます。
(会場拍手)
ここからは残った8作品について議論していきたいと思います。まず、石上さんが迷っている0.5票だけが入っている横井案『小さな世界の大きな風景』(740)について議論したいと思います。

石上：空間をまとめたり表現する力は評価したいのですが、建築の規模がもっと小さくなっても、魅力的な空間をつくっていけるのかどうかは疑問ですね。まあ、票を外していいかもしれません。

中田：この作品は、予選では第2位で、かなりプレゼンを期待されていました。今の言葉が遺言状みたいになってしまったんですが……。ここで選外になりますが、ひと言コメントをどうぞ。

横井(740)：煙突を作ると住民が嫌がるという指摘もありましたが、将来的には年間に亡くなる人の数が爆発的に増えて、火葬場がゴミ処理場のような性格になってしまうと思います。忌み嫌われ、処理施設化し、都市によって押し潰されてしまうであろう火葬場に対し、投げかけとして……。
石上：ちょっといいですか？　僕が期待していたのは、火葬場という話ではないんです。空間の可能性を感じていたので、プレゼンでその辺についての話をもっと聞きたかっただけなんです。

■表2　下位作品を協議の上選外に

ID	氏名	隈	AK	ヨコミゾ	石上	小野田	合計	備考
130	藏田 啓嗣		●				0	選外
136	中園 幸佑			○		●	1.5	
284	松下 晃士		●	○	●	●	3.5	
330	齊藤 誠	●			○		1.5	
342	木藤 美和子			●		●	2	
420	佐々木 慧	●	●	●		●	4	
576	西島 要	●	●	●			3	
740	横井 丈晃						0	選外

中田：ありがとうございます。では、横井案『小さな世界の大きな風景』(740)も選外で、残り7作品となります。そうしますと、石上さんの1票が一旦、今消えましたので、この票を他の作品に入れていただけると動きが出てきます。

石上：1票入れるとしたら、齊藤案『つなぐかべ小学校』(330)ですね。すごく新しい提案ではないけれど、建築をポジティブに捉えている部分は評価できました。0.5票でお願いします。

中田：そうしますと、1票が藏田案『木の葉の記憶』(130)、1.5票が中園案『SEVEN'S HEAVEN』(136)と齊藤案『つなぐかべ小学校』(330)、2票が木藤案『歌潮浮月』(342)。それから3票が松下案『geographic node』(284)と西島案『自由に延びる建築は群れを成す』(576)、4票が佐々木案『密度の箱』(420)になります。ではまずは、あと2作品を得票の少ない4作品の中から落として、入賞の5作品を決めたいと思います。では、AKさん、1票のみの藏田案『木の葉の記憶』(130)についていかがですか？

AK：それほど新しい提案ではないのですが、落ち葉に関してはまだ可能性があり推したかったのですが……。逆に、今の状況であればこの1票を松下案『geographic node』(284)に入れてもいいなと思います。

中田：ということで、藏田案『木の葉の記憶』(130)はここで選外になります（表2参照）。最後にコメントをどうぞ。

藏田(130)：今回、僕は人を中心とした建築ではなく、植物を扱いたくて落ち葉という題材に行き着きました。建築が植物を嫌っているのか、植物が建築を嫌っているのか、これからもずっと考えていきたいです。

中田：下位を切っていくのは辛いですが、続いて、中園案『SEVEN'S HEAVEN』(136)と齊藤案『つなぐかべ小学校』(330)が1.5票ずつで、それぞれ違う審査員が推しています。この中から1作品を落とすことになると思われますが、ただ、今のところ木藤案『歌潮浮月』(342)も2票で、ギリギリその上ですので、票が動けば情勢が変わるかもしれません。
まず、中園案『SEVEN'S HEAVEN』(136)を推している小野田さんからご意見をどうぞ。

小野田：作家のセレクションは奇をてらったちょっとスノッブ（俗物的）なところがあって、鼻につく部分もあるんだけれど、間違っていないし、いいと思うんですよ。人間のクリエーション（創作物）

FINAL round FINAL DISCUSSION

が一体何なのかって突き詰めることが、建築の形を解くカギにはなるとは思いますから。たとえば、上の塔の部分はどうなっているのか、それが住み手の作家とどういう関係を持っているのかとか、垂直移動をどう関係させているのかなど。そこら辺がすごくユニークだと思うのに、うまく説明できていなかったのが残念です。

中田：その辺について、最後の演説になるかもしれませんがひと言どうぞ。

中園（136）：先ほど隈先生からも指摘されましたが、創作家の作品と建築の形との関係を、ある程度メタレベルな視点から決めているということについては、自分でも、7人の創作家に対して非常に申し訳ないと思っています。その分、7人の創作家の作品については、目を通せる限りのものはすべて見たつもりです。そこで感じたもの、芸術家たちが求めた空間を、僕なりに塔の中の位相空間*5に落とし込んでいったつもりです。

中田：今のコメントで説得力は増しましたか？

小野田：（首をかしげる）

中田：あまり反応がありませんね。ヨコミゾさんも上位5作品の中に挙げていらっしゃいますが、いかがですか？

ヨコミゾ：ポジティブなことを言うならば、先ほどの小野田さんのコメントとほぼ同じです。建築空間に対して真っ正面から向かい合って、自分のものにしようという強い意志を感じられたので、その点に関してはとてもいいと思います。もし、ネガティブなことを言うとすれば、つまり、この場で落としてしまう理由とすれば、一体、何のためにこれを建てるのか？　あるいは選んだ7人はどうしてここに一緒に住む必要があるのか？　一緒に住むことで新しい何かが見つかるのだろうか？　それに対する明解な答えの用意がほしかったです。小野田さんも感じているかもしれませんが、プレゼンの仕方でとても損をしている気がしてなりません。

中田：はい。ではここで、同じ票数の齊藤案『つなぐかべ小学校』（330）に話を移したいと思います。1票を入れた隈さんからお願いします。

隈：この作品は、模型や図面など非常にバランスがいいから、展覧会場でもパッと目を引いたんです。ただ、小学校が減っている社会的な状況の中で、リニア（線状の型）とはいえ、これを街の中に浸食させるという行為自体が、はたしていいのかどうか、疑問には思うところです。

中田：同じく齊藤案『つなぐかべ小学校』（330）に0.5票を入れている石上さんいかがでしょう？

石上：う〜ん。他の作品に比べてインパクトは弱い気がしますが、建築に対して明るく立ち向かっている姿勢が評価できます。確かに、社会的なことや予算など、問題はあると思いますが……。自分のイメージを具体的な形にしようとする努力に好感が持てます。かといって、1票まではいかないです。

中田：では、1.5票のこの2作品については、投票で決めたいと思いますが、いかがですか？
（一同、了承　審査員投票）

中田：この時点で（表3参照）、齊藤案『つなぐかべ小学校』（330）が上位5作品に入ります。中園案『SEVEN'S HEAVEN』（136）は残念ながら選外になりましたが、先ほどとてもいいコメントをいただきましたので、これを糧にこれからも頑張ってください。
（会場拍手）
ここで上位5作品が決定しましたので、票を一旦、白紙に戻します。今度はこれは「日本一」だと思う作品に1票入れてください。
（審査員投票）

中田：今のところ（表4参照）、佐々木案『密度の箱』（420）が3.5票。木藤案『歌潮浮月』（342）が1票。松下案『geographic node』（284）が0.5票となっています。

小野田：最初に票を入れていた2作品のうち、松下案『geographic node』（284）は今でもすごく好きなんだけれど、「建築かどうか」と問われたらむずかしい部分があります。もう1つの木藤案『歌

潮浮月』（342）は、平面図が少し粗いかな。それで、佐々木案『密度の箱』（420）が、全体的にバランスが取れていて、新しい建築の方向性をつくり出そうとしていると思いました。

石上：西島案『自由に延びる建築は群れを成す』（576）は最初の印象はよかったんですが、話を聞くとタワーである必然性がないんじゃないかと思いました。もしかしたら密度を減らしていけば全体のボリューム感も弱まり、1つ1つのタワーが際立ち、別の可能性も出てきたかもしれないと思います。
木藤案『歌潮浮月』（342）はよくまとまってはいますが、ちょっと硬い印象です。場所に対して誠実に応えているんですが、造船所が持っている空間のイメージと上部の100m角の四角い空間が僕の中ではうまく重ならなかったですね。逆に、四角い空間が上にあることで、建築と自然のバランスが崩れるように感じます。
齊藤案『つなぐかべ小学校』（330）はよくまとまっていて推したいところではありますが、作品として少しパワー不足かな？
松下案『geographic node』（284）は都市の中に全く違うスケール感のものを持ってきて、都市の風景を変えようという意志は見えるんですが、今のままだとどうしてもモニュメントを配置したという域を脱していない気がして、空間の可能性までつながっていない感じです。
佐々木案『密度の箱』（420）は、着眼点はすごくおもしろいんですが、空間を読み解く感性という意味でちょっと弱い部分があると思います。ボイド（空白）とソリッド（固体）の関係性について、もう少し練れていたらよかったと思います。
この中で卒業設計として、一定のレベルには達していると思う2作品にそれぞれ0.5票を入れました。

中田：最後の引導を渡すようなコメントでしたが、続いてヨコミゾさんお願いします。

ヨコミゾ：建築を評価するのに、人それぞれ尺度は違って当然だし、そういった意味で「日本一」という名前にふさわしい案を選ぶのがむずかしいのは、当然だと思います。「本当にこれが日本一でいいのか？」と疑問を持つ人がいて当然だし、「日本一」になった人も謙虚でなければならないと思います。しかしながら、そのような問題を抱えながらも、このようなイベントが行なわれるということには何か意味があるはずです。おそらく、みんなそれぞれの大学で勉強してきたわけですが、お互いに学んだことの確認作業ができるという意味では、よい機会だと思います。4年間の設計教育を通じて、周辺の環境との関係性に視点を向けることは極めて大切です。そして、それを読み取る力を身に付けるべきです。現在、そこで何が行なわれているかだけでなく、その敷地が持つ歴史や人々の生活まで含めて、1kmあるいは10km先ぐらいまで、敷地や自分の設計しようとするものを捉えてください。そこから内部空間をどうするかという視点に戻ってこないといけません。そういった意味で、評価したいと思うのは、松下案『geographic node』（284）と木藤案『歌潮浮月』（342）です。僕はまずこの2作品に絞りました。
松下案『geographic node』（284）は確かに、建築空間として何が提案されているのかという疑問は未だにあります。しかし、街に1つの象徴性を持った、あるいは人間の営みをはるかに超えた存在として、宗教的な意味合いさえ持ちかねない異物を投げ込んでいます。すごく惜しいのが、その後、街がどう変わっていくのかという将来の話がなかったこと。そこにプレゼンや設計の内容の照準を当てていたら、さらによかったと思います。ということで、僕は、木藤案『歌潮浮月』（342）を推します。ドックに対して形状がどうかという問題はありますが、少なくとも、対岸の尾道の小

■表3　上位5作品を選ぶ投票（1人1票）

ID	氏名	隈	AK	ヨコミゾ	石上	小野田	合計	備考
136	中園 幸佑					●	1	選外
284	松下 晃士							入賞
330	齊藤 誠	●		●	●		3	入賞
342	木藤 美和子							入賞
420	佐々木 慧							入賞
576	西島 要							入賞

■表4　日本一を選ぶ最初の投票（1人1票）

ID	氏名	隈	AK	ヨコミゾ	石上	小野田	合計	備考
284	松下 晃士			△	○	△	0.5	
330	齊藤 誠						0	
342	木藤 美和子			●			1	
420	佐々木 慧	●	●		○	●	3.5	
576	西島 要	△	△				0	

＊△は得票にはならない推薦（以下、同）

FINAL round　FINAL DISCUSSION

さな街のスケールに対して、人工的で巨大なスケール感を持つ場所に100mのプレートを設定するということ自体が、街に対して、建築で新しい存在をつくり出そうという意志を感じさせます。それを最初に持ってきたという点は、方向性として間違っていないと思います。図面には少し甘い部分もありますが、シーケンシャルに（場面が連続するように）水面で反射する光をどう建築で受け止めて、それを展示空間に拡散させていくかなど細かい断面をいろいろ検討しています。少し硬い印象もありますが、4年間の建築教育を受けて来た最終的な仕上がりとしては、いろいろな面から見てバランスがいいと思います。まさに卒業設計としてのボリューム感をきちんと満たしている作品だと思い「日本一」に推します。

AK：将来の建築がどんな形であるべきか、新しい建築の道を模索している作品に応援賞をあげたいと思いました。その視点から、まず、西島案『自由に延びる建築は群れを成す』（576）と佐々木案『密度の箱』（420）の2作品に絞りました。
西島案『自由に延びる建築は群れを成す』（576）は、ただの高層ビルにするのか、もっとフレンドリーなヒューマンスケールにできるんじゃないか、など問題点はありましたが、都市での密度の高い住み方に対して、どんな方法が考えられるかを提案していたと思います。ただ、フォルム＝形にこだわりすぎていたかもしれません。
佐々木案『密度の箱』（420）は検討しなければならない部分もたくさんありますが、形よりもプログラムから解決のためのヒントが生まれるんじゃないかと思います。解決の可能性がより高いので、佐々木案『密度の箱』（420）に票を入れました。

隈：僕も迷ったのは、同じく、佐々木案『密度の箱』（420）、西島案『自由に延びる建築は群れを成す』（576）の2作品です。卒業設計は、大きい志を持って取り組んでほしい。問題設定の仕方が、佐々木案『密度の箱』（420）の方が西島案『自由に延びる建築は群れを成す』（576）より大きい気がするので、僕は、佐々木案『密度の箱』（420）を推しました。

中田：そうしますと、西島案『自由に延びる建築は群れを成す』（576）と齊藤案『つなぐかべ小学校』（330）には票が入っていません。このままいくとこの2作品が「特別賞」となります。ただ、AKさんと隈さんは、西島案『自由に延びる建築は群れを成す』（576）が気になっているそうですので、本人からコメントをひと言だけもらえますか？

西島（576）：AKさんから「迷路みたいでどこにいるかわからない」と指摘されましたが、もしかしたら、僕はそこに新しさを感じてて、それがやりたかったのかなと思っています。それから、石上さんから質問された「塔にする意味」ですが、塔状にするとボリュームが噛み合うところと噛み合わないところができて、その差がおもしろいのかなと思います。

AK：私もそうなんですが、どんなプロジェクトにしようかと提案を練る時、すぐに形にこだわってしまうとそこで終わってしまうんですよね。形にする前に、さまざまなことについてもっとよく吟味しておくこと。そういう意味からも、佐々木案『密度の箱』（420）の方が可能性があるということを私は伝えたかったんです。

西島（576）：はい、ありがとうございます。

中田：時間が押してきましたので議論を集約していきたいと思います。今コメントしてもらった西島案『自由に延びる建築は群れを成す』（576）は3位以内の入賞になるのか特別賞になるのか議論が残るところではあります。その前に、0.5票を2票入れている石上さんに、票を収斂していただきたいのですが……。

石上：う〜ん、むずかしい。それぞれに質問していいですか？

中田：はい。

石上：松下案『geographic node』（284）ですが、なぜ岩を都市の中に持ち込もうと思ったんですか？　あまり理論武装しないで、正直なところを聞かせてください。

松下（284）：正直に言うと、1年前から卒業設計を郊外の敷地でやりたいと考えていました。建築家というのは、テクニカルだったりダイナミックだったりという建築を、都市かもしくは自然が豊

■表5　石上票の収斂と特別賞1作品の決定（1人1票）

ID	氏名	隈	AK	ヨコミゾ	石上	小野田	合計	備考
284	松下 晃士			△	●	△	1	上位決定
330	齊藤 誠						0	特別賞
342	木藤 美和子				●		1	上位決定
420	佐々木 慧	●	●			●	3	上位決定
576	西島 要	△	△				0	上位決定

■表6　もう1つの特別賞を選ぶ投票（1人1票）

ID	氏名	隈	AK	ヨコミゾ	石上	小野田	合計	備考
284	松下 晃士						0	上位決定
330	齊藤 誠	→	→	→	→	→		特別賞
342	木藤 美和子	●	●		●		3	特別賞
420	佐々木 慧	→	→	→	→	→		上位決定
576	西島 要			●		●	2	上位決定

かな環境のいい場所でやるのがほとんどのような気がしていました。実は建築物が量産されているのに建築家がコミット（参加）していない郊外に対して、僕は何かしら新しいものをぶつけたかったのです。大地があって、道ができて、都市計画ができて、そして最後の建築計画で、僕らは建築を考えるのですが、どうしても建築単体の計画では、郊外のシステムに巻き取られてしまって、何も提案できないんですね。そうなった時に、大地のデザインがしたいと思いました。最初は土をいじるということも考えましたが、この敷地には昔、農道があって、その後、自動車のテストコースができたんです。テストコースというのは、地面を全部フラット（平坦）にするので、更地化されます。「作っては更地にする」をくり返す歴史を見て、「土をいじっても結局は変えられてしまうからダメなんだ」と思いました。そんな中、つくば市を自転車でずっと走りまわっている時に、筑波山の石切り場に出会い「これだ！」って感じたんです。確かにフィクションなのかもしれませんが、僕のメッセージはあの石に詰まっています。

石上：もう1つの佐々木案『密度の箱』（420）について、僕の中では、これは空間としてあまり気持ちよくないんじゃないかと思うんです。空間のイメージをざっくばらんに聞かせてください。

佐々木（420）：ぶっちゃけて言うと、僕も全然わからなくて、内観パース（透視図）をいつまでも描けずにいました。気持ちよくないかもしれないと言われると、僕自身もあまり否定できません。でも、システム自体が新しくて、現代の都市や建築のでき方のオルタナティブ（新しい方法）になるんじゃないかと思いながら作りました。まだ僕の経験値では、もっとよくなると強くは言えませんが、よくなるだろうなとは思っています。

石上：今のコメントからすると、僕の中では、松下案『geographic node』（284）の方が具体的に空間をイメージしながら、確信のようなものを持って設計しただろうなと感じたので、こちらを推します。

中田：そうしますと現時点で、松下案『geographic node』（284）に1票、木藤案『歌潮浮月』（342）に1票、佐々木案『密度の箱』（420）に3票ということになります。今、議論に出なかった齊藤案『つなぐかべ小学校』（330）がこのまま「特別賞」ということになります（表5参照）。
さて、残りの4作品を見ると下位3作品の票数が非常に近接しています。そこで、まずは、松下案『geographic node』（284）、木藤案『歌潮浮月』（342）、西島案『自由に延びる建築は群れを成す』（576）の3作品の中から投票で1作品を「特別賞」に決めたいと思います。
（審査員投票）
中田：投票の結果（表6参照）、木藤案『歌潮浮月』（342）が「特別賞」となりますが、よろしいでしょうか？
（審査員了承）
ということで、先ほどの齊藤案『つなぐかべ小学校』（330）に続き、木藤案『歌潮浮月』（342）が「特別賞」になります。おめでとうございます。
（会場拍手）
では、いよいよ最後の議論になります。今のところ佐々木案『密度の箱』（420）が大きくリードしていますが、残り3人の中から、「日本一」「日本二」「日本三」を決めたいと思います。投票で決めていきたいと思いますが、その前に審査員の中で、ぜひとも推したい作品がありましたら応援コメント

FINAL round　FINAL DISCUSSION

をお願いします。

小野田：「『日本一』を決めるのは無理だ」という意見は、まさにポリティカル・コレクトネス（公正）ではありますが、建築というのは、置かれた状況の中で厳しい意思決定を積み重ねていくものです。自分の建築観に照らし合わせて、どれが一番今の感覚にフィットするかを決めることには意味があると思います。また、結果に意味があるのではなく、真剣勝負をする中で、ここにしっかりとした議論の場が生まれ、建築にとってどんな価値判断が重要かが明らかになっていくことに意味があるはずです。「2つでもいいじゃないか」と言っていたら明らかにならないものが、「どうしても1つに決めてくれ」と言われると、明らかになっていく。そして、それをみんなで共有することこそが、むしろ大事だと考えています。

作品については、もともと確信を持って佐々木案『密度の箱』（420）を推していたんですが、パッションの問題と断面計画をきちんとチェックする作業が不足していて、空間イメージを自分でうまくつかめていないという点から、途中で、松下案『geographic node』（284）と木藤案『歌潮浮月』（342）に変更しました。しかし、スキーマ（大要）のでき具合からすると、やはり佐々木案『密度の箱』（420）は可能性のある作品だし、影響力も格式もある「日本一」に対して責任ある判断をすると、この作品がふさわしいと思いました。

中田：他に最終投票の前にご意見のある審査員はいませんか？　ヨコミゾさんいかがですか？
ヨコミゾ：佐々木案『密度の箱』（420）はいいなと思うんですが、何だか途中で辞めているんじゃないかなという気がするんです。このスキーム（案）の次の段階として、本来は身体的な快適さを追求しながら内部空間をつくり上げなければいけないはずです。窓際は快適だけれど、内部側にはやはり問題が残る。本当はそこが一番重要だと思うんです。そう考えると、松下『geographic node』（284）の「これしかないと思った！」っていうあのエネルギー、演説にはすごく説得力がありました。建築空間としては、西島案『自由に延びる建築は群れを成す』（576）のプログラムと塔が交差することによって生まれる中間的な領域の話の方が、まだリアリティを感じました。1つを選ぶのはとても辛い。短い時間ですが必死に考えます。

中田：それではこの3人の中で、「日本一」の投票をしたいと思います。
（審査員投票）

中田：投票の結果（表7参照）、「日本一」が3票の松下案『geographic node』（284）、「日本二」が2票の佐々木案『密度の箱』（420）、「日本三」が西島案『自由に延びる建築は群れを成す』（576）となりますが、この最終結果でよろしいでしょうか？
（審査員一同了承）
（会場拍手）
はい、ありがとうございました。

註
*1「梱包日本一」：2008年から、作品送付搬入時のすぐれた梱包を表彰している。本書156ページ参照。これまで小野田審査員は梱包日本一の中心的存在で、表彰式を担当してきた。
*2 ボロノイ分割：本書26ページ註1参照。
*3 表象：本書56ページ註9参照。
*4 twitter：本書52ページ註2参照。
*5 位相空間：1つの集合に、要素同士の近さやつながり方に関する情報（位相＝topology）を付け加えたもの。

■表7　日本一を選ぶ2回目の投票（1人1票）

ID	氏名	隈	AK	ヨコミゾ	石上	小野田	合計	備考
284	松下 晃士		●	●	●		3	日本一
420	佐々木 慧	●				●	2	日本二
576	西島 要						0	日本三

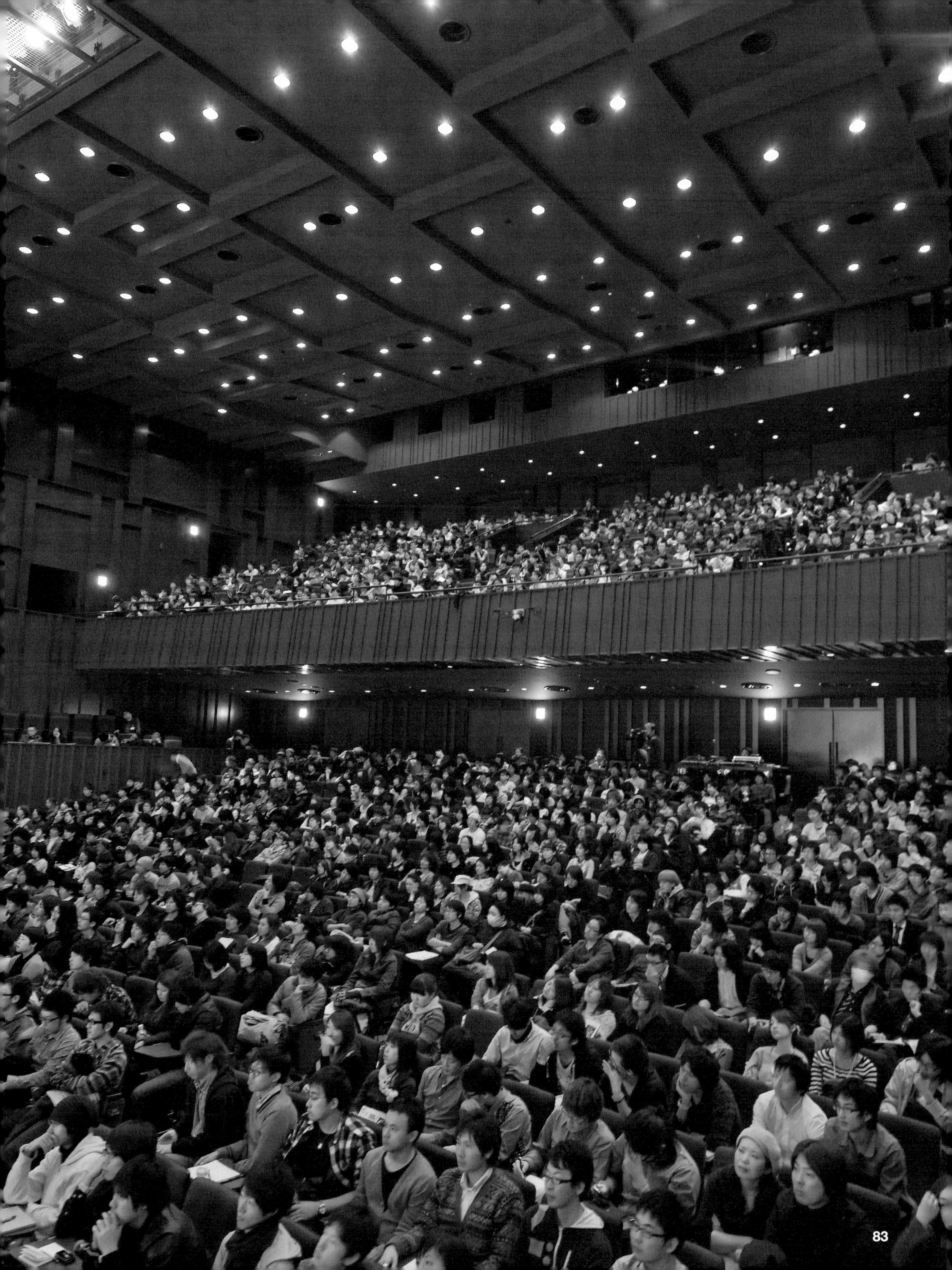

審査員コメント

最後の結果に、みなさんびっくりしたんじゃないかな？ 先ほどヨコミゾさんからもありましたが、佐々木さん『密度の箱』(420)の話が、最後の松下さん『geographic node』(284)に比べると、少しファイティング・スピリット（闘争心）が足りなかった。逆に、松下さん(284)が心から、情熱的に話してくれたのには感動しました。佐々木さん(420)はちょっとあきらめた感じでしたよね。でも、それで「日本一」になっちゃうと、やはり闘志を持って闘う人たちに失礼だなと思う、そこにつきると思います。
（アストリッド・クライン）

僕も、案としては佐々木案『密度の箱』(420)を推しましたが、コンペの時は、「死んでも取りたい」と思わないと絶対、取れないですよ。本当に、建築ってそういうもの。その気持ちがないと、コンペも取れないし、いいものも建てられないよ。それはみんなにわかってほしいです。（隈 研吾）

僕も途中でいろいろネガティブなことを言いましたが、最終的には、消去法というわけではなく、自分の興味や考えとリンクできる作品を選びました。やはり最後の松下さん『geographic node』(284)の話のように、ポジティブで自分なりに明るい可能性を見ながら設計していることが伝わると、設計自体に物足りない部分がありつつも、僕自身が、その中に可能性を見出すことができます。（石上 純也）

表彰式　総評

去年に比べて、ファイト（闘争）、盛り上がりがないと小野田さんに言われていたんですが、最後にわっと盛り上がり、非常にいい結果だったと思います。結局、建築というのはファイトだと思います。実際にプロジェクトが始まってからも、(設計、施工)現場でのファイト、クライアント（施主）とのファイト、いろんなファイトがあります。今日は、そのファイトのやり方というものを垣間見ることができたんじゃないかと思います。それが、この場所に居合わせたみなさんにとっての大きな収穫になったのではないでしょうか。（隈 研吾）

JURY
審査員紹介

ファイナル__ FINAL

隈 研吾
ヨコミゾマコト
アストリッド・クライン
石上 純也
小野田 泰明

「それぞれの卒業設計」

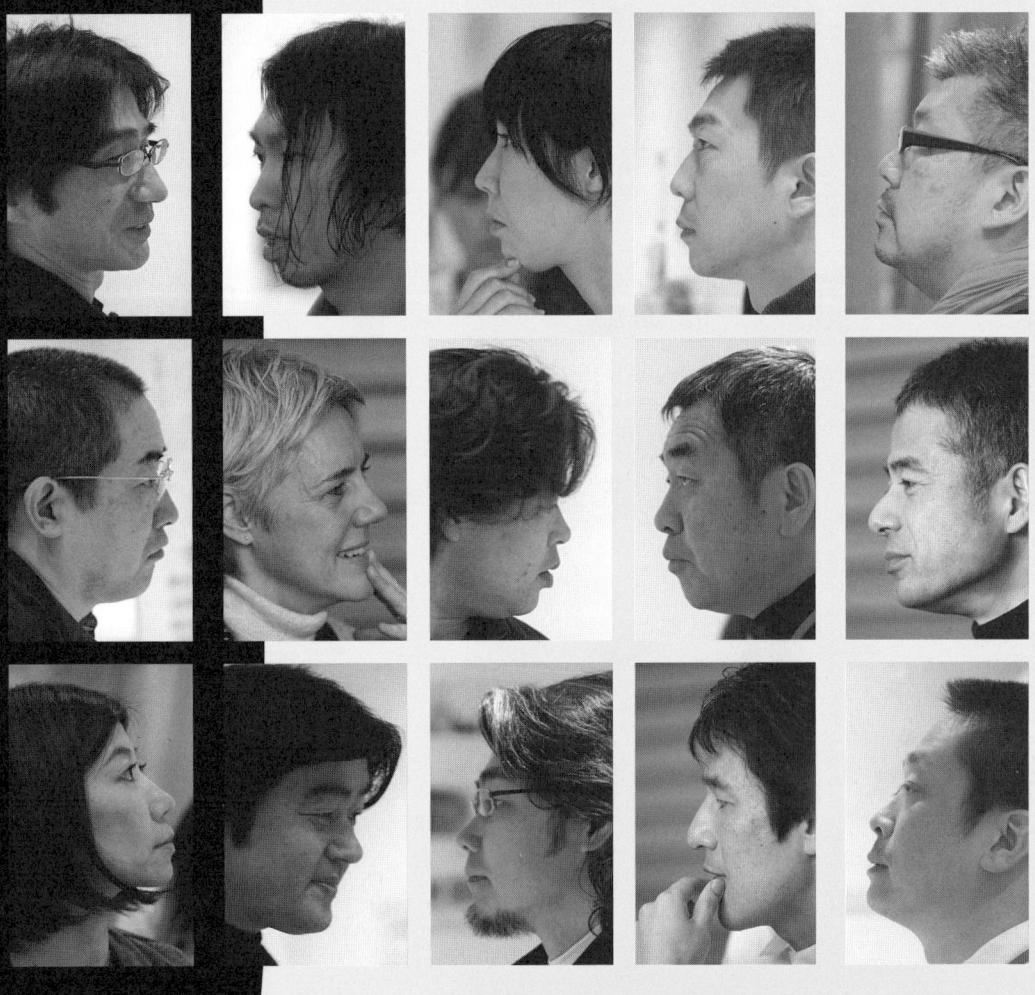

セミファイナル__ SEMI-FINAL

五十嵐 太郎
末廣 香織
中田 千彦
福屋 粧子
本江 正茂

予選__ PRELIMINARY

石田 壽一
櫻井 一弥
竹内 昌義
馬場 正尊
厳 爽

「2010年卒業設計日本一決定戦に寄せて」

くま・けんご
建築家、東京大学大学院教授

1954年　神奈川県横浜市生まれ。
1977年　東京大学工学部建築学科卒業。
1979年　東京大学大学院工学系研究科建築学専攻修士課程修了。
1985−86年　コロンビア大学建築・都市計画学科（アメリカ合衆国）客員研究員。
1987年　空間研究所設立。
1990年　隈研吾建築都市設計事務所設立。
1998−99年　慶應義塾大学環境情報学部特別招聘教授。
2001−09年　慶應義塾大学理工学部システム工学科教授。
2009年−東京大学大学院工学系研究科建築学専攻教授。

主な建築作品に『森舞台／登米町伝統芸能伝承館』（1997年、日本建築学会賞受賞）、『水／ガラス』（1997年、アメリカ建築家協会ベネディクタス賞受賞）。近作に『サントリー美術館』（2007年）、『根津美術館』（2009年）。『那珂川町馬頭広重美術館』（2000年）をはじめとする木の建築で、2002年フィンランドより『スピリット・オブ・ネイチャー 国際木の建築賞』授賞。
主な著書に『自然な建築』（岩波新書、2008年）、『負ける建築』（岩波書店刊、2004年）、『新・都市論TOKYO』（集英社新書、2008年）ほか多数。

FINAL JURY
ファイナル審査員

審査員長　隈 研吾

それぞれの卒業設計
斎戒沐浴して設計
きいかいもくよく

「黙想の家」というテーマで、一種の修道院のようなものを設計しました。卒業の頃は、気分的にかなり暗い時期で、お葬式のような感じ、あるいは自分のお墓を作りたい気分だったので、そんなプログラムを選びました。高校の時に、東京・上石神井の「黙想の家」に3日間こもって、カトリックの無言の行を体験して、この3日間の体験が、僕の当時の浮わついた日常とはとても異質だったので、その異質性を形にしてみたかったわけです。
せっかく一生に一度の卒業設計なのだから、斎戒沐浴して図面を描くくらいの意気込みがあってもいいと思います。

Kengo Kuma

『グラナダ・パフォーミング・アーツセンター』CG／2013年竣工予定（左）
『根津美術館』／2009年／Photo: Mitsumasa Fujizuka（右）

アストリッド・クライン
建築家

1962年　イタリア、バレーゼ生まれ。
1986年　エコール・ド・アール・デコラティーフ建築・インテリア学科（フランス）卒業。
　　　　インテリア・デザインで芸術学士号取得。
1988年　ロイヤル・カレッジ・オブ・アート修士課程修了（イギリス）。
　　　　建築で芸術学修士号取得。
1988年　リチャード・ロジャース旅行奨学金獲得。
1988–90年　伊東豊雄建築設計事務所に勤務。
1991年　マーク・ダイサムと共にクラインダイサムアーキテクツ(KDa)設立。
1997–2005年　日本大学講師。
2002年　慶應義塾大学、筑波大学講師。
2003年　「ぺちゃくちゃないと」設立。
2006年　カリフォルニア大学バークレー校（アメリカ合衆国）講師。

主な建築作品に、『Undercover Lab』(2001年)、『Leaf Chapel』(2004年)、『Brillare』(2005年)、『The Tomamu Towers』(2008年)、『KIRAKIRA』(2009年) ほか多数。
KDa主催の「ぺちゃくちゃないと」は、若いデザイナーやクリエイターが集まる場で、プレゼンテータがそれぞれ20枚×20秒でプレゼンテーションするイベント。2003年東京で始まり、2010年には開催都市が世界300都市に拡大。

『The TomamuTowers』/2008年
/Photo: Klein Dytham architecture (上)
『Brillare』/2005年/Photo: Daici Ano (下)

それぞれの卒業設計

It was only the start...

卒業設計は、イギリス・ケンジントンのホランドストリートに実在する、AD Publicationsという書店を選びました。大きなプロジェクトではありませんでしたが、書店が本来持つ特徴をもとに、もっとおもしろい書店をデザインしようと考えました。

日本と同様に、ヨーロッパでも本のタイトルは背表紙に上から縦に記載されています。しかし、横書きという英語の特性上、タイトルを読む際は首を曲げなくてはいけないので、本を探していると首が痛くなります。そこで私は、本棚が水平ではなく35度傾いていれば、もっと楽に背表紙を読めると考えたのです。この実用的な1つのアイディアを空間や建築全体に展開することで、書店に特徴を持たせることにしました。

多くの建築家がそうであるように、私は現在も、インテリア（室内）とエクステリア（屋外）が1つに混じり合い、プロジェクト全体がユニークになるアイディアを探求し続けています。

アストリッド・クライン

Astrid Klein

よこみぞ・まこと
建築家、東京藝術大学准教授

1962年　神奈川県秦野市生まれ。
1984年　東京藝術大学美術学部建築科卒業。
1986年　東京藝術大学大学院美術研究科修士課程修了。
1988－2000年　伊東豊雄建築設計事務所に勤務。
2001年　aat+ヨコミゾマコト建築設計事務所設立。
2009年－東京藝術大学美術学部建築科准教授。aat+ヨコミゾマコト建築設計事務所主宰。

主な建築作品に、住宅『TEM』(2004年、2005年東京建築士会住宅建築賞金賞)、『富弘美術館』(2005年、2006年日本建築学会賞作品賞、2007年日本建築家協会賞、International Architecture Award 受賞)、住宅『NYH』、事務所ビル『GSH』(2006年)、集合住宅『STYIM』(2007年、グッドデザイン賞金賞)、集合住宅『TEO』(2007年)、事務所ビル『DST』(2009年)など。

ヨコミゾマコト
Makoto Yokomizo

それぞれの卒業設計
まっ黒い画面のコンピュータ

1985年頃、卒業設計のテーマとして選んではいけない、つまり教授たちに理解されにくいものとして、現代美術館や情報センターなどがあった。今にしてみればおかしな話だ。しかしながら自分はあえて、現代美術館を選んだ。時の風潮に逆らいたい気持ちが旺盛だったのかもしれない。サイトスペシフィックなもの(その場所に固有なもの)に関心を持っていたので、歴史や地形が重層しているような敷地を選び、今の言葉でいえば、アーティスト・イン・レジデンス*1やアーティストとのコミッションワーク*2などのプログラムを下敷きにして設計した。当時は模型の材料や図面の紙質にもかなりこだわっていたように思う。

もう1つこだわったことにコンピュータがある。友人が買ったNECの8800というパソコンを借りて、CADのまねごとのようなことをやって形態のスタディを繰り返していた。「コンピュータを使ってデザインがどう変わるか」ってことをやりたかったのではない。ただ単に新しいもの好きで、しかもパソコンのまっ黒い画面(当時はみなそうだった)が限りなく清澄で汚れのない世界に思え、気持ちが冴えわたる気がしてとても好きだったのだ。

註
*1 アーティスト・イン・レジデンス：本書63ページ註1参照。
*2 アーティストとのコミッションワーク：アーティストが展示スペースの設計段階から関わり、恒久展示のアート作品を制作するプロジェクト。アート作品の魅力を最大限に引き出す自由な空間づくりができる。

住宅『MTH』/2009年/Photo: Hiroyasu Sakaguchi(左)
『富弘美術館』/2005年/Photo: Christoffer Rudquist(右)

いしがみ・じゅんや
建築家

1974年　神奈川県厚木市生まれ。
1997年　武蔵工業大学(現・東京都市大学)工学部建築学科卒業。
2000年　東京藝術大学大学院美術研究科修士課程修了。
2000−04年　妹島和世建築設計事務所に勤務。
2004年　石上純也建築設計事務所設立。
2009年ー東京理科大学 非常勤講師。

主な建築作品に、『神奈川工科大学 KAIT工房』(2008年、2009年日本建築学会作品賞、Architectural Review Awards 2008入賞、Contract world.award 2009オフィス部門最優秀賞、Bauwelt Prize 2009最優秀賞)、『yohji yamamoto New York gansevoort street store』(2008年、Contract world.award 2009コンバージョン部門第2位)など。その他の作品に、『テーブル』(2005年)、『四角いふうせん』、第11回ヴェネツィア・ビエンナーレ国際建築展日本館にて個展(2008年)。主な受賞に、『SDレビュー 2005 SD賞』『キリンアートプロジェクト2005キリン賞』(2005年)、『IAKOV CHERNIKOV INTERNATIONAL PRIZE 2008最優秀賞』『神奈川文化賞未来賞』(2008年)。主な著書に、『小さな図版のまとまりから建築について考えたこと』(INAX出版刊、2008年)、『plants & architecture』(2008年)、『TABLES AS SMALL ARCHITECTURE』(ギャラリー小柳刊、2006年)。

『神奈川工科大学 KAIT工房』/2008年
/Photo: Junya Ishigami

石上 純也

それぞれの卒業設計

見たことのない新しい空間

卒業設計は、僕の中ではそれほど大きな意味を持っていなかったような気がします。今に比べて、卒業設計関連のイベントがそんなになかったのも理由の1つかもしれません。
どちらかというと、修士設計の時の方が、少し違った気持で設計に取り組んだと思います。修士課程を修了したら、妹島さんの事務所に行くことはすでに決まっていたし、その時点で学生生活が終わってしまうということもあって、どうしても学生時代に僕自身が考えていたことをまとめるようなことをやりたかった。
その当時、僕の中では、建築学生として作品をつくることに対するコンプレックスが、次第に強くなりつつありました。それは、建築家に比べて、どうしても、学生の作品が架空の提案になってしまうことが理由です。僕は、建築家にはできない、学生にしかできない建築の可能性の追い求め方ができないのかと、その頃、思うようになっていました。実験的で、それでいて概念的で、しかも具体性がある、そういうものを学生にしかできないやり方でやってみたいと考えていました。学生特有の架空の提案ではなく、具体的に見たことのない新しい空間をそこに立ち上げるようなことをやりたかった。そんな感じで、学生生活最後の作品に取り組んでいったように記憶しています。

Junya Ishigami

おのだ・やすあき
建築計画者、東北大学大学院教授

1963年　石川県金沢市生まれ。
1986年　東北大学工学部建築学科卒業。
1993年　東北大学にて博士号(工学)取得。
1997年ー東北大学大学院工学研究科都市・
　　　　建築学専攻助教授。
1998－99年　UCLA(アメリカ合衆国)客員
　　　　研究員。
2007年ー東北大学大学院工学研究科都市・
　　　　建築学専攻教授。

建築計画者として参画した主な建築作品に、『せんだいメディアテーク』、『横須賀市美術館』など。共同設計による主な建築作品に、『伊那東小学校』改築(みかんぐみと共同、2008年)など。主な共著書に、『空間管理社会』(共著、新曜社刊、2006年)など。そのほか主な受賞に、日本建築学会論文奨励賞(1996年)、同作品賞(2003年、阿部仁史と共同)、同教育賞(2009年)など。

『伊那東小学校』改築/2008年
/Photo: MIKAN

小野田 泰明

それぞれの卒業設計

条件すらもデザイン可能

大学生活で思い出すのは、3年の後期から約1年間、アメリカ合衆国・ニューヨークの内装設計事務所で送ったインターンシップ生活だ。今考えると青臭いが、80年代後半の日本の浮わついた空気に強い違和感を持っていた当時、卒業前に、建築で自分に何ができるかを問うことは必然でもあった。状況の異なるところで働くと、建築のフォルム(形態)に比べて、起点となる設計条件とはいかに相対的なものか、ということが見えてくる。それで卒業設計では、設計条件自体もデザインする対象に含み、時間の流れの中で設計条件が随時変遷していく庁舎解体／再生計画に取り組んだ。大学では優秀作品に選ばれたが、最優秀は細かく描き込まれた図面の美しい秀作に譲ることとなった。現在の自分が、設計条件を含んで建築をデザインする職能に就いていることを思うと、その出発点はすでに卒業設計の時にあったのかもしれない。今年のファイナル審査は、「やさしい草食系男子」vs「厳しいプロ意識を備える審査員」の対立に映ったかもしれないが、要は、自らが本当に引っ掛かっている課題をどれだけ掘り下げて設計しているかだと思う。そういう意味では、郊外の風景に対する違和感を必死で自分のものにしようとした松下くん(ID284)の作品は、日本一に相応しいものなのだろう。彼を含む、出展者のこの先に期待したい。

Yasuaki Onoda

2010年
卒業設計日本一決定戦に
寄せて

五十嵐 太郎
ファイナル コメンテータ

SDLの新しい楽しみ方

今回はコメンテータとして参加したが、2010年の卒業設計日本一決定戦にはじめて登場したものは、twitter*1 である。誰もが同じプラットフォームに参加できるよう公式ハッシュタグ*2 が準備され、本会場のコメンテータ席には常時書き込めるようパソコンも設置された。公開審査の動向に合わせて、さまざまな意見、感想、突っ込みが展開し、なかなか充実した議論の場が展開していたように思う。ちなみに、twitter 賞は、『発情装置の構築─建前と私利私欲に生きるムッツリ糞野郎に告ぐ。』(ID396) だった。

註
*1 twitter：本書52ページ註3参照。
*2 ハッシュタグ：twitter内でのコメントをグルーピングする機能を持つ。テーマを表し、特定の話題やイベントについて検索しやすくする。

いがらし・たろう
建築史・建築批評家、東北大学大学院教授

1967年　フランス、パリ生まれ。
1990年　東京大学工学部建築学科卒業。
1992年　東京大学大学院工学系研究科建築学専攻修士課程修了。
1997年　同博士課程単位取得後退学。
2000年　博士号（工学）取得。
2005年－東北大学大学院工学研究科都市・建築学専攻准教授。
2009年－同、教授。

第1回リスボン建築トリエンナーレの日本セクションのキュレーション（2007年）、第11回ヴェネツィア・ビエンナーレ国際建築展日本館展示コミッショナー（2008年）を務める。主な著書に、『終わりの建築 / 始まりの建築』（INAX出版刊、2001年）、『戦争と建築』（晶文社刊、2003年）、『美しい都市・醜い都市』（中公新書ラクレ刊、2006年）、『現代建築に関する16章』（講談社現代新書、2006年）、『新編新宗教と巨大建築』（ちくま学芸文庫、筑摩書房刊、2007年）、『建築と音楽』（共著、NTT出版刊、2008年）、『映画的建築 / 建築的映画』（春秋社刊、2009年）、『建築はいかに社会と回路をつなぐのか』（彩流社、2010年）ほか多数。

末廣 香織
ファイナル コメンテータ

量で勝負して勝てるのか？

「せんだい」では模型が巨大化していると聞いていたが、聞きしに勝る大きさ。とにかく小さな模型がない。大量の作品の中で目立とうとするのは必然だが、大きさだけで中身の薄い作品が多かったのも事実。まだ図面が手描きだった時代に、図面枚数とインクの量で勝負していた学生たちと同じ流れを感じる。
図面パネルは、模型の表現とうまく内容を仕分けているものが印象に残った。こちらは画面が限られているので、効果的にコンセプトをアピールした方がポートフォリオまで見てもらえた。

すえひろ・かおる
建築家、九州大学大学院准教授

1961年　大分県豊後高田市生まれ。
1984年　九州大学工学部建築学科卒業。
1986年　九州大学大学院工学研究科建築学専攻修士課程修了。
1986－90年　SKM設計計画事務所に勤務。
1993年　ヘルマン・ヘルツベルハー建築設計事務所（オランダ）に勤務。
1994年　ベルラーヘ・インスティテュート建築学大学院（オランダ）修士課程修了。
1994－98年　九州大学工学部建築学科助手。
1998年－NKSアーキテクツ共同主宰。
2005年－九州大学大学院人間環境学府・人間環境学研究院都市・建築学部門准教授。

福岡を拠点に建築設計・教育活動を展開。学生の設計作品の公開講評イベント「学生デザインレビュー」（1995年－）、一般市民向けの近現代建築ツアー MAT fukuoka（2009年夏－）を運営。
主な建築作品に、『新大江の住宅』（2004年、第9回ウッドワン実施作品コンペ一般の部 最優秀賞、キッチンハウスこだわりの住宅設計コンテスト 最優秀賞）、『西有田町タウンセンター』（2005年）、『志井のクリニック』（2008年、2008年度建築九州賞作品賞、2010年日本建築学会作品選奨）など。

中田 千彦
ファイナル 司会

社会的、文化的文脈に向き合う

なぜこの建築がこの敷地を与えられるのか、なぜこうした社会的、文化的文脈の中で存在しうるのかを考え続けることなくして卒業設計は語ることができない。そのような意味で、程度の差や精度の問題はあるものの、今年集まった作品の多くは、真摯にそれに向き合ったものが多かった。
ビルディングタイプでは、過去の作品に学び過ぎた案も少なからず見られたが、むしろそれから離脱しようとする意識の強い案が多かった。

なかた・せんひこ
建築家、宮城大学准教授

1965年　東京都生まれ。
1990年　東京藝術大学美術学部建築科卒業。
1993年　コロンビア大学大学院（アメリカ合衆国、ニューヨーク）Master of Architecture（建築修士課程）修了。
1994年　東京藝術大学美術学部建築科常勤助手。
1997年　京都造形芸術大学通信教育部専任講師。
2000年　同、芸術学部環境デザイン学科助教授。
2003年－新建築社に在籍。『新建築』誌、『a+u』誌副編集長。
2005年　東京藝術大学大学院美術研究科博士課程満期退学。
2006年－宮城大学事業構想学部デザイン情報学科准教授。RENGO DMSに参画。

雑誌以外の主な活動に、企業のブランド・ビルディングと空間デザインに関連する記事の作成、国土交通省、慶應義塾大学、日本建築センターとの共同によるプロジェクト、建築・空間デジタルアーカイブス（DAAS）の設立など。

SEMI-FINAL JURY
セミファイナル審査員

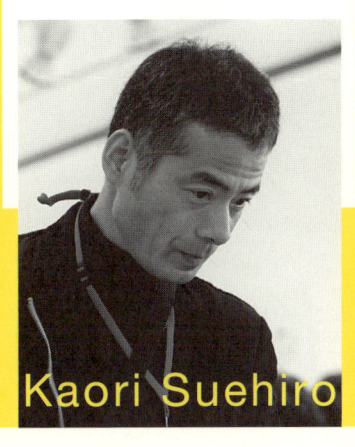

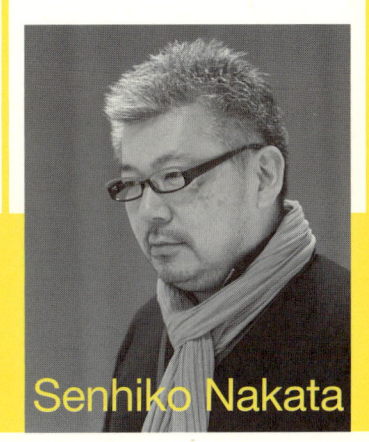

Taro Igarashi　　**Kaori Suehiro**　　**Senhiko Nakata**

福屋 粧子
ファイナル せんだいメディアテーク 1F
サテライト会場 コメンテータ

埋め尽くされた世界

はじめて予選審査員として554作品に対面した時、圧倒的な数の迫力を身をもって感じた。
「せんだいメディアテーク」の5・6階は梱包をとかれた模型でぎっしり埋め尽くされていた。作品にもそれが影響するのか、平面・立体的に何かを「埋め尽くしていく」タイプの作品が多い印象を受けた。その熱気とも息苦しさとも感じる作品群の中でも、「空間生成のアルゴリズム」か「境界条件」のどちらかに、設計の焦点がはっきり振り切れている作品がいくつかあり、模型の1カ所を見つめていると、耳の後ろ側までざあっと世界が広がるような没入感(没頭する感覚)を引き起こす作品の前では、秒単位の審査の間でさえ、足を長く止めることもあった。
設計方法の倫理的な正しさとは別に、パネルや模型で「何が表現されているか」に耳を傾けた。

ふくや・しょうこ
建築家、東北工業大学講師

1971年　東京都生まれ。
1994年　東京大学工学部反応化学科卒業。
1996年　同建築学科卒業。
1998年　東京大学大学院工学系研究科建築学専攻修士課程修了。
1999−04年　妹島和世+西沢立衛/SANAAに勤務。
2005年　福屋粧子建築設計事務所設立。
2006年−慶應義塾大学理工学部システムデザイン工学科助手。
2007年−同、助教。
2010年−東北工業大学工学部建築学科講師。

主な建築作品に、『塩尻市大門中央通り再開発ビル 応募案』(2006年)、『澄心寺・庫裏デザインコンペティション 応募案』(2008年)、『越後妻有アートトリエンナーレ 森のひとかけら』(2009年) など。

本江 正茂
ファイナル コメンテータ

マニュアル大改訂の予感

イベントを運営する裏方作業は、すべて仙台建築都市学生会議の学生たちが取り仕切っている。今回はこれまでに増してスムースな運営であった。8年間の資料が膨大な反省点とともに蓄積されマニュアルが洗練されたのだろう。しかし今年は、twitter*1 や Ustream*2 などのインターネットを使ったリアルタイムウェブ*3 によって、来場者と来場できなかったけれど関心を持つ人々の、イベントへのコミット(参加)の仕方が劇的に変わった年でもあった。裏方のマニュアルはさらに大幅な改訂が迫られることになるだろう。

註
*1 twitter：本書52ページ註3を参照。
*2 Ustream：動画共有サービス。インターネット接続とカメラがあれば誰でも、WEBサイト上で、世界中に、生のインタラクティブな動画を提供できる。
*3 リアルタイムウェブ：リアルタイムにWeb上の情報を更新し、ユーザー同士が交流するというWebの概念。

もとえ・まさしげ
建築家、東北大学大学院准教授

1966年　富山県富山市生まれ。
1989年　東京大学工学部建築学科卒業。
1993年　東京大学大学院工学系研究科建築学専攻博士課程中退、同助手。
2001−06年　宮城大学事業構想学部デザイン情報学科講師。
2006年−東北大学大学院工学研究科都市・建築学専攻准教授。

システムデザイン作品に『時空間ポエマー』『MEGAHOUSE』など。主な共訳著書に、『シティ・オブ・ビット』(W.J.ミッチェル著、共訳、彰国社刊、1996年)、『Office Urbanism』(共著、新建築社刊、2003年)、『プロジェクト・ブック』(共著、彰国社刊、2005年) など。
URL = http://www.motoelab.com/

石田 壽一
ファイナル せんだいメディアテーク 1F
サテライト会場 コメンテータ

直線距離 1,500km 離れた同時体験

手軽なのにコミュニケーション構造を根っこから転換させるツール。今回のtwitter*1 の試験運用は、まさにこんな印象を現実のものとした。予選でトップ、日本二になった佐々木慧くん。同級生や先輩の多くが当日長崎で開かれていた建築学会の九州支部研究報告会の会場で、タイムライン(TL)*2 のチェックに余念がなかった。微妙に不謹慎だが、まあしかたがない。ちょうど「せんだい」の審査が佳境に入る夕刻、福岡に戻る車中では、ドライバーを含む仲間たちが、TL にアップされる「つぶやき」に会場の空気を充分感じて盛り上がったそうだ。狙いどおりの空間拡張といえよう。

註
*1 twitter：本書52ページ註3を参照。
*2 タイムライン(TL)：対象となるデータを時間軸に沿って整理できるコミュニティサービス。twitterでは、全ユーザーの「つぶやき」(発言)の一覧を指す。

いしだ・としかず
建築家、東北大学大学院教授

1958年　東京都生まれ
1980年　日本大学理工学部建築学科卒業。
1988年　東京大学大学院工学系研究科建築学専攻修士課程修了。
1992−96年　デルフト工科大学(オランダ)リサーチフェロー。
1995年　東京大学大学院工学系研究科建築学専攻博士課程単位取得後退学。
1996年　九州芸術工科大学助教授・博士号(工学)取得。
2004−08年　九州大学大学院芸術工学研究院教授。
2008年−東北大学大学院工学研究科教授。

PRELIMINARY JURY
予選審査員

Shoko Fukuya Masashige Motoe Toshikazu Ishida

櫻井 一弥
ファイナル せんだいメディアテーク 1F
サテライト会場 コメンテータ

「美しい形」を恐れずに求めよ

今回出展された作品の造形の傾向を概観すると、全体の形態をスタディして、まとまりのある1つの美しい形に到達しているものは極めて少ない。細かい部分を集積して、全体を構築しているプロジェクトが目立った。部分と部分の関係性で建築を構成する意図は痛いほどわかる。しかし、均整のとれたプロポーション、果てのないスタディの結果生み出されたのっぴきならない造形には、論理を越えた説得力が備わる。そうした「美しい形」を生み出すことに臆病であってはならないと強く思うのだ。

さくらい・かずや
建築家、東北学院大学准教授

1972年　宮城県仙台市生まれ。
1996年　東北大学工学部建築学科卒業。
1998年　東北大学大学院工学研究科都市・建築学専攻博士前期課程修了。類設計室に在籍。
1999年　伊藤邦明都市・建築研究所勤務。
2000年　東北大学大学院工学研究科都市・建築学専攻助手。
2004年　博士（工学）取得。
2005年　SOY source建築設計事務所共同設立。
2010年　東北学院大学工学部環境建設工学科准教授。

主な建築作品に、『O博士の家』（2006年、東北建築賞特別賞）、『日本バプテスト仙台基督教会』（2007年、グッドデザイン賞、キッズデザイン賞）、『S博士の家』（2008年、2009年JIA東北住宅大賞優秀賞）など。
URL = http://www.soy-source.com

竹内 昌義
ファイナル せんだいメディアテーク 7F
サテライト会場 コメンテータ

大きいだけの模型を超えろ！

出展作品の材料や色彩は例年と変わっていないと思う。模型は充分に大きいし、白い模型が多かった。やはり模型は大きい方が迫力がある。でも大きければいいってものではない。そろそろ、そういう問題を考えるべき時期にきているようだ。
また600近い図面を見ると、やはり手書きの図面が目立つ。CADの図面はコピー＆ペースト（本書7ページ註1参照）で作られているように見えてしまう。集合住宅が多いことにも、その影響があるのではないだろうか。

たけうち・まさよし
建築家、東北芸術工科大学教授

1962年　神奈川県鎌倉市生まれ。
1986年　東京工業大学工学部建築学科卒業。
1987年　フランス、パリ建築大学第8分校在籍。
1989年　東京工業大学大学院理工学研究科建築学専攻修士課程修了。
　　　　ワークステーション一級建築士事務所勤務。
1991年　竹内昌義アトリエ一級建築士事務所設立。
1995年　みかんぐみ共同設立。
2000年－東北芸術工科大学デザイン工学部建築・環境デザイン学科助教授。
2008年－同、教授。

主な建築作品に、「長野県伊那東小学校」改築（2008年）、「開国博Y150 はじまりの森」（2009年）など。

馬場 正尊
ファイナル せんだいメディアテーク 1F
サテライト会場 コメンテータ

作品に対し、どれだけ真摯であったか。

作品にたどりつくまでの試行錯誤は、不思議と模型や図面ににじみ出る。審査する側は作品の背景、問題意識の深さを読み解こうとする。その時代を学生として生きた個人の体内には、いやおうなく社会が内包される。それがどのように建築化されたか、メッセージに強さがあるか。僕らは、模型や図面の奥に広がる思考を求めて作品を見ている。今年の勝ち残った案、印象的な案にはそれがちゃんと出ていた。特に最終審査に近くなればなるほど、思考の深さを問われることになる。

ばば・まさたか
建築家、東北芸術工科大学准教授

1968年　佐賀県伊万里市生まれ。
1991年　早稲田大学理工学部建築学科卒業。
1994年　早稲田大学大学院理工学研究科建築学専攻修士課程修了。
　　　　株式会社博報堂に勤務。
2001年　同博士課程単位取得後退学。
2003年　Open A設立。建築設計を中心に、執筆、都市計画などを行なう。
2008年－東北芸術工科大学デザイン工学部建築・環境デザイン学科准教授。

最近作に『勝ちどき THE NATURAL SHOE STORE オフィス＆ストック』（2007年）、『房総の馬場家と連棟』（2008年）など。主な著書・共著に、『POST-OFFICE／ワークスペース改造計画』（共著、TOTO出版刊、2006年）、『「新しい郊外」の家』（太田出版刊、2009年）など。

厳 爽
ファイナル せんだいメディアテーク 7F
サテライト会場 コメンテータ

二元論の限界

「個人的モノローグ」と「社会性」、はたして両者は二元論なのか。
小さな箱が立ち並び、その隙間に生活があふれ出る。バーチャルな空間でのコミュニケーションではなく、リアルな人間同士としての関わりへの渇望。
一方、医療福祉をテーマにした建築では、機能に対する建築計画的視点が欠けている。小学校などでは少子化・過疎化など社会的背景への配慮が足りない。
なぜこんなにも問題意識が近似しているのか。社会の問題を単に表面的に汲み取り、トレンドと混同しているからではないか。二元論から脱却し、個人的モノローグを出発点としながらも、真っ向から社会と向き合って空間を提案し、新たな関係性を見出すことに挑戦する作品を見たい。

やん・しゅあん
建築計画研究者、宮城学院女子大学准教授

1970年　中国北京市生まれ。
1992年　中国礦業大学建築学科卒業。
1998年　東京大学大学院工学系研究科建築学専攻博士課程修了。
2001年　同博士課程修了。
　　　　日本学術振興会特別研究員（東京大学大学院）。
2002年　東北大学大学院工学研究科リサーチフェロー。
2004年－宮城学院女子大学学芸学部生活文化学科准教授。

専門は医療福祉建築の建築計画。2006年度日本建築学会奨励賞。
主な著書に、『環境行動のデータファイル——空間デザインのための道具箱』（共著、彰国社刊、2003年）、『超高齢社会の福祉居住環境——暮らしを支える住宅・施設・まちの環境整備』（共著、中央法規出版刊、2008年）、『建築大百科事典』（共著、朝倉書店刊、2008年）など。ほか論文多数。

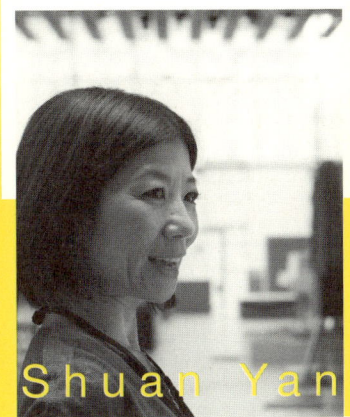

Kazuya Sakurai　Masayoshi Takeuchi　Masataka Baba　Shuan Yan

EXHIBITION

Photographer: Nobuaki Nakagawa,
Izuru Echigoya.

「8 $\frac{1}{2}$」（はっかにぶんのいち）

せんだいメディアテーク学芸員

清水 有
Tamotsu Shimizu

　今回ギャラリーに並んだ卒業設計展の作品総数は554点。今年も過去最大規模の出展点数となった。このうち6階に359作品、5階には195作品。すべての作品をレイアウトした会場局局長（設営展示の学生会議責任者）に今年の展示について聞いてみた。彼によればこのギャラリーでは何よりも「情報と空間の把握能力」が試されるという。設営の期間中は設営の進行状況、人の動き、質問対応、他局との調整と、指示出し等々、何でもできるゼネラルな能力が必要だという。しかし、それでいて、いざ展示空間の設営になってくると細かく専門的な知識も不可欠になる。たとえばギャラリーの南面は鬼門で、ここに壁が立ったら、光の入り方は朝と夜くらい違ってくる。逆にまた壁で閉じ過ぎると壁に展示できる作品数は確保されるが、光の入り方が悪くて模型の印象を殺してしまう。刻々と変わる独特の展示のムードに担当者は常に空間把握能力が試されることになる。こう聞いているとまだ建築を学び始めた若者たちのどこにこんな知恵と力が詰まっているのかと思ってしまうが「日本一決定戦」も今年で8年目と半分。その知恵と努力の結晶とも言うべきノウハウの蓄積が毎年の「報告書」の中に詰まっている。展示のプロである我々も刮目し参考にするアイディアも多い。

　この大会の誕生は、「仙台建築都市学生会議」が発足した翌年、「仙台建築アワード2002」という卒業設計のコンペティションが母型となって発展した、翌2003年の「卒業設計日本一決定戦＠sendai」に遡る。正確に言うと「仙台建築アワード2002」でもコンペティションが行なわれていたので、今回は8 1/2回目の大会と言っていい。しかしまだまだ出展作品数は落ち着く気配はなく、このままだと5階も6階も卒業設計模型に飲み込まれてしまう日が来るのかもしれないが、今しばらくはこれまでの卒業生の残してくれた秘伝書のお陰で「春の祭典」を主催する時間はあるようだ。

　「人生は祭りだ。一緒に楽しもう」。

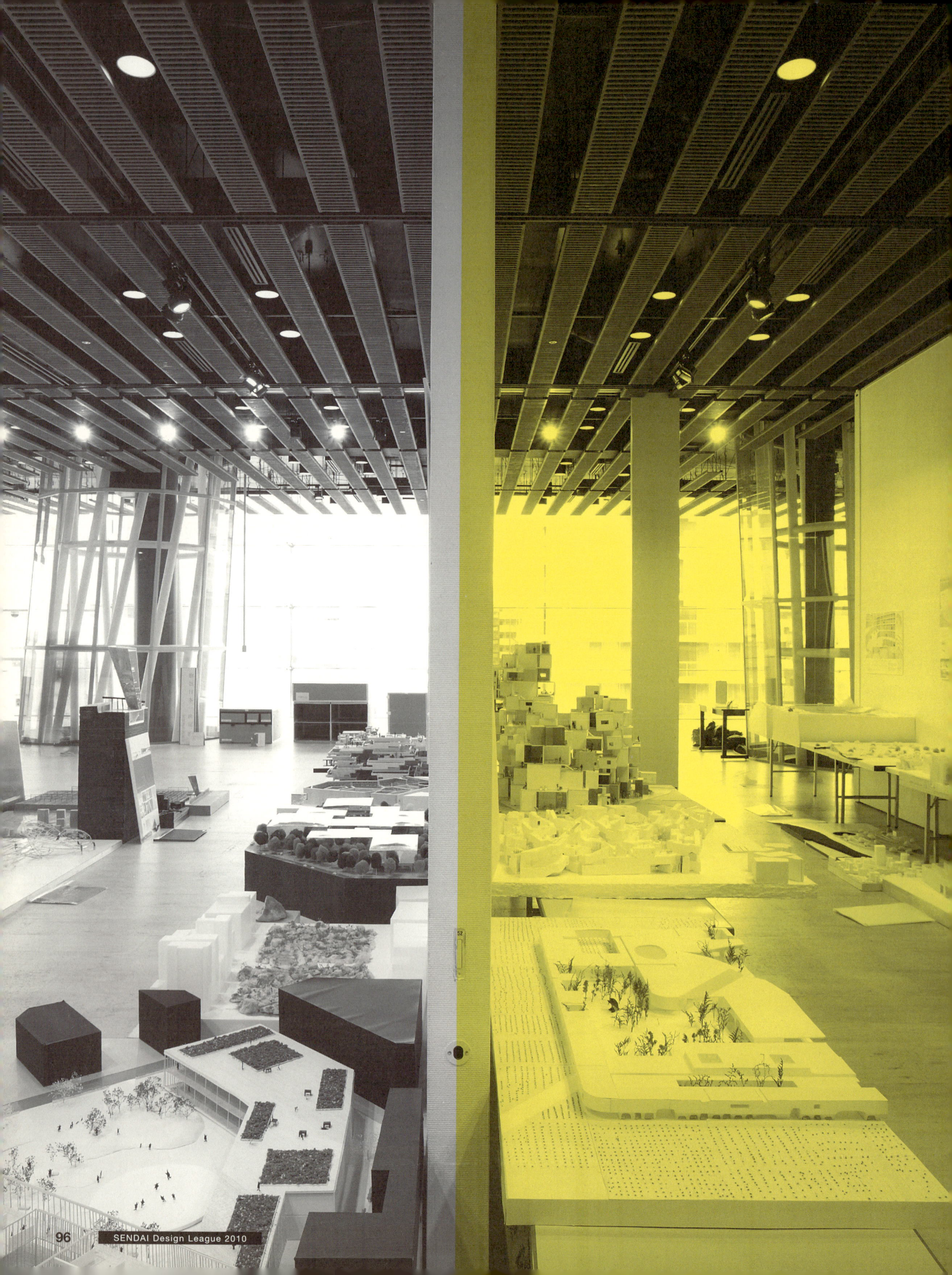

EXHIBITOR

98-147ページのリストは、仙台建築都市学生会議＋せんだいメディアテーク発行の『せんだいデザインリーグ2010 卒業設計日本一決定戦 8th公式パンフレット』内「作品紹介」からの転載である。パンフレットは出展登録時の未完成状態の画像が多く含まれているため、出展模型を中心に会場で撮影した写真をもとに再構成している。

撮影監修：越後谷 出

出展者・作品

Y= 予選通過者
Ⓢ= 予選未通過でセミファイナルで得票のあった者
S= セミファイナルでのディスカション対象者
F= ファイナリスト／受賞者は賞名を付記

ID　　　学校名　学部学科
　　　　氏名　しめい
Y S F　作品名
　　　　作品概要・コンセプト

001	摂南大学　工学部建築学科
	栗田 翔陽　くりた しょうよう
☐☐☐	**過ぎたるは猶及ばざるが如し**

お気に入りの場所の発見。物語の始まり。にじみ出していく生活感。にじみとにじみが混ざり合い生まれるコミュニケーション。弱い建築のチカラ。過去は未来を見据えていた。未来を過去が超越していく。

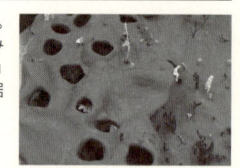

002	日本大学　理工学部建築学科
	赤瀬 玲央奈　あかせ れおな
☐☐☐	**skirt**

ペンシルビルたちを一括りにまとめ、スカートのような建築をつくる。閉じ込められていたシーンを足下から都市へと解放する。

003	東北大学　工学部建築社会環境工学科
	石井 勇貴　いしい ゆうき
☐☐☐	**本の建築**

本が持つ空間から図書館をつくる。インクと紙がつづる空間を建築にする。本が空間を形作る図書館をつくる。本から建築へ、そして建築は本へ。

005	東北大学　工学部建築社会環境工学科
	大橋 秀允　おおはし しゅうすけ
☐☐☐	**重なる生命体**—わたしの卒業設計

わたしの卒業設計それはわたしそのもの、であるからしてわたしとわたし以外のそれとほかの、愛する犬や猫のための施設もまたわたしそのものなのです。

007	神戸芸術工科大学　デザイン学部環境・建築デザイン学科
	金田 康孝　かねだ やすたか
☐☐☐	**地形的都市の観測所**

地形的都市に生きる私たちは、再び観測を行なわなければならない。かつて人が地形や都市に対して行なったように。未知なる居場所を求めて。

008	山口大学　工学部感性デザイン工学科
	木下 知　きのした さとし
☐☐☐	**Undulate**—記憶の堰

水質悪化が進む常盤湖に堰（せき）を設ける。そして、次第に現出する陸地に湿地を創出し、生態環境構造としてのインフラ（都市基盤設備）整備を行なう。その時、堰はこの場所の歴史や環境を伝える媒体となり、堰の傍らで、建築が語り部となる。

009	福岡大学　工学部建築学科
	村上 毅晃　むらかみ たかあき
Y S ☐	**表層から空間へ**

境界を分離することによって霞んだ空間を出現させた。

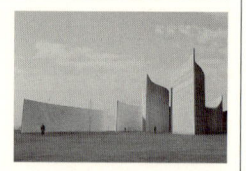

010	昭和女子大学　生活科学部生活環境学科
	鈴木 晴香　すずき はるか
☐ S ☐	**海祭礼賛**—佃島例大祭、海の祭の継承

東京都、佃島。
この地で時代とともに変化してきたのは、人間・環境・建築。
そして今も残るのは祭に込める島の人々の魂堤防で囲まれた島を海へ戻し海の祭を復活させたなら
建築はこう変わるだろう。

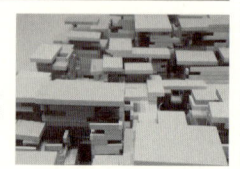

011	金沢工業大学　環境・建築学部建築学科
	中野 賢二　なかの けんじ
☐☐☐	**空地の輪郭**

都市に生まれる空地。
関係を持たないことが空地を生むとすれば、関係をつくり出した時、空地は空地ではなくなります。変化を受け止め関係を変化させながらも、持続させていく街区を提案します。

012	福井大学　工学部建築建設工学科
	松下 健太　まつした けんた
☐☐☐	**死に埋もれる建築**

死から生まれるランドースケープによって、埋もれていく墓地と火葬場の提案。

014	名古屋工業大学　工学部建築・デザイン工学科
	下村 和也　しもむら かずや
☐☐☐	**重奏都市**

こちらとあちらが、表と裏が、内と外が、自己と他者が、都市に、にじみ、ぼやけ、霞み、舞う。交響曲のように。

016	京都工芸繊維大学　工芸学部造形工学科
	藤本 綾　ふじもと あや
☐☐☐	**隣あわせ**

あなたの隣に何が隣り合っていますか？私たちは周囲に無関心になっている。ニュータウンに小さなスケールから大きなスケールまでを緩やかにつなぐ小学校ができました。子どもたちは教室の隣は教室ではないことを学ぶ。

019
宇都宮大学　工学部建設学科
佐熊 勇亮　さくま ゆうすけ

Y S □

空間の濃度

人が場所を選ぶ意識の先には空間の濃度があるのではないか。
明るい、暗い、広い、狭いなど無造作に混在する空間を濃度により再構築する。

020
東京大学　工学部建築学科
祝 亜弥　いわい あや

□ □ □

anthology

商店街の裏側に、解体された住宅の機能をばらまく。
たどる経路によって揺れ動く一人一人の生活は、重なり合ってアンソロジーとなる。

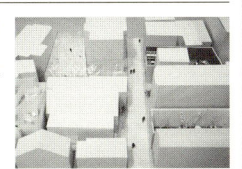

021
関東学院大学　工学部建築学科
加藤 昂士　かとう こうじ

□ □ □

かおみしりハウス――神田神保町 都心型コレクティブハウジングの提案

「住み分け」の進む地域の状況を踏まえ、コレクティブ・ハウジングの考え方を用いて多様な人々がともに集まって暮らす場を実現する。
その建物は高密度な都市環境に対して、どのようにふるまうことができるのか。

022
東京大学　工学部建築学科
住友 恵理　すみとも えり

□ □ □

生活と劇

街の中で突然劇が行なわれるようなおもしろさが、1つの建築の中で起こっているということ。

023
京都精華大学　デザイン学部建築学科
坪田 直　つぼた なお

Y □ □

at that time, the stone is lifted

ネットショッピングやAR技術が一般化する今、テナントショップの集合体である百貨店はどのように変化し、何を担えるか考えた。

024
工学院大学　工学部第1部建築都市デザイン学科
広田 裕基　ひろた ゆうき

□ □ □

コキュウするマチ

都市が拡大し、技術開発・進歩により、人々の快適性や利便性を追求する一方で、失っているものがある。それは、人と人とのつながりである。社会の最小単位である小学校区を見直し、マチが再びコキュウし出す。

025
宇都宮大学　工学部建設学科
福田 充弘　ふくだ みつひろ

Y S □

つくられたものか、残されたものか

栃木県宇都宮市大谷町には独特の風景があり雰囲気がある。そんな魅力ある風景の多くが溶融スラグによって埋め戻すことで、失われようとしている。本計画は大谷の壮大な風景の価値を問うための建築の構想である。

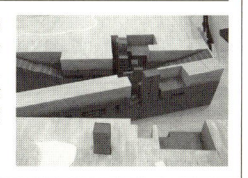

026
武蔵工業大学　工学部建築学科
薗 広太郎　その ひろたろう

Y □ □

World of Under The World

学校で一番大切なことは休み時間に学ぶ。机の上で学ぶことより大切なことがある。
好奇心をそのままに、みんなで高め合っていく。
個性を育む机の下の学校。

027
日本大学　理工学部建築学科
新城 雄史　しんじょう たけし

□ □ □

Algorithmic Slab――都市環境がつくり出した形態

明るく、活気のある市場を高架下に提案します。「MAYA」の太陽光シミュレーション・プログラムを用いてアルゴリズミックな解析を行ない、そのデータをもとに建築を設計しました。

028
名古屋工業大学　工学部建築・デザイン工学科
鬼頭 朋宏　きとう ともひろ

□ □ □

drops

これは、私が住宅地に抱く、「創発的青い色」の小さな夢。

029
武蔵工業大学　工学部建築学科
荘司 麻人　しょうじ あさと

□ □ □

glaze

人々の記憶や歴史がほとんど刻み込まれていない埋立地に、記憶を集積し、緩やかに風化させていく場所をつくる。何十年、何百年という歳月が過ぎていく中で、無数の記憶が重なり合い、1つの風景が生まれる。

032
武蔵工業大学　工学部建築学科
富井 育宏　とみい いくひろ

□ □ □

Cielo

何か「として」ではなく、何か「予感する」ものとして、つくる。その先にあるものへと意識が自然と伸びる場所、予感という感覚。それは世界を変えてくれる入口になる。

033 東京大学 工学部建築学科
河合 美緒 かわい みお

in between

雑然とした街をさまよっていると、角を曲がったとたん、そこだけ取り残されたような穏やかな一画が目前に広がることがある。これは古くから街が受け継いでいる境界の成せる技である。
この建築は境界を際立たせる。

034 東京造形大学 造形学部デザイン学科
室山 信行 むろやま のぶゆき

The Rest — 常盤平団地再生計画

新世帯と古い世帯が共存して成り立つ団地再生計画。

035 職業能力開発総合大学校東京校 建築施工システム技術科
安齋 寿雄 あんざい としお

[Y][S][ ]

垂直動物園

子どもたちが感じる世界は、僕たちが思う所よりも「遠い所」にある。
その世界を、僕は大切にしてゆきたいと思いました。

036 武蔵工業大学 工学部建築学科
永堀 建志 ながほり たけし

SIROKANE ARTSITE — MONO-Dukuri Communications

あらゆる分野のクリエイターたちがものづくりをする場。美術、文芸、音楽、デザイン、パフォーミング、etc……
ものづくりがつくり出す新たな地域コミュニティ。

037 武蔵工業大学 工学部建築学科
鈴木 光洋 すずき みつひろ

CLUTCH — つないでゆくもの

この集合住宅では人々はまるで昆虫のように蠢(うごめ)く。
床や壁はあらゆる関係性を隔てるためではなく、CLUTCH（連結）するためにある。
断絶性と連続性を持つ空間が生成され、個々の生活に新たな関係を生み出す。

038 琉球大学 工学部環境建設工学科
渡辺 佳苗 わたなべ かなえ

ぽけっと

ぽけっとのぽけっとのぽけっとの……
ぽけっとの奥にかくれてみたり。ぽけっとの穴から覗いてみたり。ぽけっとを出てもまだぽけっとのなかにいるような。
気取らず、やさしくつつみこんでくれる、そんなけんちく。

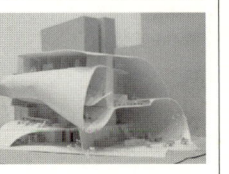

039 琉球大学 工学部環境建設工学科
高原 千都 たかはら ちさと

影によって機能は決定される

沖縄における日差し特性に関する実験的研究。
時間とともに影が移動し、人は影に追随する。影とともに移動した人に合わせて、機能が変化する。

041 近畿大学 理工学部建築学科
紺野 真志 こんの まさし

[Y][ ][ ]

闇の現

本当は自分の気づかないところで、戦争の影がにじり寄ってきているのかもしれない。
鈍感であり続けること、知ろうとしないことこそ本当の恐怖なのだ。

042 日本大学 理工学部建築学科
小佐野 菜々 おさの なな

Art Information

東京・六本木はArtの最先端を発信することを目的としている街である。
Artに興味がなかった人、またArtに興味があっても思ってもみなかったArtとの出会いが起きる美術館を計画する。

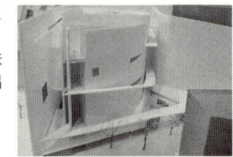

044 日本大学 理工学部建築学科
駒井 友香 こまい ゆか

森に暮らす。— 公社中野駅前住宅のゆくえ

団地には豊かな自然環境が存在している。それは昔から続く、人とともに時間を重ねてきた風景。
この遺された自然環境を継承しながら、森の中にいるような自然に包まれた「団地」を提案する。

045 日本大学 理工学部建築学科
茂木 香織 もぎ かおり

いつか僕らは輪を描く

ITの発展により、情報は空間を持たなくともあらゆる事物間でやり取りされる。その一方でたくさんの関係が希薄になりつつある。ある街の図書館というアプローチから、人々と情報がどう街と関わっていくかを提案する。

046 日本大学 理工学部建築学科
高橋 功一 たかはし こういち

シモキタ体験

複数のヴォリューム（量塊）が隙間をつくりながら集合し、地下レベルから立ち上がる「立体下北沢」を提案する。ここでは、劇場及び劇団の宿泊施設が核となり、訪れる人々がさまざまな発見をし、東京の下北沢らしい経験のできる場となる。

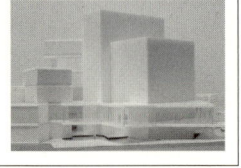

047
京都工芸繊維大学　工芸学部造形工学科
三好 陽　みよし あきら

Continuous (Under) Ground
自然(Ground：客席、畑)と部屋(Under Ground：劇場、レストラン)の二重螺旋。ここは木々に囲まれながら居る場。また、京都で送り火を望むと、高さからの開放者となる。これがこの場所の可能性。

048
京都造形芸術大学　通信教育部芸術学部デザイン科建築デザインコース
上原 一朗　うえはら いちろう

瞑想する美術館
人はなぜ美術を鑑賞するのか。
作品に触れる前に自分を見つめてみてはどうだろうか。
心の準備はできたか。さあ、楽しもう。
作品の中に君が入るのだ。

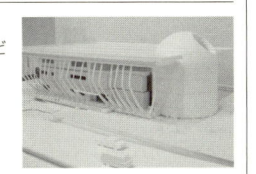

049
多摩美術大学　美術学部環境デザイン学科
長田 章吾　ながた しょうご

TOKYO JAM
フランチャイズの居酒屋と個人経営バーがつながる空中居酒屋街、青空マンガ喫茶、パーキングスタジアムなど。東京の弱った街に過剰供給されるコインパーキングの上空に蜃気楼のように現れる、東京の街の新しい風景。

050
山口大学　工学部感性デザイン工学科
池末 聡　いけすえ さとし

開聞火葬場
大切な人との別れを迎える場所の提案。

052
東海大学　情報デザイン学部建築デザイン学科
宮下 牧乃　みやした まきの

都市の中の生死コントラスト
「生きている」というリアルは「死」の存在があって担保されている。自分が暮らすこの都市に「死」を感じる空間はあるのだろうかと疑問を持った。都市の隙間という日常において生と死が強烈なコントラストをつくり出す。

053
日本大学　理工学部建築学科
赤津 成紀　あかつ まさき

境界面の±
こっち側が出っ張るとこっちの領域は増えるが（＋）、あっち側の空間の領域は減少する（－）。そのような裏表、空間の±ができてしまうジレンマに対し、それらを同時に豊かにする設計手法。

054
山口大学　工学部感性デザイン工学科
佐伯 亮太　さえき りょうた

共同体をつくること─欠けた住宅は地域に依存する
「所有」が当たり前のように蔓延した社会に対して、新たな価値観としての「共有」を挿入していく。地域に依存した生活は本当に必要なものを絞り出す。本当の「住居」は意外に小さくてよいのかもしれない。

055
慶應義塾大学　環境情報学部環境デザイン系列
橋場 諭　はしば さとし

呼応する児童施設
幼稚園、保育園、児童館が一体となった施設を設計した。全体の建物形状がS字となり、校庭と親水広場がつくられる。建物と庭を開放すると、メビウスの輪のように空間が連続し「終わりのない建築」を実現できる。

056
横浜国立大学　工学部建設学科
二宮 佑介　にのみや ゆうすけ

ガジュマル マーケット
沖縄の特色ある気候／風土から、風の吹き抜ける気持ちのよい半屋外型のマーケットを考えました。

058
法政大学　工学部建築学科
溝口 陽香　みぞぐち はるか

Place of mixture─都市を彩る活動拠点
空間を、屋外、屋内という意味での外部と内部ではなく、自分にとって内側の領域としての空間、自分にとっての外側の領域としての空間という意味でのウチとソトという捉え方で、集まって住むということを再提案する。

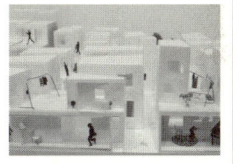

059
法政大学　工学部建築学科
川西 乃里江　かわにし のりえ

こどものいばしょ─成長するこどものための成長する教室
小学校は「こどものいばしょ」。
この小学校では、子どもの成長とともに教室が成長する。
子どもたちは、建築が生み出す空間の変化からたくさんのことを学んでいく。

060
神奈川大学　工学部建築学科
杉山 聖昇　すぎやま きよのり

☆
ぼくは☆が好きです。
ぼくと☆は遠くにいてもつながっています。
近いようで遠いような、遠いようで近いような距離感の建築です。

061 法政大学　工学部建築学科
和田 智広　わだ ともひろ

Act in the City ─2つの都市空間をつなぐ建築群

東京には2つの都市空間がある。ジェネリック(一般的)な都市空間とサイト・スペシフィック(その場所に固有)な都市空間。建築のつくられ方が異なるこの2つの都市空間を人の活動がつないでいく。

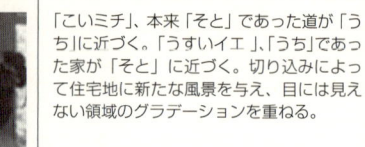

062 福井大学　工学部建築建設工学科
福田 善成　ふくだ よしなり

本のイエが手をつなぐ

大学とまちは隔たれている。その境界を溶かす公園のような図書館の提案。本のイエが手をつなぎ、みんなでジャンプすれば、大学とまちも手をつなぐ。

064 武庫川女子大学　生活環境学部建築学科
伊勢 文音　いせ あやね

Ambiguous Space feat. NOMAD

好きな場所を見つけて、自由に生活する女子寮。
季節によって、あるいは1日の時間軸によって、自分のすみかを求めて遊牧する。空間はさまざまな変化を見せ、変化していく。

065 横浜国立大学　工学部建設学科
宮﨑 一博　みやざき かずひろ

heterotopia

ヘテロトピア＝混在郷。未来の街の中に混在郷をつくるための建替え計画。帰属意識と空間文化を織り交ぜて成り立たせる手段としての建築。人の生活はもっと寄り添い合っていてよいと思う。

066 椙山女学園大学　生活科学部生活環境デザイン学科
杉浦 絹代　すぎうら きぬよ

白という建築

「白」と「建築」の関係性について考えた。「白」の新たな視点を設計に取り入れ、住宅地の問題である均質化した風景を解決する提案。
均質化を避けるのではなく、均質化から解を見出す、「白という建築」である。

067 関西大学　工学部建築学科
森安 洋幸　もりやす ひろゆき

あふれる出来事をつつむ裏山

郊外のロードサイドに延びる生活を集め、出来事のあふれる建物から裏山になるような建築をつくる。

068 椙山女学園大学　生活科学部生活環境デザイン学科
伊藤 瑠美　いとう るみ

こいミチ うすいイエ

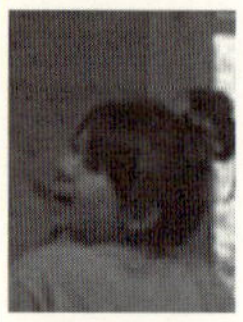

「こいミチ」、本来「そと」であった道が「うち」に近づく。「うすいイエ」、「うち」であった家が「そと」に近づく。切り込みによって住宅地に新たな風景を与え、目には見えない領域のグラデーションを重ねる。

069 琉球大学　工学部環境建設工学科
仲里 正周　なかざと せいしゅう

Compulsory Communication

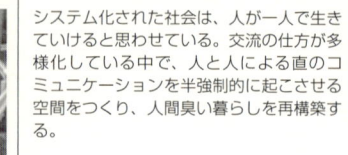

システム化された社会は、人が一人で生きていけると思わせている。交流の仕方が多様化している中で、人と人による直のコミュニケーションを半強制的に起こさせる空間をつくり、人間臭い暮らしを再構築する。

070 明治大学　理工学部建築学科
村中 奈々　むらなか なな

palette scape ─こどもたちへ1200往復のおくりもの

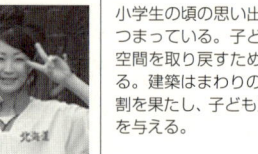

小学生の頃の思い出は、通学路にたくさんつまっている。子どもたちの大切な時間と空間を取り戻すため、通学路建築を提案する。建築はまわりの自然をそっと支える役割を果たし、子どもたちに風景の「気付き」を与える。

071 武蔵工業大学　工学部建築学科
瀬谷 敦　せや あつし

扉以上、扉未満。

扉以外の何ものでもないほどの、何か。

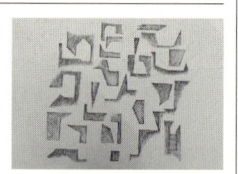

072 摂南大学　工学部建築学科
米田 匡志　よねだ ただし

重層する住処

層は空間をつくる。
層は空間同士を隔てる。
層は空間を豊かにする。
層は層を浸食し変化していく。
層から生活があふれ、層には街の空気が入り込む。
層に街は溶け込む。

073 岐阜工業高等専門学校　建築学科
岩田 卓也　いわた たくや

home & homeless

「家」と「家がない人」。
そこに建築の本性が見えるのではないか。
建築は人を支え、人の未来をつくるために存在する。

075 工学院大学　工学部第1部建築学科
山田 善紀　やまだ よしのり

Skip Structure Building ―建築を家具のように使う

建築と人の距離が遠いと感じる。
もっと人と近づくことはできないのか？
建築を家具のように使い、さまざまなスケールを散りばめることにより建築と人は、より密接な関係となる。

076 神戸芸術工科大学　デザイン学部環境・建築デザイン学科
吉村 雄史　よしむら ゆうじ

KYOTO apartment

はじめて社会と向き合ったから。みんな、卒業設計は原点だというから。ルールを破らなかった。このように処女作はどんどん理屈が言える。だから「処女作」。場所は京都府京都市、京都駅を南へ10分ほど下ったところにある。

077 神戸大学　工学部建設学科
池田 雅彦　いけだ まさお

終わりではなく、はじまりの場所に―葬送空間と廃棄物問題にみる非日常空間の在り方

日常と非日常。
本来、緩やかにつながっているべき両者。
我々の都合で日常から隔離された非日常は、多くの問題をはらんでいる。
必要なのは、慎重に両者の距離を縮めていくこと。
ゆっくりと、時間をかけて。

078 名古屋工業大学　工学部建築・デザイン工学科
鈴木 淳平　すずき じゅんぺい

マリオネットの家

ちょっと縛りを与えるだけで、連なったキューブは爆発的に変形する。

079 北海道大学　工学部環境社会工学科
浦野 宏美　うらの ひろみ

こどもどこでも

いつでもどこでも子どものための保育を実現する可動組立式保育ユニットの提案。

081 多摩美術大学　美術学部環境デザイン学科
佐原 あい　さはら あい

パキパキヤネの小学校

公立小学校の学校選択制が各地に広がる中、戦後の定型タイプ「南向き横一文字型」は今なお学校建築の多くを占めている。現代における校舎のあり方を考え、子どものアクティブな行動の受け皿となる校舎を提案する。

083 慶應義塾大学　理工学部システムデザイン学科
吉武 裕紀　よしたけ ひろき

つみあがるマチ

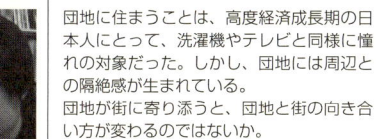

団地に住まうことは、高度経済成長期の日本人にとって、洗濯機やテレビと同様に憧れの対象だった。しかし、団地には周辺との隔絶感が生まれている。
団地が街に寄り添うと、団地と街の向き合い方が変わるのではないか。

084 東京造形大学　造形学部デザイン学科
堤 沙織　つつみ さおり

Houscaping

東京・東池袋4・5丁目。戦後の都市開発から取り残され、住宅の密集が進むこの地区は、住人の高齢化と公開空地の少なさが問題となっている。密集化が生み出すこの地区の風景を大切に、新しい集合住宅を提案した。

085 京都造形芸術大学　芸術学部環境デザイン学科
宮坂 夏雄　みやさか なつお

stroll library―3つの段層からなる本の読むところ

散策というプログラムを組み込んだ図書館を、大阪・中之島に計画します。
この図書館は3つのレイヤーを段状に変換して構成されています。

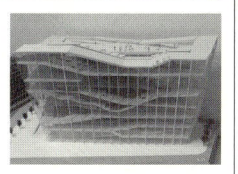

086 金沢工業大学　環境・建築学部建築学科
嶋田 龍太郎　しまだ りゅうたろう

金沢アパートメント

合理化と生産性を求め日々高層化する分厚い住宅。そこにコミュニティは存在可能か？　現状へのアンチテーゼとして、「ちょうどよい共同体」を形成するために、長さ120mのLDKを持つ薄くて長い集合住宅を提案します。

087 工学院大学　工学部第1部建築都市デザイン学科
後 棟晃　うしろ むねあき

荒城

かつては共存していた工場と都市。
日本の発展とともに埋立地に追いやられた工場。
都市と断裂した工場地帯、神奈川県の川崎港の一角に工場の構成要素を用いて生活機能を持った建築を設計する。

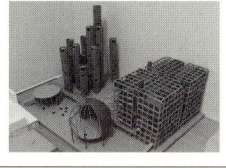

090 東洋大学　工学部建築学科
篠原 武史　しのはら たけし

WORLD IS YOURS

都市的状況がつくり出す空間に、人々は思い思いの場所を見つけ、根付き、都市の内側に居場所を見つける。
そして、巨大な怪獣のような都市空間を自分のものへと変えていく。

091	芝浦工業大学　工学部・一部建築学科 林 直毅　はやし なおき **Scene Complex—もてなしの承継** 都市のさまざまな要素が重層化した「街としてのホテル」を宿泊の文化が根付いた東京・品川に、新たな質を持った「もてなし」のあり方として提案する。	**102**	千葉工業大学　工学部建築都市環境学科 山上 仁　やまがみ じん **反応する都市** 現代の都市は、明快な機能空間を持つことで、合理的な快適さを獲得した。しかし、「分ける」都市構造は、場所と場所の間に不自然な隙間をつくった。私は、無駄な隙間から意味のある隙間へ建築同士を反応させる。
092	日本大学　理工学部建築学科 永嶋 竜一　ながしま りゅういち **transform proportion** さまざまなスケールが内在する児童館において、空間を拡大したり、縮小することで、子どもたちの感じ方はさまざままである。そこで子どもたちは戯れ、遊び、成長する。	**103**	大阪大学　工学部地球総合工学科 中安 智子　なかやす ともこ **屋根裏は大きな図書室—蔵書を共有する集合住宅** 愛書家が互いの持っている本を提供し、共用する集合住宅。屋根裏の扉を開けるとそこは1つの大きな共用の図書館。そこはそれぞれの家の個性が集まってできた特別な空間。
097	近畿大学　工学部建築学科 小谷 至己　こだに よしき **マチカグ** 壁から突き出た家具。中と外の違う空間で違う行為をする人々が1つの同じ家具を共有し合う。小さな集まりがやがて大きな集まりになるきっかけをつくってくれる、そんな建築。	**104**	早稲田大学　理工学部建築学科 棚田 美紀子／林 将利／早田 大高　たなだ みきこ／はやし まさとし／はやた ひろたか **Y**　**川縁の里程標** 敷地は、東京都港区高輪、線路沿いの線状空間。かつてこの場所で生活していたある少年を想定する。 2010年。駐車場となったこの場所を私有地と仮定し、かつての少年の願いを具現化する、小さな私営の図書館を設計する。
098	金沢工業大学　環境・建築学部建築学科 三島 直也　みしま なおや **「日本的なもの」の解体と再構築** 「侘び寂び文化」と「豪華絢爛文化」のそれぞれを構成する空間と精神性を抽象化すると、「奥行き」の中から美的感覚を導いているところに共通性がある。その奥行きを、「日本的なもの」の解体と再構築によって再現する。	**105**	東京藝術大学　美術学部建築科 萩原 ユーカ　はぎわら ゆーか **PIXEL WORLD** 日本にある145の大使館の文化交流部を集約する。大使館の図書館を閉架書庫と仮定し、集約し、開架書庫として公開する。受身の運営形態から本来の目的である情報の発信の場となるような在日公館の文化交流施設を計画する。
099	山口大学　工学部感性デザイン工学科 遠藤 創一朗　えんどう そういちろう **Apprecite・Creation—創造と鑑賞の狭間に** 「作品を観に来る美術館」から「作品に出会い、そして自らつくる美術館」へ。湖を望む丘。聳え建つ塊。大地の裂け目。それらの間に形成される特異な空間は、創造と鑑賞の狭間に充填される。	**107**	東京工科専門学校　建築工学科 大場 理宏　おおば まさひろ **帰属空間** 現在問題とされている廃校の活用方法を提案する。 学校とは地域となじみ深い物。 廃校をリノベーションするにあたり既存を最大限残し、学校という地域の帰属空間に対して芸術というテーマで帰属を復活させる。
101	椙山女学園大学　生活科学部生活環境デザイン学科 宍戸 香織　ししど かおり **生きてるちから—自然の原理を利用した建築** いつからか私たち人間は、建築を無機物として考え、物理的な容器として解釈するようになった。しかし、建築は最も人間と親密な関係にある。建築は人間とともに連続した有機物、と考えるべきではないだろうか。	**108**	千葉工業大学　工学部デザイン科学科 上島 直樹　かみじま なおき **Y**　**街を織り込み、都市を繋ぐ** 街に平面的に広がっているコンテクストを建築に織り込み、垂直方向に立ち上げる。街のコンテクストは建築内部で垂直方向に広がる。分断された街と街、建築と街の関係性、そして過去と未来をつなぐ建築の提案。

109
福岡大学 工学部建築学科
今冨 佑樹　いまとみ ゆうき

ツギハギノネコ

建築をつくることが楽しくなくなっていました。もう一度、純粋に建築をつくることを「楽しむ」にはどうすればいいのかを考えると同時に、住み手が住まうことを「楽しむ」ためにはどうすればよいのかを考えました。

110
工学院大学 工学部第1部建築学科
小林 春美　こばやし はるみ

[Y]

suki ma

好きな時に、好きなことで、好きな人と……
築かれていく関係性。
ぼんやりどこまでも続いている、人と環境のあいだ。

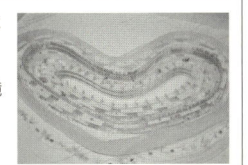

111
武庫川女子大学 生活環境学部建築学科
阿部 香穂里　あべ かほり

for Connecting

人と人はどのようにして出会うのか。
兵庫県西宮市を敷地とし、「つなぐ」というキーワードから人と人、人と街、人と店舗、店舗と店舗をつなぐ商業空間を設計した。

112
武蔵野大学 生活環境学部建築学科
八角 紀子　やすみ のりこ

立体的路上生活——歌舞伎町住人のための生活空間

東京都新宿区歌舞伎町。そこは東洋一の歓楽街と言われるほどの盛り場。この街に滞在する人は明るく社交的な人が多い。しかし、それは「表の顔」ではないだろうか。本来の顔である「素顔」はどこにあるのだろうか。

113
京都大学 工学部建築学科
西川 昌志　にしかわ まさし

[Y][S]

FRAGMENTAL UNION

科学はこれまで対象とするこの世界を可能な限り小さく単純な断片へ刻んでいくことで発展してきた。引き裂かれた各学問分野の間を埋め、境界線上の出来事に目を向けることを促す大学付属施設を構想する。

115
明治大学 理工学部建築学科
山中 裕加　やまなか ゆか

[Y]

東京流民——都市における流民的単身者の住まい

住まいに最後まで残るのは「モノ」と「寝床」である。
アイデンティティを放つ所有物は自分の居場所をつくり出すとともに、一次元的な自己発信の媒体を担う。
スミカと決定づけるのに、もはや建築は必要ない。

118
名古屋工業大学 工学部建築・デザイン工学科
石川 翔一　いしかわ しょういち

歪な世界の散歩道

白くない空間で白を感じることはできないか。海の見えない空間で海を感じることはできないか。風景から浮かび上がる世界を紡ぎ合わせ、2つの世界を彷徨(さまよ)い歩く。

119
東海大学 情報デザイン学部建築デザイン学科
渡邉 光　わたなべ ひかる

Emergency Village

都市におけるセルフビルドの被災住宅を設計する。ウネウネした紙管パネルによって領域が空間化し、被災者同士に程よい距離感が発生する。ポリカ中空板と防水布による折り紙構造の屋根は、被災集落のアイコンとなる。

121
大阪工業大学 工学部建築学科
土屋 栄子　つちや えいこ

[Y]

やわらかいということ

やわらかい建築があったらどんな暮らしができるのだろう。
素材・形・柔軟性、あらゆる面から建築のやわらかさを追求し、子どもに焦点を当て、学ぶ場と生活の場を足し合わせた、人間のすみかとなる地域社会の提案。

122
大阪工業大学 工学部建築学科
齋藤 慶和　さいとう よしかず

[S]

不均質なるもの その秩序のむこうに

20世紀以降、都市は均質な空間の質を持った建築が、密集することにより構成された。しかし不均質な空間が人間の行為を誘発させるきっかけになるのではないかと考え、必要な機能とは別の秩序を与え不均質な空間を構成した。

123
佐賀大学 理工学部都市工学科
山本 哲也　やまもと てつや

連径

文字のあたたかさ、賑わいに満ちあふれた、新たな都市の日常。

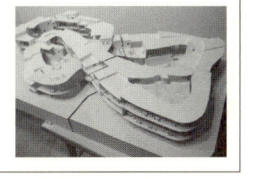

124
多摩美術大学 美術学部環境デザイン学科
山澤 英幸　やまざわ ひでゆき

[Y]

National Electronic Library TOKYO

知の集積としての巨大なヴォイド(空白のスペース)。それを囲むいくつもの司書室。司書室を通らずにヴォイドに踏み込むことはできない。建築の大きさとはなんだろうか？ 本が電子化され、抱えるべき本を失った図書館がその答えを示す。

126
芝浦工業大学　工学部・一部建築学科
加藤 優一　かとう ゆういち

現実と虚構の間
東京の池袋駅地下（実感を失った現実）に舞台芸術劇場（虚構というリアル）を挿入し、両者が緩やかに時に劇的に出会うような、間（ま）をデザインする。そこは、認識・芸術・地上、池袋に必要な3つの入口として機能する。

127
愛知産業大学　造形学部建築学科
竹内 彩　たけうち あや

Forest of blessing
街の中に点在する空き地に林をつくった。林を塞ぎとめるように置かれたガラスの箱は物語の舞台となる。物語の進行とともに人々は街中を箱から箱へ渡り歩き幸せの物語は広がっていく……。

129
武蔵野美術大学　造形学部建築学科
廣瀬 理子　ひろせ のりこ

Y
ダムトショカン
福岡県の北九州に築90年のダムがある。このダムはあと10年で水を貯める役目を終える。そこに、新しく第3国会図書館をつくり、日々発行されている本をダム湖の中に蓄積する。ダムは、水ではなく「本を貯めるダム」となる。

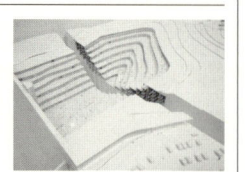

130
東京理科大学　工学部第二部建築学科
藏田 啓嗣　くらた けいじ

Y S F
木の葉の記憶
なぜ落葉はゴミと映るのか。紅葉している木を人は美しいと感じるのであれば、地面に落ちて土へと還っていく落ち葉の姿も、ゴミではない別の捉え方ができるのではないだろうか。落ち葉を体感する建築の提案。

131
早稲田大学　理工学部建築学科
斎藤 信吾／平田 裕信／平野 遼介　さいとう しんご／ひらた ゆうじん／ひらの りょうすけ

文化の路傍の果てに―隅田川貨物駅の先の風景
かつて日本を地勢的に結び、近代を支えた東京・南千住の隅田川貨物駅に図書館、マーケットを内包させた文化基地を付加し、衰退した日本の骨格に新しい風景をつくる。

133
静岡文化芸術大学　デザイン学部空間造形学科
高橋 司　たかはし つかさ

SPARK/巣ぱーく
本来、自然と親密な関係を持っていた住居。しかし自然と疎遠になってしまった現代。自然と親密な住居をあえて都市空間に。水を手がかりに親密になる住居と自然。それは市街地に活気を取り戻す、都市公園となる。

135
京都造形芸術大学　通信教育部芸術学部デザイン科建築デザインコース
石原 瑞恵　いしはら みずえ

橋の上の美術館
自然豊かな場所の美術館は美しいけれど遠くて滅多に行けない。普段歩く道の延長にあってふと気づくとふらりと入り込み、また元の道に戻れるような、毎日の生活の一部にある美術館、というのも素敵だと思う。

136
京都大学　工学部建築学科
中園 幸佑　なかぞの こうすけ

Y S F
SEVEN'S HEAVEN―創作家七人のための集住体
あてがわれた「機能」が漂白され、待ち焦がれた「出来事」が現出する。それは個人の波動が衝突し、融和した家による力にほかならない。「契機の開発」が行なわれる、新たな創造の地平が感じられ得る集住体（集まって住む住まいの形態）である。

138
明治大学　理工学部建築学科
佐藤 敦　さとう あつし

フローイング―都市を建築化する地形積層体
建築が都市や周辺環境に依存するのではなく、建築自体がそれらと同等の立場になるような状況を考えました。人、インフラ、自然環境、いろいろなものを飲み込んだ建築、それ自体が環境になって1つの風景をつくります。

139
多摩美術大学　美術学部環境デザイン学科
木村 俊介　きむら しゅんすけ

Y
湯浴み場
湯を浴び、湯気を浴び、光を浴びる。人が裸になり、空間のさまざまな現象に触れることで身体を清め、心を癒す。

140
武庫川女子大学　生活環境学部建築学科
松原 菜美子　まつばら なみこ

目的地まで。
現代の都市はあふれる人々の中からお互いの共通点を容易に見つけ出すことができない。そのような状況で賑わいを見せるソーシャルネットワークのコミュニティ。今、求められる場所とは。実際の建築空間に置き換える。

141
武庫川女子大学　生活環境学部建築学科
井上 貴恵　いのうえ きえ

ツナギ、トメル。
水害から集落を守る堤防。
水の浸入を防ぐためにつくられた堤防は住人を川から遠ざけた。
そこで堤防に住人と川をつなぐ要素を加える。
水を防ぎ、人を通す。といった相反する要素を持つ新しい形の堤防を提案する。

143
神戸芸術工科大学　デザイン学部環境・建築デザイン学科
上谷 佳之　かみたに よしゆき

停泊する都市

衰退する地方の、広大な畑の真ん中に、都市が停泊しているような風景。

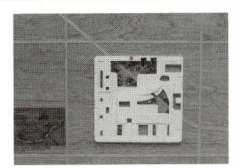

144
大阪大学　工学部地球総合工学科
小橋 明奈　こばし はるな

がっこう、いもむし

「がっこう、いもむし」は、自然に溶け込むように山をよじ登り、虫食いのような穴から自然が浸透する。子どもたちは斜面を駆け上がり、風を感じ、木々に触れ、虫に出会う。自然に包まれながら、生活し、成長する。

146
名古屋工業大学　工学部建築・デザイン工学科
木全 瑛二　きまた ようじ

オルフェの生まれる団地

日本屈指のブラジル人居住地となっている愛知県・保見(ほみ)団地。共生を諦め、逃げ出す日本人。孤立するブラジル人。ここに両者をつなぐ建築を提案する。それはまるで映画『黒いオルフェ』の主人公のような……。

147
京都工芸繊維大学　工芸学部造形工学科
田中 裕大　たなか ゆうだい

涼しげな都市

雨水も風も光も染み込むような、なんだか涼しげな建築が都市に聳(そび)え立つことを創造する。

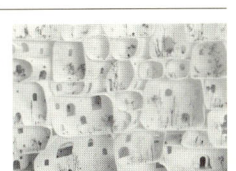

148
名古屋工業大学　工学部建築・デザイン工学科
水野 真宏　みずの まさひろ

被告の道と語る

彼は前へと歩くだけ、
僕はそれを見てるだけ、
「被告の道」と「日常の場」、対立する両者が鬩(せめ)ぎ合い、空間をつくる。

149
京都大学　工学部建築学科
平井 良祐　ひらい りょうすけ

Y □ □

採掘都市

従来の積層型オフィスビルを採掘するかのように崩していき、新たな都市の原石となる空間を発掘する。

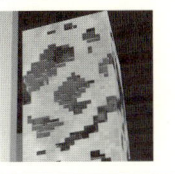

151
九州大学　芸術工学部環境設計学科
小西 功一　こにし こういち

これは、メタボリズムではない。

壁とコモン(共有スペース)で生活を囲んだ集合住宅が建ちつつある住宅密集地帯に、生活を外部に開放する集合住宅の提案。

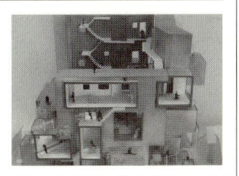

152
九州大学　芸術工学部環境設計学科
松山 啓浩　まつやま たかひろ

掘削される場所 — refuse heap

地域のシンボルでもあり、一方では負の遺産とされ、開発の困難さから人が入ることのないままに残されてきた、ボタ山(鉱山の捨石の集積場)。埋め立て地への利用等によりボタ山が消えていく中、その記憶を残す、新しい形を構想する。

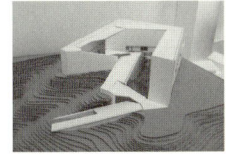

154
東北芸術工科大学　デザイン工学部建築・環境デザイン学科
斎藤 芳子　さいとう よしこ

Y □ □

淡い画

「淡い」という生あたたかい感覚を、しなやかな筆圧で空中を描くように建築へ落とし込むこと。母親の胎内で繰り返される呼吸の様を幾度も織り成す円と曲線で空間構成した。記憶を紐解き、心の原風景を呼び起こす。

155
大阪市立大学　工学部建築学科
上杉 昌男　うえすぎ まさお

MUSEUM

美術館をつくりました。私たちはそこでさまざまな作品と出会うことができる。つくることができる。そして、暮らすことができる。

156
多摩美術大学　美術学部環境デザイン学科
山田 奈津子　やまだ なつこ

Y S □

chambre de collage

collage(コラージュ)からできた、自身のための部屋。自分自身であり現状でもある。写真を意義ではなく感性によって選択し、客観的な結びつきによるエスキスから立体化する。これをつくることで自己を追求したかった。

157
京都大学　工学部建築学科
冨田 直希　とみた なおき

Y □ □

設計プロセス2.0

漸進的に改良される設計プロセスによって京都市内の団地の一部を建て替え・更新する。設計プロセス、そのプロセスによって設計される住宅群、自生的に設計プロセスが更新されるシステムの3つを提案する。

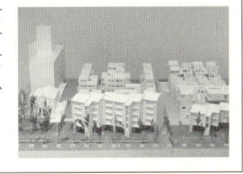

108 SENDAI Design League 2010

158　横浜国立大学　工学部建設学科
陣内 美佳　じんのうち みか

Y **S** □　森の記憶

記憶を伝える森。
植物と建築による森。
工場から森へ。

159　横浜国立大学　工学部建設学科
徳山 史典　とくやま ふみのり

Y □ □　放射性都市

東京・原宿に人々の活動があふれ出す新しいタイプの都市の居場所をつくる。放射状にするするとつながっていく空間は、さまざまに展開しながら都市の新しいシークエンス（場面展開）を紡ぎ出す。

160　大阪大学　工学部地球総合工学科
中井 千尋　なかい ちひろ

□ □ □　floating museum

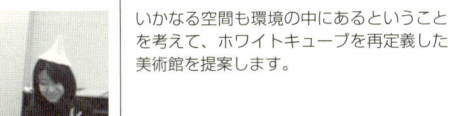

いかなる空間も環境の中にあるということを考えて、ホワイトキューブを再定義した美術館を提案します。

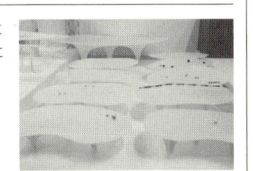

161　東京理科大学　工学部第二部建築学科
佐藤 要祐　さとう ようすけ

□ □ □　無人島からの招待状

かつては513人の住民が居住した無人島、東京都八丈小島における宿泊施設・キャンプ場の計画。風土的・無名の・自然発生的・土着的をキーワードに、強風と共生しハチジョウススキと共存している島の姿を想像する。

162　宮城学院女子大学　学芸学部生活文化学科
小野寺 亜希　おのでら あき

□ □ □　シックハウス患者のためのエコビレッジ

高気密高断熱住宅が普及し、より快適な生活ができると思われたが、建材や家具などに含まれる化学物質が室内に留まり、シックハウス症候群となる人が現れ始めた。そこで、彼らが健康的に生活できる場所を提案する。

163　工学院大学　工学部第1部建築都市デザイン学科
川名 沙織　かわな さおり

□ □ □　こどもびじゅつえん

幼い頃からアートに触れてたくさんの人に出会えたら、とても幸せなことだと思う。2つのものを噛み合わせることによって、単体では起こらなかった新しいアクティビティ（活動）が生まれる。子ども園×現代美術館。

164　東北大学　工学部建築社会環境工学科
真田 菜正　さなだ なつら

Y □ □　広場は山のように

都市は消費と移動に占領され、不自由である。
そこで、ただそこに「場所」があるような「広場の建築」をつくる。

165　山口大学　工学部感性デザイン工学科
宮﨑 真吾　みやざき しんご

□ □ □　Struggling Holy ─新たな名勝負の記憶を刻む場

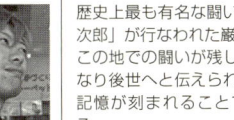

歴史上最も有名な闘いであろう「武蔵対小次郎」が行なわれた巌流島。
この地での闘いが残した記憶は「物語」となり後世へと伝えられた。新たな名勝負の記憶が刻まれることで武道館は聖地となる。

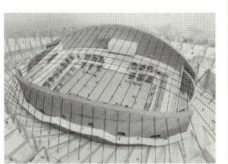

166　日本大学　工学部建築学科
藤井 将司　ふじい まさし

□ □ □　茨城国際刑務所

行政が行なった計画の不適当さから国内線を持たない空港になってしまった茨城空港に対して、増加してきている外国人犯罪者を対象とした刑務所を誘致する計画。

168　東京工科専門学校　建築工学科
新田 賢人　にった けんと

□ □ □　(un) change

敷地内に50年以上かけて育まれたさまざまな樹木が数多く存在する。土地の持つ価値を保存し、建物を建て替える。この計画では、既存の樹木にしたがい建築物を計画した。変わらない(un-change)樹木と変わる(change)建物。

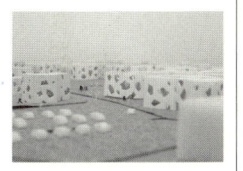

170　日本大学　生産工学部建築学科
須藤 裕介　すとう ゆうすけ

□ □ □　マチホテル

商店街を1つの大きなホテルにします。街道の宿場町として栄えた町の記憶を呼び覚まし、モータリゼーションにあった宿場として商店街とホテルを共存させた新たなコミュニティ・モデルとして再構築する。

171　京都大学　工学部建築学科
大竹 大輝　おおたけ だいき

□ □ □　branching city

都市の中に寄り道をめぐらせる。
寄り道は枝分かれを繰り返しながら、都市の奥へと広がっていく。
寄り道がつながり、絡まり、重なってつくられる都市。

172
武蔵野美術大学　造形学部建築学科
江川 拓未　えがわ たくみ

Das Schloss

この制作を構想を表現する場であると定め、その上で建築にできることは何か、という問いを立てること。
主題は物語に投影され、それが建築的な表現を伴うことでイメージと現実が架橋される。

173
多摩美術大学　美術学部環境デザイン学科
荒川 達磨　あらかわ たつま

NAME LESS

モノがあふれ次々と新しいモノが増える現代都市で、何が必要なのか。それは「開放感」ではないのか。何もない場所に何もない場所は必要ない。何でもある場所には何もない場所が必要。だから提案する。何もない建築を。

174
東海大学　工学部建築学科
八木 優介　やぎ ゆうすけ

下丸子補強体──アーバンインフラとしての町工場ミュージアムロード

消えいく町工場町。東京都大田区、下丸子。廃工場を町のヴォイド(空白のスペース)と捉えて、ミュージアムにする。そして空き地に「新たな象徴＝煙突」を立てる。
下丸子を未来に向けて変えていく計画。

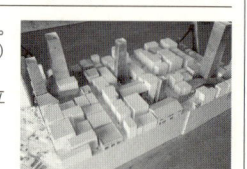

175
芝浦工業大学　工学部・一部建築学科
河原 裕樹　かわはら ひろき

都市の Complex──そこにある風景を歩く

人間は都市に足を運ぶ。
都市は人間の欲によってできた塊ではないかと私は思う。
人間はそんな都市の余剰空間を窮屈そうにすり抜けていく。
もっと都市を、その風景を知ってほしい。

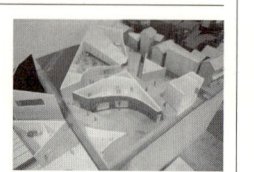

177
工学院大学　工学部第1部建築都市デザイン学科
川村 健介　かわむら けんすけ

在る自然の形

都市を歩くとどこか窮屈である。
大地は呼吸を止め、空は狭く遠くなる、緑は薄く塗られ、自然は通り過ぎる存在となる。
人は自然を求める、建築は自然を排除する。ともにある姿により未来の形を考える。

178
琉球大学　工学部環境建設工学科
角谷 早織　かくたに さおり

その体勢で見るための家──ツキヌケルマド

その景色を見るためにその部屋へ行く。その場所に立つから、横になるから、座るから見える。
視線がツキヌケル。

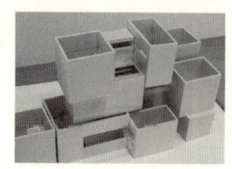

179
横浜国立大学　工学部建設学科
大和田 栄一郎　おおわだ えいいちろう

壁龕の街

木造密集地域における新しいインフラの提案。東京都墨田区京島に、路地空間(ニッチ)を利用して、小資本の商店、町工場を再生するためのインターフェイス空間及び災害発生時のシェルターとなる建築群を計画する。

180
明治大学　理工学部建築学科
河野 泰造　こうの たいぞう

ごきんじょづきあい──下北沢近隣の学生集合住宅

東京には多くの大学が存在し、多くの一人暮らしの学生がいる。彼らにとって1枚の壁の向こうは東京という街であり、他者の集まりである。私は私のこの建築によって学生同士の近所づきあいが生まれることを提案する。

181
武庫川女子大学　生活環境学部建築学科
藤井 彩乃　ふじい あやの

大地にくらす

大地と建築が緩やかにつながり、庭を介して住まいの内部へと続いていく。庭は人々の意識を外へと街へと向かわせ、人々の日常生活を映し出す。人々の日常が街にあふれ出し、街の風景となるような建築を考えた。

182
芝浦工業大学　工学部・一部建築学科
青木 俊浩　あおき としひろ

人は出会う

「人の出会い」その始まりはすれ違いや、一瞬のつながりであり、それらを演出するのは動線空間である。
その動線空間とプログラムの間の境界を再構築し、新しい価値を生み出し、さまざまな人々の出会いを演出する。

184
名古屋市立大学　芸術工学部都市環境デザイン学科
森 友美　もり ともみ

PRANK PLAN（イタズラケイカク）

街は大地にパッチワークのように散りばめられている。ファサードと内包された私をテーマに新しい棲み方を提案する。しかめっ面の大人が思わず笑ってしまうような、子どもの悪戯(いたずら)をメタファとし、街を解していく。

187
愛知産業大学　通信教育部建築学科
新堂 美佳　しんどう みか

Ibasho

街は空洞化が進んでいる。
空洞化の進んだ街を、人が歩き、集まる街に変える。
そのきっかけを与える場所。それが居場所。
いろいろな人と関わったり、すれ違ったり。
街の中に見つけるそれぞれの居場所。

188 新潟大学　工学部建設学科 會澤 裕貴　あいざわ ゆたか **Melting Pot**—欲望のるつぼ 2010年4月、新潟県新潟市の老舗百貨店である新潟大和が閉店する。それに伴い、街の衰退は加速し、深刻なものとなるであろう。そこで街の新たな顔として、人々の欲望渦巻くヴォイド「Melting Pot」を提案する。	**196** 北海学園大学　工学部建築学科 伊達 紗央里　だて さおり **学びのみち**—ちいさなウォーターフロント計画 北海道札幌市、すすきのを流れる鴨々川。既存の建物と川の間に、子どもたちに知識と知恵と技術を与える場をつくる。繁華街すすきのに新たに「学びのみち」をつくり、人々の生活に潤いを与える第二の生活空間を提案する。
190 明治大学　理工学部建築学科 松井 夏樹　まつい なつき **Elastic museum**—都市の空白地に描く色 現代において美術館はその存在意義を問われている。都市の空白地に、街の更新とともに移り変わる美術館を考えた。飾られた美術館ではなく、人と作品が出会う場としての美術館。美術館は都市に歩み寄り、人々に歩みよる。	**197** 北海学園大学　工学部建築学科 大瀬戸 雄大　おおせと ゆうた Y　**Heritage**—Product In NISEKO 舞台は、北海道のニセコヒラフ。この地は今、リゾート開発が盛んで多くの建物が建てられている。木々を切り倒し、資本の匂いを感じる。これが本来のリゾートなのだろうか？　リゾート地での建築のあり方、価値を再定義していく。
191 早稲田大学　理工学部建築学科 松井 美奈歩／高嶺 翔太／松村 俊典／大須賀 史朗 まついみなほ／たかみねしょうた／まつむらしゅんすけ／おおすがふみあき **記憶の中のトポス** 現代社会において、場所と人々はどう結びつくことができるのであろうか。高度経済成長で訪れた創造と破壊の後、残された都市空間の中で生まれ育った僕たちは、そこに場所とのつながりを見出す。	**198** 北海学園大学　工学部建築学科 畑野 真由美　はたの まゆみ **いつかのあぜ道** いつか…… 私の好きなあぜ道に「都市に住む人があぜ道を体験するきっかけ」と「都市の人と農家の人の交流ができる場所」ができたらいいなと思いつくりました。
193 芝浦工業大学　工学部・一部建築学科 松澤 広樹　まつざわ ひろき **健常者のための総合医療・健康維持センター** 健常者が人間ドックや健康診断、メタボリック診断のために医療施設を訪れる時代が来た。 もし医療施設が本当の意味で健常者のための医療施設に変化するならば、最大の集客力を持つ都市を象徴する公共施設に変わる。	**200** 東京電機大学　工学部第一部建築学科 中村 創　なかむら そう **そこにある姿**—長崎斜面都市再生計画 魅力的な景観、空間体験を与えてくれる斜面都市。斜面地での魅力を生かし、さまざまな問題解決や魅力の保存と向上のできる集落建築をつくりたかった。
194 多摩美術大学　美術学部環境デザイン学科 嶋田 貴之　しまだ たかゆき **都市を想う** 都市に対して新しい「気付き」を得られる場所。 それは都市を見つめる目であり、山のように許容力のある場所でもある。未知のものを受け入れることで人は自らの価値観を覆し、都市と向かい合い新しい価値観を創造していく。	**201** 名古屋工業大学　工学部建築・デザイン工学科 春日 和俊　かすが かずとし **森に舞う回廊** それぞれの季節が反転し、1つにつながることによって1年がつくられる。 それぞれの季節で反転し、1つにつながることによって建築はできないのか。 季節とともに変容する空間の総体としての建築。
195 工学院大学　工学部第1部建築学科 木村 真弓　きむら まゆみ **MIRROR** 犯罪。それは逃れられない事実。しかし、他人なんて興味がない、行為なんてどうでもいい、自分の世界しかない東京・渋谷。そこに、起こってしまった事実から目を反らさずに受け止める犯罪再認識施設を提案する。	**202** 京都造形芸術大学　通信教育部芸術学部デザイン科建築デザインコース 上野 純子　うえの じゅんこ **In the landscape** 三重県の志摩周域に、1. 海をつなぐ美術館芸術館という名の美術館、2. 集落×小学校 間崎島廃校プロジェクト、3. 創世神話 rary pavilion「KOJIKI」の3つの建物を計画する。

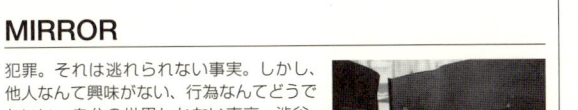

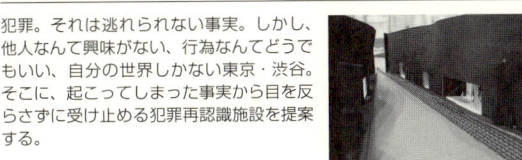

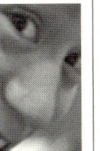

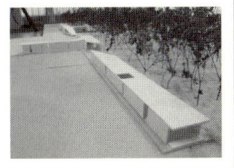

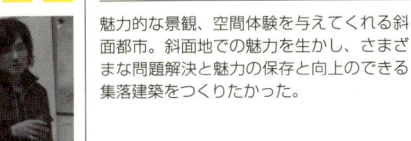

111

203 — 東京都市大学 工学部建築学科
國又 要 くにまた かなめ

UNITE CARE

高齢化社会。増加する都市の高齢者は、画一化・隔離化された施設に入り、生活は建物の中で完結してしまう。高齢者施設の環境を建築で変える。社会、地域と結合していく特別養護老人ホームの提案。

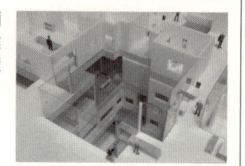

205 — 大阪芸術大学 芸術学部建築学科
小林 亮介 こばやし りょうすけ

[Y]

oblique 曖昧と連続をめぐる黙劇 Dubai Core of Arts and Technology

空間を取り囲んでいる壁を人が移動できる程度まで傾けてみる。そうすると、人は壁にぶち当たることなく空間を移動することができる。このことを展開させて、斜めにおける空間の分節のあり方を考えた。

206 — 武蔵野美術大学 造形学部建築学科
神崎 泰治 かんざき やすはる

眠りの方舟

その建築は、あらゆる生命を種へと還元し保存するための塔であり、それはいつしか人々に方舟と呼ばれる。

207 — 日本女子大学 家政学部住居学科
宮内 礼子 みやうち れいこ

森の銀河

夜空に散らばる星つぶが1つとして同じものがないように、
樹木も1つとして同じものはありません。
樹、1つ1つ、ちゃんと「そこにいる」という存在を。

208 — 昭和女子大学 生活科学部生活環境学科
鈴木 さやか すずき さやか

hospice

祖父母をホスピスと病院の個室で1日おきに看取った経験から、患者、家族側から見たホスピスをつくる。そこにいる患者や家族の気持ちを考え、患者のつもりで寝るなどの実験をしながら空間をつくることにこだわった。

209 — 前橋工科大学 工学部建築学科
小松 剛之 こまつ よしゆき

線の中の棲むところ──曖昧な秩序が紡ぎだす風景

線のように薄い壁を、すべて一様な厚みで層状に並立させることで、1つのまとまりのある環境をつくり出す。曖昧な秩序を持つこの建築では、さまざまなシーンが日常にあふれ、その連続が新しい都市の風景を紡ぎ出す。

210 — 大阪大学 工学部地球総合工学科
中村 太一 なかむら たいち

団地散歩

細く長く住んでみたい。
空の変化のみを感じながら。
壊れゆく団地たちを散歩するように。

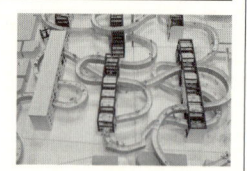

211 — 京都大学 工学部建築学科
三浦 星史 みうら せいじ

[Y]

Urbanium──胎内都市

建築は遮断によって成っている。その外部と内部の境界を極限まで引き伸ばす。単一のマッスからサーフェスの積層へと変換される境界、その隙間には多様な空間が現れてくる。

212 — 工学院大学 工学部第1部建築都市デザイン学科
清水 基宏 しみず もとひろ

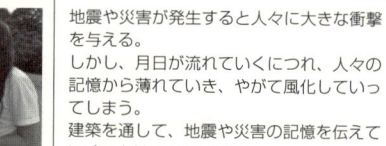

忘却からの帰還

地震や災害が発生すると人々に大きな衝撃を与える。
しかし、月日が流れていくにつれ、人々の記憶から薄れていき、やがて風化していってしまう。
建築を通して、地震や災害の記憶を伝えていくことはできないか？

213 — 京都大学 工学部建築学科
海老塚 啓太 えびづか けいた

[S]

ARK

動物園、現代におけるノアの方舟。

214 — 首都大学東京 都市環境学部都市環境学科建築都市コース
布川 悠介 ぬのかわ ゆうすけ

[Y]

超高層熱回収機

都市部の限られた敷地で、単体の建築がゴミ焼却時の余熱を回収すると、建築はどのような姿になるのか。コンパクトなエネルギー利用という理念が都市の新たなスケープ（景観）を生み出す。

215 — 宮城大学 事業構想学部デザイン情報学科
貝沼 泉実 かいぬま いずみ

[Y]

TOHU! 家の中の家は都市

人が集まって住む時、それぞれが孤立することなく、適度な距離感を持てるといい。同時に起こるいくつかの風景が、1つの建築の中で混ざり合い、せめぎ合うことで、人をつなぐ。家の中に都市を持つ集合住宅。

216	前橋工科大学　工学部建築学科 渡邉 貴弘　わたなべ たかひろ **Trompe-l'oeil** モクミツ・キョウジマの未来を創造した「都市規模の騙し絵」を描く。	

216 前橋工科大学　工学部建築学科
渡邉 貴弘　わたなべ たかひろ
Trompe-l'oeil
モクミツ・キョウジマの未来を創造した「都市規模の騙し絵」を描く。

220 多摩美術大学　美術学部環境デザイン学科
山脇 裕也　やまわき ひろや 
散歩のかたち―下北日和
東京の魅力的な場所である路地と屋上をつなぐことで空を感じながら、人や店もそこで穏やかに関わり合えるように、また東京で散歩しながらやさしい時間を感じられる場所を、歩行者天国のような街である下北沢で考えてみました。

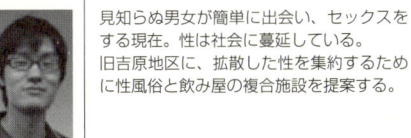

221 東京理科大学　理工学部建築学科
山本 龍　やまもと りゅう 
つづきのみち
高密度な都市で美術館はどのように存在すべきか。
都市のみちを建築の中まで引きずり込ませてみた。
それは「歩くこと」や「登ること」の楽しさを再認識できる美術館。

222 慶應義塾大学　理工学部システムデザイン学科
佐藤 大基　さとう ひろき 
sympathetic city
都市は奏で、僕は歌う。

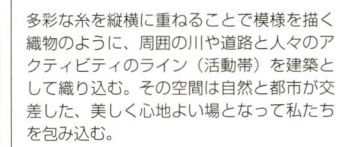

223 東京大学　工学部建築学科
横山 まどか　よこやま まどか
be reversed
都市に住む上でないがしろにされがちな地形を再発見し、都市の流れと同次元でいかに住むか。逆転したスカイラインと本来の地形の中には新しい土地とのつながりが、人工地盤の上にはもう1つの地面がつくられる。

224 工学院大学　工学部第1部建築都市デザイン学科
竹重 剛毅　たけしげ つよし 
愛シ合ウ家々
現代に多い個人主義の閉じられた家ではなく、外が内であり、内が外であるような開かれた空間を取りあげることで、全体は常に連鎖して一種の群衆の様相を帯び、偶発的に人々と接触する暮らしを提案する。

225 静岡文化芸術大学　デザイン学部空間造形学科
袴田 啓紀　はかまた ひろき 
Hexa-mosaic City
都市は生命体であり、新陳代謝を繰り返して成長する。
「スクラップ・アンド・ビルド」を肯定的に捉え、都市の保存と更新のバランスを考える。
モザイク状の骨格が建築に寄生し、新陳代謝を促し、都市を形づくる。

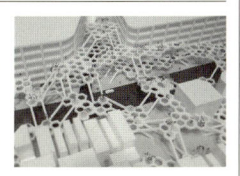

226 大阪大学　工学部地球総合工学科
中野 舞　なかの まい 
魔法のじゅうたん
この街は水盤で覆われている。家も学校も図書館も。春は桜の花びら、秋は色とりどりの葉が浮かび、揺らいだ光が落ちていく。色が移ろい、人を浮かせる魔法のじゅうたんは今日もこの街を包み込む。

227 慶應義塾大学　理工学部システムデザイン学科
小松 克仁　こまつ かつひと
吉原遊郭物語
見知らぬ男女が簡単に出会い、セックスをする現在。性は社会に蔓延している。旧吉原地区に、拡散した性を集約するために性風俗と飲み屋の複合施設を提案する。

228 京都造形芸術大学　芸術学部環境デザイン学科
矢野 杏奈　やの あんな 
織り成す美術館
多彩な糸を縦横に重ねることで模様を描く織物のように、周囲の川や道路と人々のアクティビティのライン（活動帯）を建築として織り込む。その空間は自然と都市が交差した、美しく心地よい場となって私たちを包み込む。

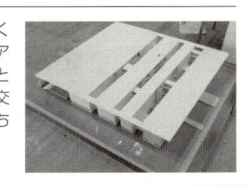

229 東京理科大学　工学部第一部建築学科
大浦 真由子　おおうら まゆこ 
神楽坂に咲く花
都心に見られる閉鎖的な住空間を変える。そこには個人の住居の他に「もう1つの住空間」がある。それらは路地でつながり、路地は空間と空間、人と人をつなぐ。人々はその中で心地よい場所を探す。

231 宮城大学　事業構想学部デザイン情報学科
畠 和宏　はた かずひろ 
「町医者たちの家」
3人の町医者とその家族が暮らす診療所併用住宅の提案。とある街の新興住宅地、そこは「記憶のない場所」である。そこに、これから蓄積されていくさまざまな記憶の拠り所となる建築をつくる。人と街と記憶をつなぐ建築。

232	大阪大学　工学部地球総合工学科 柏木 俊弥　かしわぎ としや **建築と音楽の狭間で僕はずっと回り続けていた** 音楽は時間を豊かに充実させ、時間を超える次元を存在に対して切り開く。音楽の時間進行を空間の連続の中に落とし込むことで、音楽と建築の狭間が垣間見える。それは廃れつつある日本声楽に命を吹き込む。	

243	早稲田大学　理工学部建築学科 伝宝 知晃／川辺 真未／藤澤 寛久　でんぽう ともあき／かわべ まみ／ふじさわ ひろひさ **遥かなる山の呼び声** ある1つの離島集落の終焉を考える。それは、古来その地に生かされた人々の「故郷」として、集落の最期の姿を大地に構築する計画である。	

234	武蔵工業大学　工学部建築学科 高橋 優太　たかはし ゆうた **元創都市** 小さなピースが集まってできた街、東京・下北沢。しかし、再開発により「個のピース」を当てはめようとするように、自己完結した高層ビルが建とうとしている。街をつくる1つのピースとなるような高層建築の提案。	

244	山口大学　工学部感性デザイン工学科 菊地 晃平　きくち こうへい **灰色に染まる街** 「灰が降る」という特異な自然環境を持つ鹿児島。この街の住まいはそんな環境に対応しきれず、さまざまな問題を抱えている。降灰に対応した新たな住まいと住まい方の提案。	

235	東京理科大学　工学部第一部建築学科 太田 翔　おおた しょう **凹凸に暮らす** 個別の開発により生じる未利用の空間を都市空間として有効利用するための提案。	

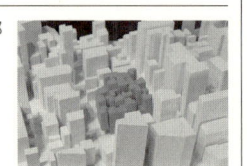

245	日本大学　理工学部海洋建築工学科 永田 陽子　ながた ようこ **賑わいが混じり合う** 長い年月をかけて街並みをつくり上げた路地空間。その場所への愛着、場所での固有性を生み出している建築や路地を立体的に拡張する。そこで生まれた路地空間は人を導き、賑わいを延長していく。	

240	東北大学　工学部建築社会環境工学科 佐々木 崇之　ささき たかゆき **屋根裏の集落** 倉庫群の屋根裏に集合住宅を計画する。広大な屋根は住民の庭、広場、生活の一部として利用され屋根裏には住宅がひしめき合う。集団移住を余儀なくされた住民と移転先の倉庫群との出会いが屋根裏に集落をつくり出す。	

246	北海道大学　工学部環境社会工学科 米本 健　よねもと たけし **或る空白** 私たちは空白をどのように捉えているのか。この提案では機能に充填されない空間としての空白が持つ不完全さと余地が、周辺と呼応して求められるものを許容する器となり、街の新たな光景を生み出します。	

241	工学院大学　工学部第1部建築学科 殿村 勇貴　とのむら ゆうき **既景染色群** 街にはそれぞれ色があり、統一された法規通りの街並みでなく、その色に相応しい街並みであるべきだ。その長い歴史の中で、さまざまな機能が混在する街並みが形成された東京・四ッ谷で、ストライプ状の街並み更新手法を提案する。	

247	芝浦工業大学　工学部・一部建築学科 高橋 孝太　たかはし こうた **contrast city** 壁であって、壁でない建築をつくる。コントラストという概念を用いて都市と建築と公園の関係性を再構築する。	

242	豊橋技術科学大学　工学部建設工学過程 都築 和義　つづき かずよし **本のまち** 本で街が構成されるとどうなるだろうか。本の街はどのようなのもなのだろうか。本は一体なんであるか。街は一体なんであるか。本と街それぞれを考える。	

248	東北工業大学　工学部建築学科 佐藤 匡倫　さとう まさとも **大きな棚の中で小さな本と出会う** 都市郊外におけるまちづくりは、後継者不足と高齢化によって衰退している。そこで大きな棚の建築を提案する。地域性と出会うことで人々は「愛着」と「誇り」を持ち始める。	

250
大阪芸術大学　芸術学部建築学科
青砥 建　あおと けん

セカイ系としての礼拝堂―混線するキミたちとボクのために
「建築は社会性だ!」って言ってた。でも、社会性がないのが今の社会じゃないの? それを建築で表現する思考実験。そんなボクは、キミたちの痴話喧嘩をよそに目の前の1杯のコーヒーを楽しむ。

251
東京理科大学　理工学部建築学科
石原 悠子　いしはら ゆうこ

あまやどりの図書館
雨が降った時に人は自然と屋根を探し、ふらっと入っていく。そんな雨宿りするくらいの気軽さでスッと入っていける図書館をつくる。

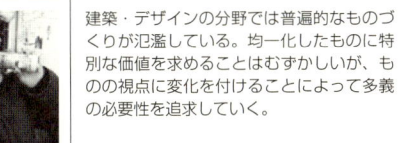

252
名城大学　理工学部建築学科
板頭 優佑　いたず ゆうすけ

美術館という地形としての日常
開かれた美術館とは何か。土地の記憶を受け継いだ地形としての美術館は、人々の日常に関与していく。

253
武蔵工業大学　工学部建築学科
沼尾 知哉　ぬまお かずさ

図書器
図書の器。時を重ねるように図書を積み上げていく。やがて器は図書の塊となり、知の遺跡となる。

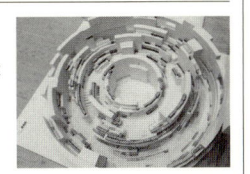

254
芝浦工業大学　工学部・一部建築学科
村上 友健　むらかみ ともたけ

蕾―手のなかのいえ
自分の手の届く範囲でいい。多くの人と出会いたい、多くの場所に行ってみたい。だから今日も出かける。出会いの旅へと。新しい出会いのツールとして移動可能な空間を設計した。

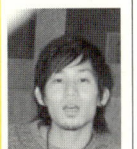

255
慶應義塾大学　環境情報学部環境デザイン系列
水上 梨々子　みずかみ りりこ

道路も劇場
道路を道路としてだけではなく、新たな機能を与えて共存させる。劇場という付加価値を与えることで、今までになかった可能性を見出す「道路も劇場」。道路だけでも劇場だけでも存在しなかった新しい顔の模索。

256
近畿大学　理工学部建築学科
益田 絢美　ますだ あやみ

消費活動の快感
人は消費活動に刺激を受けている。そして、人が集まる場所には消費活動がある。美術館は人の集まる楽しい場所か? いや、何かが足りない。それは消費活動。美術館で何を買うのか、買えるのか。

258
近畿大学　理工学部建築学科
篠原 慶直　しのはら よしなお

多義の必要性―非日常の日常化
建築・デザインの分野では普遍的なものづくりが氾濫している。均一化したものに特別な価値を求めることはむずかしいが、ものの視点に変化を付けることによって多義の必要性を追求していく。

259
滋賀県立大学　人間文化学部生活デザイン学科
近藤 茉莉　こんどう まり

おはなしの森
ワクワクするお話たちを、君なら誰と、どんな場所で読みたい? 自分で見つけた一番居心地のいい場所で、ゆっくりと時間をかけて、とっぷり絵本の世界に入り込む……。『おはなしの森』は子どものための図書館です。

260
京都精華大学　デザイン学部建築学科
上田 淳　うえだ じゅん

pieces of a community―びわ湖スポーツアリーナ再編計画
スポーツ施設のあり方、スポーツ施設に訪れる人と地域との関係性を見直す提案。スポーツをするためだけの施設ではなく、市民に開放されたもので自然の風景を取り込む、都市と滋賀県の琵琶湖との間を緩やかにつなげる建築。

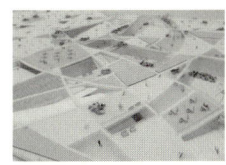

261
日本大学　理工学部建築学科
根本 亮佑　ねもと りょうすけ

CONNECTING STREET
東京・原宿の3つの顔を持つ商業施設。その3つはストリートによってつながり、さらには原宿というマチへつながっていく。そして、そこはヒトとモノであふれていく。

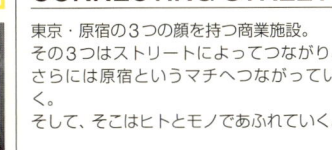

263
芝浦工業大学　工学部・一部建築学科
渡辺 隆保　わたなべ たかやす

地形は浮かぶ
それぞれの場所にはその場所だけが持つ特有のポテンシャル(潜在力)がある。そのポテンシャルを積極的に取り込むことで、その場所独自の空間の環境の質を手に入れる。

265	工学院大学　工学部第1部建築都市デザイン学科 大谷 金秀　おおたに かねひで **這う建築** 生まれ育った街並みが新しい風景へと塗り替えられていく。 そこにあった記憶の痕跡など関係なく。 この建築は這う。 そこでの記憶を街に刻みながら。	**274**	福岡大学　工学部建築学科 梅野 芳　うめの かおり **from HETEROARCHITECTURE** HETEROARCHITECTUREは永遠性を持った建築である。建築に永遠性を求めることで、それは自然へとなっていく。現代の小屋（仮設性の建築）が建ち並ぶ街に投げ込み、時を超え定着していく。
267 Y	大阪市立大学　工学部建築学科 立石 龍壽　たていし りゅうじゅ **うつろふもの** 和歌山県友ヶ島。この島に残るかつての砲台などの要塞跡と新たにできる紀淡連絡道路。発展の陰でその「場」の記憶が消されることが多々あるが、建築によって記憶の継承と未来の発展をつなぐことはできないだろうか。	**275** Y	芝浦工業大学　工学部・一部建築学科 宇田 雅人　うだ まさと **flower gear** 児童養護施設の職員不足の現状から、大人一人、子ども5人を1つの「家族」とし、そこから住居間を超えた新しい集合のあり方を考えてみた。児童養護施設という、子どもたちの集合住宅。
269	京都大学　工学部建築学科 土田 昌平　つちだ しょうへい **Postscript―歴史に重層する博物館** 生まれ故郷、兵庫県姫路市は「姫路城がただそこにある」というだけの脆弱な文化基盤しか確立し得ていない。 この建築は、保存一辺倒ではなく自らの時代を重ね合わせること、つまりは歴史の追記としてこの地に成立する。	**278**	福井大学　工学部建築建設工学科 針山 恵　はりやま めぐみ **風景のトンネル** ゆっくり動く風景、街を見せる乗り物。路面電車で移動する行為をもっと人のにぎわいの中へ近づけたい。人の動き、ものや緑が絡み合い、やさしく電車を包み込む。
271	工学院大学　工学部第1部建築学科 西野 淳　にしの じゅん **刻まれる駅、つながる谷**―渋谷駅街区基盤整備に伴う駅ビルの提案 東京の渋谷駅っていう都心の谷間にある駅が高層ビルなのはどうかと思ったので、ばらばらにして平たく置き直しました。それと、谷間をつなぐ平たい道もあまりなかったので、それも一緒につくりました。	**279**	東京電機大学　工学部第一部建築学科 湯浅 絵理奈　ゆあさ えりな **21世紀小学校** 木登りをするように建物を登る子どもたち。遊び場・学び場を立体化させ、子どもたちが縦横無尽に動きまわる空間は子どもたちの新しいアクティビティ（活動）を生み出し、新たな都市の風景となる。
272	大阪大学　工学部地球総合工学科 出来 佑也　でき ゆうや **The Dramatic World**―世界は都市の只中に あらゆる風景はフレームによって切り取られる。 なんてことのない景色、人の振る舞いが、演劇のように見えてくる。 「劇的」な世界の創出。	**280**	名城大学　理工学部建築学科 坪内 達彦　つぼうち たつひこ **Zoological Garden** 動物園に興味を持ってもらうこと。
273	横浜国立大学　工学部建設学科 川畑 智宏　かわばた ともひろ **屋根裏の或る街** 山や川はそれ自体が環境となり多くの人に共通の風景を与え、その周辺の地域を結んでいた。衰退する地方都市に大屋根を架け、共通の風景をつくり出し、曖昧になりつつあるアイデンティティを顕在化する。	**281** Y	日本大学　生産工学部建築学科 田中 涼子　たなか りょうこ **ひとつながりの水槽** まるで海に潜っているような3次元的な水槽により、人と魚の動線が交わる水族館をつくり、人々にもっと海に生き物に興味を持ってもらう……。自然環境に対する意識が高くなるような施設を計画しました。

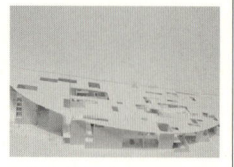

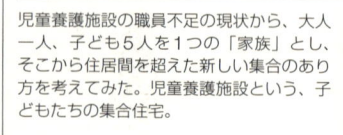

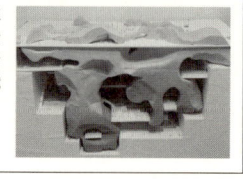

283	東京理科大学　工学部第一部建築学科 友枝 遥　ともえだ はるか	
☐☐☐	**都市に派生する** バラックに埋め込まれた無目的な空白から派生するように都市を生み出す。	

| **284** 日本一 Y S F | 東京理科大学　理工学部建築学科 松下 晃士　まつした あきひと **geographic node** 都市のダイナミズム。建築でも、都市計画でもない、足元にあるもの。空間ができる以前の拠り所「地形」。過去の結節点をつなぎ合わせ、83個の石から大地を編集し、都市空間のあり方を再考する。 |

| **285** Y ☐ ☐ | 神戸芸術工科大学　デザイン学部環境・建築デザイン学科 南野 望　みなみの のぞみ **時々刻々と変わる人の感覚、それに答えるかのような一つの建築** 感覚、感性は、時々刻々と少しずつ変わり、まわりの感覚から影響を受け、また与えたり、人の中で感覚、感性は生きている。そのような建築を考え、街に生きている建築、人の心のような建築を考えてみる。 |

| **286** ☐☐☐ | 神戸大学　工学部建設学科 天野 周平　あまの しゅうへい **壁に住みつく志向** 真の意味で子どものためになる保育空間を、志向性という概念を取り上げて考えてみた。 |

| **287** Y S ☐ | 武蔵工業大学　工学部建築学科 高橋 昌之　たかはし まさゆき **花と木と面** 一から植物と建築のあり方を検討し、植物とヒトの関わりを考える。植物とは何か。いつからか当たり前に思ってしまってきたことを一度忘れ、新鮮なこととして捉え直した。そうして見つけ出した事柄を設計プロセスとして置き直す。 |

| **288** Y S ☐ | 北九州市立大学　国際環境工学部環境空間デザイン学科 山田 健太朗　やまだ けんたろう **The Emperor's new clothes** かつての地域コミュニティは防衛意識、敵対心といった共通意識のもとに形成されてきた。現代における曖昧な空間は場の共有を強制し、それは時に排他的な境界となって逆に意識を隔てる。共有することとは？ |

| **291** ☐☐☐ | 日本大学　生産工学部建築学科 藤井 麻知代　ふじい まちよ **slip out—病室から抜け出す世界** もし、病院で入院するとしたら？病院は閉鎖的で外部の世界から隔離されている。その弊害を解消するために、壁の関係を多様化し、病室から、さまざまなシーンが展開されていく病院を提案する。 |

| **292** ☐☐☐ | 日本文理大学　工学部建築学科 浅井 宗人　あさい むねと **meeting activity** 都市の要とは人々の活動や出来事（＝アクティビティ）との出会いである。多種多様なアクティビティに出会うシークエンス（場面展開）を生み、行動、想像、出会い、発見を誘発し自身のアクティビティを喚起する建築を提案する。 |

| **293** ☐☐☐ | 前橋工科大学　工学部建築学科 日戸 ゆき菜　ひのと ゆきな **屋根の里** ふる里に帰った時、自分の家を見つけるとほっとしたことはありませんか？屋根をテーマにつくられたこの集落が、住む人々にとって色濃いふる里になったら素敵だなと思いながら設計しました。 |

| **294** ☐☐☐ | 神戸大学　工学部建設学科 一瀬 健人　いちせ たけと **呼吸する総体** 都市に展開システムを挿入することで、絶えざる変化をもたらす。 |

| **295** ☐☐☐ | 大阪大学　工学部地球総合工学科 渡邉 智也　わたなべ ともや **見上げた先に見えるのは** 樹が枝を伸ばし葉を茂らせるように、書架が内部空間に伸び広がり、そこに本が茂る。整然と本が並べられた空間とは違う、そんな図書館。 |

| **298** Y ☐ ☐ | 大同工業大学　工学部建築学科 池谷 翔　いけや しょう **イオンのカタチ** 街を補い街の一部となる新しいイオンのカタチ。 |

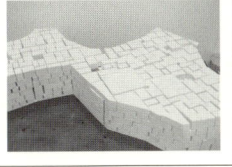

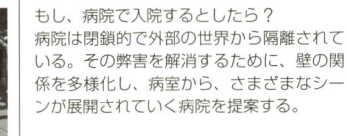

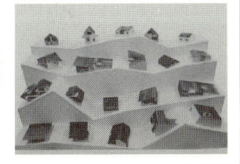

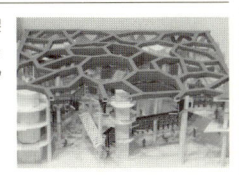

299 大阪市立大学　工学部建築学科
林 晃輝　はやし こうき

Con-Create Dam

ダムが治水機能を失う時、そこには灰色の量塊のみが残るのか。
コンクリートを掘り、内部空間をつくり出す。打ち放しではなく掘り放し。そこにはゴツゴツ、ザラザラしたコンクリートに触れる肌理（きめ）の感覚が生まれる。

301 九州大学　芸術工学部環境設計学科
小木曽 茜　おぎそ せん

残余都市—三角形 VS グリッド

グリッド・ルールによる単一で均質な都市計画は、内部空間の使われ方までグリッド・ルールで支配する。
都市の中の残余としてできた三角形の区画には、その場所ならではの空間がつくられている。
直方体をした都市のような建築の提案。

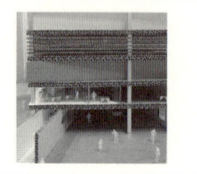

302 広島大学　工学部第四類
川上 裕樹　かわかみ ゆうき

森の港まち

刻一刻と上昇し続ける海面水位。時間単位で変化する潮の満ち引きを大木の枝から見下ろし、陸と海の境界の変化を日常的に感じる森のようなターミナル。

303 大阪市立大学　工学部建築学科
足立 優太　あだち ゆうた

multifaceted building

遺構として現在に引き継がれてきた大阪―船場の街区とそこにある様相をいくつか抽出し、それらを重ね合わせ、加工することによって、オフィスや住宅、店舗が混在する1街区の更新を提案する。

304 東京理科大学　理工学部建築学科
金子 智哉　かねこ ともや

OBLIQUE FUNCTION

もはや、人はあらゆる物の形状を垂直、水平の軸を基に認識している。平行でない傾いた壁、床、屋根は、交錯し、一瞬で消えゆく音、光、風を包み込み、そこに鮮やかに空間を創出させ、人々の感覚を揺さぶる。

305 琉球大学　工学部環境建設工学科
與儀 喜龍　よぎ よしたつ

家のど真ん中からど真ん中へ

家のど真ん中にいきなり飛び込めたらどれだけすごいだろう。挨拶から始まり玄関で立ち話をしてリビングでお茶をする……といった手順を飛び越えて、家のど真ん中にひょっこり現れる。それはきっと、よしきくんかもしれない。

306 名古屋市立大学　芸術工学部都市環境デザイン学科
永瀬 智基　ながせ ともき

水没後— AFTER THE SUBMERGENCE

世界中の臨海都市で海面上昇が問題として取り上げられている。
もし世界中の臨海都市が水没してしまったら現在の都市のシステムは成り立たなくなることは確実である。
水没の状況に応じた新たな都市のシステムの提案。

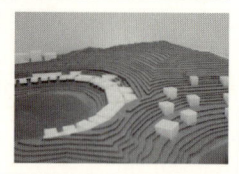

307 工学院大学　工学部第1部建築都市デザイン学科
三平 真樹子　みひら まきこ

カチカチ ゴロゴロ テクテク空間

働くことが楽しくなる新しいワークスタイルの提案。
集中するカチカチ空間、
リラックスするゴロゴロ空間、
移動でつながるテクテク空間。
これらは「おび」による動線の変化でさまざまな発見をさせてくれる。

308 大阪市立大学　工学部建築学科
堀野 彩　ほりの あや

れんがの中の森

埋め立てによりつくられ、地盤沈下や盛土嵩上げなどGLの変化が絶えなかった大阪築港エリア。それらの歴史を蓄積する赤レンガ倉庫において、地面を掘るという操作により新たな空間の生成を試みる。

309 京都大学　工学部建築学科
袖山 暁　そでやま あきら

交錯する都市

都市にはさまざまなプログラムが存在している。
しかしそれらは独立し、互いに干渉し合うことはない。
働く人、遊ぶ人、買い物をする人……。
みんなが互いに刺激し合う都市。

310 近畿大学　理工学部建築学科
南城 里江　なんじょう りえ

e-communication

「ゴミ捨て」を利用して地域のコミュニティをつくる。
それは、私たちにとって最も身近な地域活動である。
エコという共通のテーマを持った地域コミュニティをめざし、ゴミ置き場・リサイクル施設の提案をする。

311 京都工芸繊維大学　工芸学部造形工学科
松田 勇輝　まつだ ゆうき

もう少し動く建築

ある冬の寒い朝、扉が小さく開き、建築はゆっくり動き出す。春は暖かな日差しに誘われて、大きな扉が開け放たれ、建築は大きく動き出し、全体が渾然一体となる。そんな日々変わる風景の提案。

312
北九州市立大学　国際環境工学部環境空間デザイン学科
濱本 拓磨　はまもと たくま

☐☐☐ 流通都市

卸売市場は都市において必要不可欠な機能である。しかし人々にとっては遠い存在となっている。卸売市場において「流通システム」を可視化・形態化することにより、多様な空間体験を持つ卸売市場として再構築する。

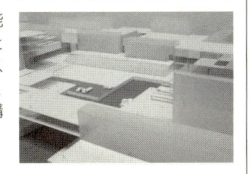

313
早稲田大学　理工学部建築学科
佐野 穂高／大泉 修／金山 恵美子　さの ほたか／おおいずみ しゅう／かなやま えみこ

☐☐☐ 物語を紡ぐ岬

近代以降、過去を一新するような大規模開発や埋め立て地が生み出され、土地から切り離された景観が取り巻く中で、私たちは土地の履歴／その地で起こった物語を紡ぎ、近代に関して展示をする博物館を東京の上野に設計する。

316
兵庫県立大学　環境人間学部環境人間学科
居山 直樹　いやま なおき

Y S ☐ 感性を育む保育園

感性を育む瞬間とは、何かに心を奪われている時。でも、子どもたちが感動するものは、それぞれ違う。空間を5m×5mに分割し、その中に感覚刺激を詰め込んでいく。形を持たない感覚刺激を設計ツールとして建築化させる。

317
名古屋大学　工学部社会環境工学科
松田 真也　まつだ しんや

☐☐☐ リアルニコニコ動画

ニコニコ動画を巨大美術館へと翻訳し、現実空間に立ち上げる。人間が人間にとって不可分な身体を伴ったまま広大な情報の海へとダイヴする時、そこに何が見えるのか？

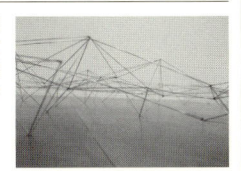

320
日本大学　生産工学部建築学科
冨永 初穂　とみなが はつほ

☐☐☐ 空への個建住宅

単身者に今の戸建て住宅は大きすぎる。

321
名古屋大学　工学部社会環境工学科
牛丸 匠　うしまる たくみ

☐☐☐ 軒下の二元論

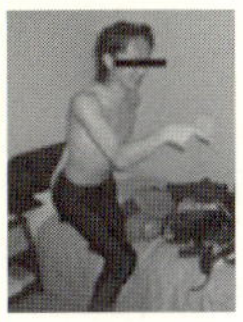

人間が外部において生身の領域を囲い取ることを補助する装置としての建築。
外壁はなく、床と庇が織りなす。
そこには自然との心地よい距離があり、確かな身体性を獲得する空間がある。

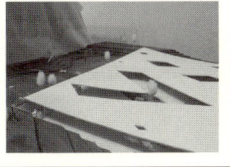

323
東京理科大学　工学部第一部建築学科
行木 慎一郎　なめき しんいちろう

☐☐☐ コラージュされた都市は溶けて

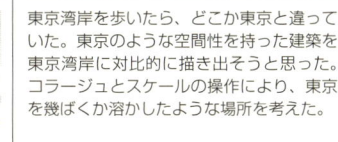

東京湾岸を歩いたら、どこか東京と違っていた。東京のような空間性を持った建築を東京湾岸に対比的に描き出そうと思った。コラージュとスケールの操作により、東京を幾ばくか溶かしたような場所を考えた。

324
愛知産業大学　通信教育部建築学科
山崎 未央哉　やまざき みおや

☐☐☐ Artist in Resort ―五感を刺激するアートサイト

アーティストが年間を通して滞在し創作活動を行なう場である。自然の厳しさの中に置かれ、激しく移ろう季節を五感で感じることはインスピレーションを刺激する。ここで発生した刺激・感性は地域へと伝播していく。

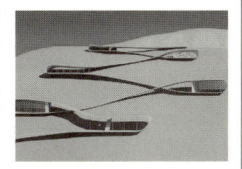

325
信州大学　工学部社会開発工学科
内堀 佑紀　うちぼり ゆき

☐☐☐ 立ち上がる町家

京町家は、密集しながらも自然を取り込んだ暮らしを実現している。そんな暮らしが都市の密集地にも必要なのではないか。京町家をヒントに、高層化する居住空間をつくり換える。町家が今、立ち上がる。

327
京都大学　工学部建築学科
高田 雄輝　たかた ゆうき

Y S ☐ 砂遊び主義のススメ

日本のニュータウンのための建築主義を提案する。
ダメな風景から目を背けるよりも、そこに何か価値を見つけて建築を考えるほうがハッピーだ。空き缶や泥が宝物になる砂遊びのように、目を養い、街を再び造成せよ。

328
日本大学　理工学部建築学科
田中 麻未也　たなか まみや

Y ☐ ☐ 空白と 272 本の建築

たとえば、今の高層建築が金属のような密度の高い空間の集まりだとしたら、スポンジのように多くの場所や空白を内包した建築をつくれないかと考えた。その大きな塊を1つの街にできないだろうか。

330
東京電機大学　工学部第一部建築学科
齊藤 誠　さいとう まこと

特別賞
Y S F つなぐかべ小学校

少年時代の記憶は通学路の記憶。目線は低く、世界は広かった。対して、管理面を重視するあまり壁で押し込められた小学校建築を街に解放する。街にはびこる壁の中の小学校は、いろいろな物をつなぐ、街なる小学校。

331
金沢工業大学　環境・建築学部建築学科
鈴木 篤志　すずき あつし

断片小説
白い空間にハイライトのように現れる、人が形作る現象、距離や開口の大きさとは関係ない本当の意味でつながった場所。空間、現象の可能性。

332
新潟大学　工学部建設学科
加藤 敦史　かとう あつし

襞の侵蝕
新潟県新潟市古町は市の中心街だが、近年では空きビルや空きテナント・スペースが増加している。これらの空いた空間を増える蔵書のための増築余地として捉え、古町に分散する図書館を設計する。襞（ひだ）状の本棚は古町を侵蝕する。

334
滋賀県立大学　環境科学部環境計画学科
中田 翔太　なかだ しょうた

S

建テル！学生運動
東京R大学。大学上層部の独断により、大学の郊外移転計画は進行する。学生たちは移転を強いられ、現在の場での学生生活を失いつつある。
学生たちは建設することで移転に抗議し、新たな大学を描く。不完全な大学都市。

336
京都大学　工学部建築学科
矢谷 百代　やだに ももよ

街のあつみ
街には人の力があふれている。そんな人々の力を透過するような建築をつくりたい。人と人、都市と人、建物と人をつなぐ、媒体となる。つながりは街に厚みを生む。一例として、京都府京都市、京都という街で小学校を考える。

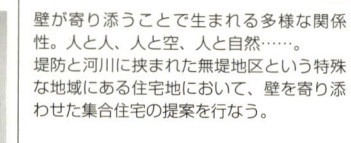

337
慶應義塾大学　理工学部システムデザイン学科
喜田 健資　きた けんすけ

ねじれたルーバーの狭小住宅
一般的に旗竿地に分割される狭隘（きょうあい）な土地を、斜線により2つの三角形に分筆（ぶんぴつ）すると、デッドスペースがなくなるが地形が悪くなる。この土地に地形より導かれた「ねじれたルーバー」を利用した2戸の狭小住宅を計画する。

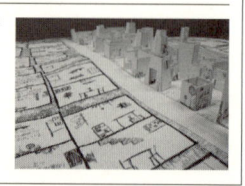

338
広島女学院大学　生活科学部生活デザイン情報学科
廣川 菜月　ひろかわ なつき

縁側でつながる醸華町
古い街並みと新しい街並みの混在する広島県の酒の都、東広島市西条、醸華（じょうか）町において、人々が日常的に集う施設を提案する。
道空間＋縁側によって、コミュニティの場をつくり出す。

339
大阪市立大学　工学部建築学科
森下 涼　もりした りょう

こどものあそびば
子どもが遊びたいと思うのは、ごちゃごちゃしていたり、暗かったり、ひっそりとしていたりする場所ではないか。さまざまな遊びを誘発するやわらかな場所をつくる。

340
京都造形芸術大学　芸術学部環境デザイン学科
百田 智美　ももだ ともみ

Y

HAJIKI
寄宿生活を通じて子どもたちの発想力、創造力を豊かにする目的のアートスクールを東京湾の無人島に提案。島の自然環境と建築、人との関わり方を探求した。

342
東京藝術大学　美術学部建築科
木藤 美和子　きどう みわこ

特別賞
Y S F

歌潮浮月―尾道活性化計画
建築が、土地の持つ魅力や時間のリズムを増幅し、より豊かなものとして再構築するような、そんな状況をつくり出す。そうして生まれた情景が、広島県の尾道の未来へと還元されていく風景に期待する。

344
日本大学　理工学部海洋建築工学科
細矢 祥太　ほそや しょうた

寄り添う関係
壁が寄り添うことで生まれる多様な関係性。人と人、人と空、人と自然……。
堤防と河川に挟まれた無堤地区という特殊な地域にある住宅地において、壁を寄り添わせた集合住宅の提案を行なう。

345
東洋大学　工学部建築学科
永田 貴大　ながた たかひろ

Apartment―partition+apartment
人が生活するシーンの再構築からなる、新しい生活形態による集合住宅の提案。

346
新潟大学　工学部建設学科
松田 徳子　まつだ とくこ

都市に蒔く種
誰もが思うままに、自分の意志で、自分の力で居場所を選択できる場所。空間に対して、人との関わりに対して、今よりももっと貪欲になれる場所。

121

347
工学院大学　工学部第1部建築都市デザイン学科
岩本 真菜　いわもと まな

不老不死
未来に対して建築の姿はどうあるべきか。
永遠に佇むことのできる建築はどのような姿であるのか。
人の流れの速度が速い場所、遅い場所をつくることで、ポンプのようなエネルギーを生み出す自立した建築をめざす。

348
広島女学院大学　生活科学部生活デザイン情報学科
森山 晴香　もりやま はるか

stay─過ぎる街から過ごす街へ
広島県広島市の中心市街地である本通商店街に、地元商店の人々と来訪者の交流の場となる施設を計画する。本通地区での過ごし方が多様になることで、より多くの来訪者が訪れ、本通は活性化していく。

349
琉球大学　工学部環境建設工学科
石川 悠　いしかわ ゆう

c.s-a=convate sounds to architecture
建築と音楽について、形式という視点から考えた。このプロジェクトは、既存の形式から崩した音楽を数値データに変換し、そのデータをもとに建築物として立ち上げるプログラムをつくり上げることを目的とした実験である。

351
名城大学　理工学部建築学科
松永 圭太　まつなが けいた

廃線劇場は転がる
道端で座り込む人。
大声でお喋りする人。
私たちは人の目を気にせず、演技をしなくなった。
この劇場はそんな私たちに「演ずる」という行為を再認識させる。
回転後、すべての客は再び演者となる。

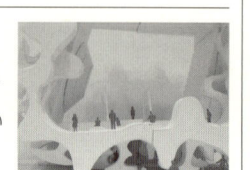

352
名城大学　理工学部建築学科
渡邊 唯希　わたなべ ゆいき

駅浮遊
人が溜まる場所。
ゴチャゴチャした動線をきれいにしてみた。

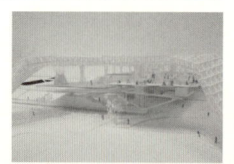

353
日本大学　工学部建築学科
黒主 大樹　くろぬし だいき

ちいさなまちのみんなのいえ
木造住宅密集地における、長期住宅の提案。長期住宅の必要な要素としていくつかあるが、本設計では、「コミュニティ」に重点を置き設計を進める。これにより、住民は土地、住宅に愛着を持ち、この地に住み続ける。

355
明石工業高等専門学校　建築学科
梶並 直貴　かじなみ なおき

EDIBLE FACADE
郊外地域において路地空間を取り入れた住宅の「型」の提案を行ない、地域文化を尊重した路地のある、まちづくりを行なうとともに、住宅開発に伴い失われつつある田園風景を残し、農地と住居の共存を図る計画を提案する。

356
椙山女学園大学　生活科学部生活環境デザイン学科
山田 桃子　やまだ ももこ

都市にタムロう
道をふさぐ、あの迷惑な「たむろ」はなくすべきなのだろうか。
公的空間のコミュニケーション＝タムロとして確立することのできる空間が都市をにぎわす。

357
秋田県立大学　システム科学技術学部建築環境システム学科
小澤 弘毅　おざわ ひろき

丘の上の学び舎
情報技術の発展等どのような場所で暮らしても恵まれた生活が可能になった現代。各々の土地の場所性を見直す動きも見られる。本計画は建築からその土地を感じ既存の場へと広がっていく拠点施設のあり方を提案する。

359
室蘭工業大学　工学部建設システム工学科
山下 太誉　やました たかのり

corridor
水面貯木場という、今まで都市の中にありながら閉ざされていた場所がある。時代の煽りを受けて、商業地として埋め立てをし、規模を縮小しようとしているこの場所に、市民のための場をつくる。

360
東海大学　芸術工学部建築・環境デザイン学科
山越 康平　やまこし こうへい

SPIN-OFF─高架下学生物語
現在、北海道旭川市では駅舎を新築し、線路を高架化しています。しかし、鉄道高架ができることで高架下特有の寂しい印象を都市に与えます。本計画では高架下の陰を人が集まることで変えることを目標としました。

361
芝浦工業大学　工学部・一部建築工学科
川合 達哉　かわい たつや

伝統町おこしプロジェクト─町屋改修から始まる建築・芸能・文化
受け継がれなければならない日本の伝統……過疎高齢化・空き家の増加などさまざまな問題が伝統継承に待ったをかけている。
人々が幸せになり、これから伝統が始まる街に……これが伝統町づくりプロジェクトである。

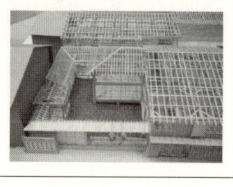

364
名古屋大学　工学部社会環境工学科
平岡 なつき　ひらおか なつき

☐☐☐ 水の出会うところ

都市のスピードから一歩抜け出すと広がる異世界。

365
大阪市立大学　工学部建築学科
山中 将史　やまなか まさし

☐☐☐ 都市に浮かぶ動物園

自然が日々減少している今、動物たちも都市へ移り住む時が来たのではないだろうか。
起伏に富んだ兵庫県神戸市・三宮の屋上を利用し、人の生活と結びついた都市型動物園を提案する。

367
豊橋技術科学大学　工学部建設工学過程
岩﨑 絢子　いわさき ひろこ

☐☐☐ 川辺と住む

コドモの頃は時間の変化、季節の変化など、わずかな変化を自然の中で感じ取っていた。
自然の中に住まうことで、コドモの頃の気持ちや感覚を取り戻す。

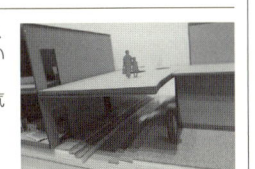

368
大阪市立大学　工学部建築学科
藤枝 雅昌　ふじえだ まさあき

☐☐☐ ちいさなたまりば。おおきなつながり。

2枚の壁が街区を衝き破っている。
溜まり場がたくさんある。
決して生活環境がいいとはいえない密集市街地。しかしそこに住む人々は狭さを生かして楽しんで暮らしている。そんな楽しみがたくさんあるマチ。

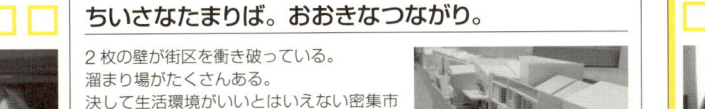

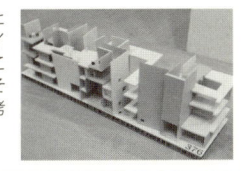

369
武蔵工業大学　工学部建築学科
木村 昌人　きむら まさと

Y☐☐ winding current

建築を風から考えた時に新しい建築のかたちが生まれてくるのではないかと考えた。
限られた場所に吹く風に対して、ほんの少し壁を曲げるだけで、都市の中には今までになかった気持ちよさが生まれる。

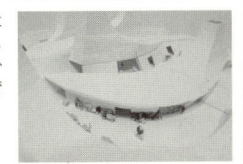

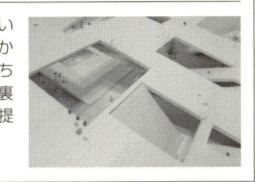

371
慶應義塾大学　理工学部システムデザイン学科
鈴木 智博　すずき ともひろ

Y☐☐ machi-ful

木造住宅の密集地における開発の手法を提案する。
建物がぎっしり詰まった街区の内側に隙間をつくっていくことで、街区が内側から活気づいていく。

372
日本文理大学　建築デザイン学科
熊本 詞哉　くまもと ふみや

☐☐☐ ヒトでまちをつくる。

都市計画により生まれた歪（ひず）み。
人の力でつくり上げてきたにもかかわらず、また都市計画によって分断されようとしている街がある。
地図の上から街を見ずに人の視点から街を構築する。
道は線ではなく轍（わだち）となる。

374
法政大学　工学部建築学科
蝦名 達朗　えびな たつろう

☐☐☐ 町工場ミュージアム

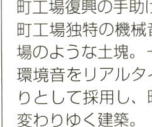

町工場復興の手助けとして提案。
町工場独特の機械音。取り囲む基礎工事現場のような土塊。＋電子技術装置。
環境音をリアルタイムに拾う装置を間仕切りとして採用し、時と場所で風景が刻々と変わりゆく建築。

375
工学院大学　工学部第1部建築都市デザイン学科
宮越 真央　みやごし まお

☐☐☐ あみめいろ──現在地と目的地を繋ぐ毛糸

1本の毛糸で編む、編み物。
毛糸の選択で仕上がりが変わる。
編み物が街スケールになった時、編み物は……。
単純に形に編み目が出てくるのではない。
その編み物には新たな動線やコミュニケーション、発見がある。

376
工学院大学　工学部第1部建築都市デザイン学科
渡辺 ちひろ　わたなべ ちひろ

☐☐☐ バラバラ家族のバラバラな住まい

道は家と家をつないでいたがご近所さんとの関係は希薄になっていった。規模やライフスタイルがバラバラな家族が増えた今こそご近所さんとの関わりが必要である。そこで個と個をつなぐ道とその住まい方を考えてみた。

377
名古屋工業大学　工学部建築・デザイン工学科
古賀 巧也　こが たくや

☐☐☐ ひとつ屋根の山脈

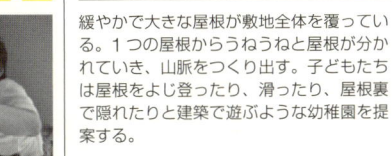

緩やかで大きな屋根が敷地全体を覆っている。1つの屋根からうねうねと屋根が分かれていき、山脈をつくり出す。子どもたちは屋根をよじ登ったり、滑ったり、屋根裏で隠れたりと建築で遊ぶような幼稚園を提案する。

379
宮城大学　事業構想学部デザイン情報学科
岩城 和昭　いわき かずあき

☐☐☐ オフィスとアートとお店

オフィスビルのように、閉じられた建築をどう都市に開くか。それが可能になった時、都市において建築の働き方、街との関わり方は変化する。

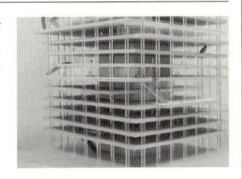

380
東京都市大学　工学部建築学科
鈴木 脩平　すずき しゅうへい

8ページ 62コマ

僕はマンガが大好きだ。マンガを読んでいるとドキドキしたり、ワクワクしたりする。そんな、マンガを読むような空間体験ができる建築をつくろうと思った。

381
名城大学　理工学部建築学科
杉浦 陵子　すぎうら りょうこ

温室通りでつながる家

寂れた商店街に植物の道をつくり、新しい住宅を介入させる。人々は植物を感じながら、豊かな生活を楽しむ。

382
デザインファーム建築設計スタジオ　建築科
芦谷 岳志　あしや たけし

建築と人と対称性

従来の建築設計において、対称性は形や構造を単純化・合理化するための手段として主に用いられている。本計画では、人間の行動という動的な構造の中で対称性を捉えることで、より深いレベルで建築と人とを関連づける。

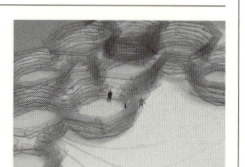

383
名古屋大学　工学部社会環境工学科
廣瀬 友香　ひろせ ゆか

とろける美術館

郊外の住宅地に美術館と高齢者向け集合住宅の複合施設を計画する。展示の方法によってギャラリーとアトリエと住宅の領域を変化させることで、閉じた美術館を街の人の居場所として捉え直す。

384
日本工業大学　工学部建築学科
中澤 政文　なかざわ まさふみ

貫く長い塀

複数の建物を貫く塀によって空間的なまとまりがつくられ、長野県長野市の松代全体に張り巡らせた塀や武家門、街並みとともに新たな城下町の中心をつくり出す。

385
横浜国立大学　工学部建設学科
石塚 直登　いしづか なおと

Stand Alone Architecture Complex

Stand Alone Architecture Complex は1つの建築の設計において都市のダイナミズムの獲得をめざす。
ダイナミズムを獲得したこの建築は、多文化の共存を達成する。

386
大同工業大学　工学部建築学科
松本 公佑　まつもと こうすけ

空隙がつなぐモノ、コト

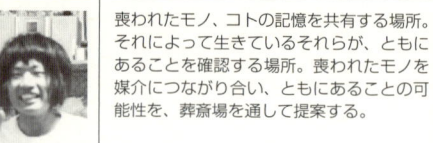

喪われたモノ、コトの記憶を共有する場所。それによって生きているそれらが、ともにあることを確認する場所。喪われたモノを媒介につながり合い、ともにあることの可能性を、葬斎場を通して提案する。

388
東洋大学　ライフデザイン学部人間環境デザイン学科
秋山 未紀　あきやま みき

nagaru—neoconnecter

東京の地下に眠る渋谷川とその真上に形成されたキャットストリート。時の流れとともに本来の姿を失いつつあるこの2つをつなぎ、新しい都市のあり方として、大都市渋谷を再表現する。

389
千葉大学　工学部デザイン工学科
坂爪 佑丞　さかづめ ゆうすけ

地形都市のためのスタディ

建築を地形化する原理によって、都市、建築における新たな公共空間の可能性を提示する、地形都市のためのスタディ。

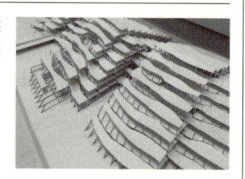

392
秋田県立大学　システム科学技術学部建築環境システム学科
鈴木 伸吾　すずき しんご

土でつながる住まい

土が見えるから緑が緑に見えると思います。土があったから今の僕らの生活があると思います。土があるから人と人はつながっている、そんな独立住宅のような集合住宅のような生活空間を考えました。

394
首都大学東京　都市環境学部都市環境学科建築都市コース
小清水 一馬　こしみず かずま

せつない国境線

在日米軍住宅地と周辺市街地の国境線上に、文化施設を計画する。相手の領域に踏み入ることはできないが、同じ空間や物を共有し相手の存在を感じる。見えるところにいるが、手の届かない。「せつない」関係性の提案。

396
東洋大学　工学部建築学科
宮崎 智寛　みやざき ともひろ

発情装置の構築──建前と私利私欲に生きるムッツリ糞野郎に告ぐ。

日本が少子化だからといって「子どもをつくらねば」という人は、いない。困っている人がいればやさしい言葉をかけるが、自分を犠牲にしてまでその人を助けようとはしない。我々は、建前と私利私欲に生きる糞野郎である。

397	新潟大学　工学部建設学科 秋山 祐亮　あきやま ゆうすけ	
	交錯トラペゾイド	
	台形の持つ空間性を活かして敷地内外に現れるシーンを交錯させることで、人々は自然と触れ合いながら公園を流動的に徘徊する。自然の存在が日常の中で希薄な都市において、人と自然との精神的・物理的距離が縮まる。	

398	明治大学　理工学部建築学科 丸山 洋平　まるやま ようへい
	ダンサモヨウ
	皆の場所ではなく自分の居場所をつくりたい。 刻一刻と移り変わるソラモヨウのように、人の動きや視線の変化で自分の居場所が変わっていくダンサモヨウ。 ダンサモヨウによっていくつもの世界を持った図書館をつくる。

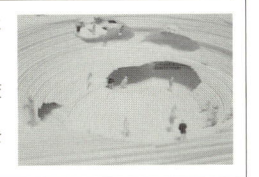

399	横浜国立大学　工学部建設学科 岡村 卯吉　おかむら うきち
	海の観客席
	今の観光地は、「人工的につくられた場」のように感じる。敷地は、静岡県熱海市東海岸町の海沿いの崖地。高層マンション計画が進み、多くの問題を生んでいる。そこに「ありのままの熱海」を映す「海の観客席」を提案する。

400	室蘭工業大学　工学部建設システム工学科 山下 尚哉　やました なおや
	binary alley
	衰退した街に新たなイメージをつくり出し、活気を与える。 この街のコンテクスト（敷地状況）から導き出された形態に操作を加えることで人々の興味を引き、この場所を街の象徴にする。

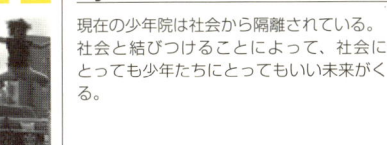

401	東京理科大学　工学部第一部建築学科 伊藤 孝仁　いとう たかひと
	中央線パラドクス
	JR中央線は、東京を横断する無慈悲な直線だ。抽象と具象、近代と非近代。相反するものが衝突し、街に矛盾が飛び散った。それらを拾い集め、ズレを逆手に取ることで生まれる中央線沿いの集合住宅。

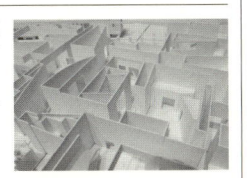

402	名古屋工業大学　工学部建築・デザイン工学科 宇野 晃平　うの こうへい
	上の丘と下の森
	都心部に隣接する繊維問屋街。隙間なく建ち並ぶ中小ビルにも、見えない建物内部には空きオフィスが増加している。衰退の一途をたどるこの街に、多様なオープンスペースを持つ街区を提案する。

404	北海学園大学　工学部建築学科 堀内 敬太　ほりうち けいた
	ともに紡ぐもの
	北海道夕張市、 財政破綻・高齢化・過去の繁栄を背負い生きるマチ。 この場に介護施設を軸とした複合施設をつくる。 既存の炭鉱住宅（マチ）に溶け込み、地域社会との新しいあり方を提示する

406	金沢工業大学　環境・建築学部建築学科 藤本 泰亘　ふじもと やすのぶ
	都市の縮図
	ある都市体験との出会いで、私は都市の境界線上でおきている本当の都市の魅力を知った。 現在の都市は単一化したものの集積で、都市体験はすべて断片的である。本計画はそんな都市の断片を都市の縮図として再構成する。

407	静岡文化芸術大学　デザイン学部空間造形学科 増田 光　ますだ ひかる
Y	**生ける道**
	道はただA地点とB地点を結ぶものだけではない。 多様なアクティビティを許容する道には人が集まり、そこに人と人とのコミュニケーションが発生する。 集合住宅の設計を通じて人が生活するための道を提案する。

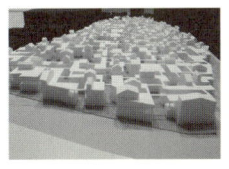

410	北海学園大学　工学部建築学科 野川 早紀　のがわ さき
	Eye Shot
	現在の少年院は社会から隔離されている。 社会と結びつけることによって、社会にとっても少年たちにとってもいい未来がくる。

411	北九州市立大学　国際環境工学部環境空間デザイン学科 永尾 彩　ながお あや
	蠢く水
	人と水の間には見えない境界線が描かれている。 その境界線を越えて、水が人の生活領域へと侵食する。 人の生活領域が水へと侵食する。 その２つが互いに交わる時、人類の新たなライフスタイルが生まれる。

412	千葉大学　工学部デザイン工学科 竹田 純平　たけた じゅんぺい
	侵食と建築
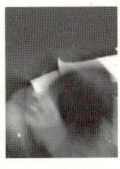	自然に最大限に操作され、同時に自然を最大限に操作することで意思を持つように空間を移り変わらせていく装置のような建築。

414
京都大学　工学部建築学科
梶 隼平　かじ じゅんぺい

forestopia
大阪湾臨海部の人工埋立地における大規模緑化・ビオトープ形成計画とそれに関わる管理研究施設の設計。

415
東京電機大学　工学部第一部建築学科
小沢 理紗　おざわ りさ

modulation hospital
東京都杉並区で起こっている公害「杉並病」の治療施設です。
患者が主役の、もっといろいろな生活感があふれ出した治療施設とは？
カクカク曲がった壁の建築は、きっと歩くのが楽しくなります。

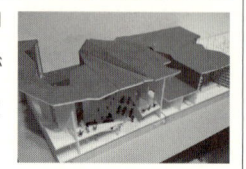

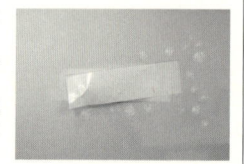

417
日本大学　工学部建築学科
早川 真介　はやかわ しんすけ

街角大学建築学科—キャンパスを捨て街へ出よう
建築学生は郊外のキャンパスを捨て街へ出るべきではないだろうか？
学生は裏路地のアパートの通路を抜けて屋上の研究室へ……。
街の魅力を拾いながら街角大学建築学科は日々活動する。

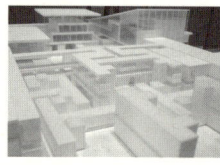

418
札幌市立大学　デザイン学部 デザイン学科
奥田 諭史　おくだ さとし

建築の成長が止まるとき
社会性昆虫と呼ばれる昆虫の巣はあらかじめ完成形が決まっているわけではない。その発展プロセスをもとに、計画上の完成形を持たずに自然発生的に成長していく集合住宅を提案する。

420
日本二　Y S F
九州大学　芸術工学部環境設計学科
佐々木 慧　ささき けい

密度の箱
開口の密度によって空間が構築、解体される箱。
均質化した都市／建築空間のオルタナティブ（別の方法）として、無限の多様性を持つ空間。

423
静岡文化芸術大学　デザイン学部空間造形学科
望月 真菜　もちづき まな

ゆらゆら湯
街中に風呂を置く。
そこで人々は出会い、湯を共有する。
山奥の温泉でも、郊外のスパでもなく、街中だからこその裸の付き合い。
辻風呂と駐輪場が一体となった街中におけるコミュニケーション・スペースの提案。

426
武蔵工業大学　工学部建築学科
坂辺 優　さかべ ゆう

一冊の本の為の図書館
いつでも、ここはエントランス。通り過ぎたところはミチになり、よく立ち止まるところに部屋ができ始めた。人それぞれによって、物語がつくられるような図書館。好きな場所に本を、みんな違うから、ここはおもしろい。

427
北海道工業大学　空間創造学部建築学科
奥野 裕美　おくの ひろみ

Y　めくる建築
普段私たちは、さまざまなものをめくっている。
本のページ。カレンダー。新聞。布団。シール。トランプのカード。絨毯。
めくる行為には、目には見えない何かを見つけ出そうとする心理が見えてくるように感じる。

428
近畿大学　理工学部建築学科
向川 智己　むかいがわ ともき

寺とメディアセンター
かつて寺で行なわれていた学問。メディアの空間にまで拡張していく現代の学問。時代とともに学問は変化していく。変化の過程で学問は何を得、何を失ったのか。束縛の社会の中で、真の精神解放を、学問を媒体として試みる。

429
工学院大学　工学部第1部建築都市デザイン学科
加藤 雅史　かとう まさふみ

札束と絆—大規模再開発と変わらぬ境内の狭間で
移り変わる大規模再開発と昔から変わらない境内との間を仲介する建築をつくる。

430
東京理科大学　理工学部建築学科
竹内 吉彦　たけうち よしひこ

Y　張りぼてと対
張りぼては仮想の壁厚をつくり、その中に対となる空間を予期させる。都市の隙間に隠れた距離感を拾い集め、内部に混在させることによって奥を消失し、都市の喧騒を隔てながらも都市とのつながりを持ち続ける。

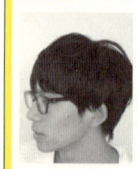

431
名古屋大学　工学部社会環境工学科
古川 智之　ふるかわ ともゆき

Y　動きある個の集合体—transformative workspace
この建築は常につくられ、変わり続ける。
人々の活動や環境の変化に応じて構成要素の1つ1つが「動く」。集まり、離れ、壁となり、柱となり……。人や環境との関わり合いの変化が、この建築を形づくる。

No.	大学・学科	氏名	タイトル	概要
432	名古屋大学 工学部社会環境工学科	権田 国大（ごんだ くにひろ）	slide square	名鉄、JR、地下鉄、タクシー、バス、駐車場、ショップ、そして広場。バラバラとなった駅の要素をすべて1つの空間にまとめることにより、新しい金山駅、駅前のカタチが広がっていく。
433	名古屋大学 工学部社会環境工学科	伊藤 義浩（いとう よしひろ）	COCON	今と昔がつくる建築。造成された敷地に、昔のような地形を屋根として甦らせることで、現在（床）と過去（屋根）がつくる場所を提案する。
434	日本大学 工学部建築学科	坂上 敦志（さかうえ あつし）	下町スマイツリー	東京スカイツリー建設によって起こるさまざまな波及効果に対して、東京スカイツリー近辺の下町の雰囲気を残すために、下町と呼ばれる木造密集地域が抱える問題を解決しながら、下町を見守る建築を提案する。
435	武蔵工業大学 工学部建築学科	山下 徹朗（やました てつろう）	Polyphonic Architecture	建築と音楽の関係を探る。音楽のさまざまな要素を建築へ変換することで、両者が同時に存在するような空間体験をめざした。これは建築的でありながら音楽的でもある、まさにポリフォニック・アーキテクチャーなのである。
436	名古屋大学 工学部社会環境工学科	杉野 友香（すぎの ゆか）	Cultivillage—都市とわたしのスキマ	忘れてしまう「本来の距離」に気づかされる。本当は近づきすぎるくらいがよいのかもしれない。ナイモノネダリにはちょうどいいのかもしれない。
437	北海学園大学 工学部建築学科	中澤 晋平（なかざわ しんぺい）	彷徨える都市	建築は長い年月の末、自然へと還っていく。人もまた、死をもって自然へと還る。建築・人・自然、それらは火葬という行為の中で混ざり合い、はかなくも美しい風景として映し出される。
439	慶應義塾大学 環境情報学部環境デザイン系列	土井 亘（どい わたる）	つちにかえる	人口減少社会に突入した日本の、これからの墓地空間に対する提案。郊外へと追いやられた墓地空間をもう一度人々の生活の中に挿入する。墓の本質は何かと考え、「土」の存在に注目し、空間を立体化する。
441	大阪大学 工学部地球総合工学科	栗本 絢子（くりもと あやこ）	おしこむ ひろがる とけあう	へやを囲む1枚のかべには、ほんとは、まわりとの距離を自在にあやつる力がある。かべの中に空気をおしこむと、かべの中の空間がひろがり、かべの中がとけあっていく。
444	名古屋工業大学 工学部建築・デザイン工学科	寺田 亨平（てらだ きょうへい）	本のマチ	現在、都市の中心にある図書館は少なく、図書館はその都市の喧噪を拒絶しているようである。そのために人の日常の活動と乖離（かいり）している。街を行き交う人々を巻き込み、それぞれの居場所を与え、本の「マチ」をつくる。
445	名城大学 理工学部建築学科	山﨑 啓道（やまざき ひろみち）	浄化住居群	愛知県名古屋市にある堀川を浄化しながら住む、暮らしと風景を提案する。
446	北海学園大学 工学部建築学科	白川 裕之（しらかわ ひろゆき）	アワテキケンチク—泡の建築	北海道・札幌の都市はグリッドで構成されていて、1つ1つが孤立している。そんな都市のプログラムを詰め込み、ゴチャゴチャに混ぜてみた。
447	東北大学 工学部建築社会環境工学科	山日 康平（やまび こうへい）	斜面寄相／写面基層	斜面住宅地は平面に変換されたために斜面本来の魅力を失い、悪条件地とされている。平面により画一化、分断化された斜面住宅地の様相を斜面に寄せ、住民の生活を映し出す基層を織りなす。

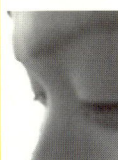

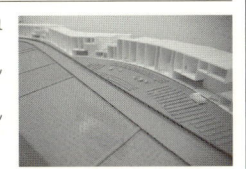

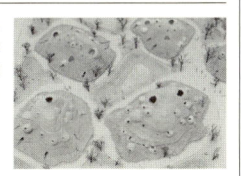

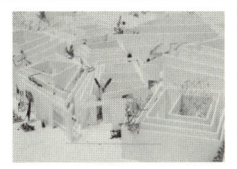

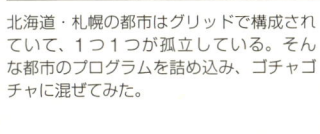

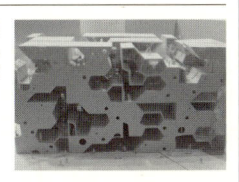

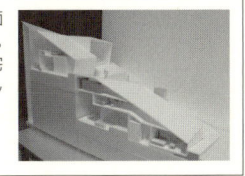

448
金沢工業大学　環境・建築学部建築学科
荒木 康秀　あらき やすひで

創作スタジオ──ガレリアからの創作風景

人が励み、練磨する空間。それは紛れもなく芸術であり絵画となる。
人を眺め、興味を持ち興奮する場所。そこは紛れもなく展示空間となりガレリアと化す。
「見る・見られる」を大切にしたスタジオの提案。

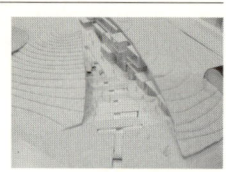

449
東京工科専門学校　建築研究科
生稲 美月　いくいな みづき

Place for both.──The new friendship and happening

現在日本では、2,300万頭の犬猫が飼われ、ペットは愛玩・伴侶動物となった。その陰にあるさまざまな問題や画一的な飼い方に対し、人とペットの共存の意味を今一度考え、新しい関係をもたらす建築をめざす。

451
女子美術大学　芸術学部デザイン・工芸学科
中村 友紀　なかむら ゆき

これまでとこれからをつなぐ──都市における結婚式場の提案

ここは1日限りの村。新郎新婦、お互いの家族、親族や大切な人たちが大きな家族となり、ゆっくりとした時間の流れの中で寝食をともにする。
すべてのつながりに感謝して、2人は本当の家族となる。

452
日本大学　工学部建築学科
石賀 悠也　いしが ゆうや

Y S

砂中のローカル

建築と建築を足跡がつなぐ。
それは、日々更新されるアイコン都市。

453
滋賀県立大学　人間文化学部生活デザイン学科
福永 修子　ふくなが しゅうこ

永遠の別れのそのときに

大切な人との永遠の別れの時、あなたは何を思い、どのように感じるのでしょうか？
ここは静かな山間に佇む火葬場。
たくさんの花を堰き止めるダム状になっています。
あふれんばかりの生命が、ここにはあります。

454
工学院大学　工学部第1部建築都市デザイン学科
小沢 翔太　おざわ しょうた

連なる空間──十字壁が広げる新たな風景

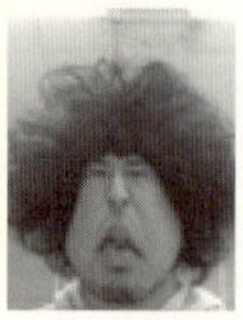

従来の1つの敷地で完結した戸建て住宅群は、十字壁を介して連なっていく。
自然と人、人と人、人と建築、建築と建築、建築と都市にあるさまざまな接点を増やす。そして、相互に関係し合うことで新たな風景を生み出す。

457
釧路工業高等専門学校　建築学科
後藤 祐貴　ごとう ゆうき

そこに適える：杜の城

城……今は歴史的建造物。はじめは戦うための物だった。
それを現代の構造、用途、素材にするならばこの形になった。

458
山口大学　工学部感性デザイン工学科
曽田 龍士　そだ りゅうじ

The other side over there──多世代共生のマチ

私たちは社会的に、選択によってつながり、同じ場所に住まうと住まわざるとによらず人間関係を構築している。
現代社会が喪失した地縁的コミュニティを「共生」による新しいコミュニティ形成により再構築する。

459
日本大学　理工学部海洋建築工学科
鴨志田 航　かもしだ わたる

Y

つがいの建築／美術館／都市

こっち側とあっち側がある建築。
物理的な距離の存在感と、情報技術の進歩に伴う距離の認識との関係を問い、建築化する。

460
京都大学　工学部建築学科
小林 真央　こばやし まお

西宮市の集合住宅

兵庫県の阪急西宮北口駅のすぐそばに集合住宅をつくる。
現代の保育所不足、高齢者が都市に住むこと、震災にあった街である西宮市の住宅としてできることを考えた。

461
立命館大学　理工学部建築都市デザイン学科
長柄 芳紀　ながら よしのり

雲と草原の学校

大きな雲と大きな草原に挟まれた音楽学校。
ここでは、音や行為がすべてつながっていく。
そして、都市にまでつながっていき、音にあふれた都市をつくっていく。

462
神奈川大学　工学部建築学科
木下 和之　きのした かずゆき

大地な場所

大地。
空間を制限するような境界がなく、天候や季節、まわりの環境に左右されながら場所の個性が移り変わっていく場所。そんな、周辺と連続的な関係を持った伸びやかな場を、閉鎖的な都市の中に獲得します。

463	北海学園大学　工学部建築学科 伊藤 憲孝　いとう のりたか	
	イキルイエ	
	現在、コミュニティ・ツールが普及して、直接人に会わなくても交流が図れる時代となってきた。しかし、そこには生きた人間を相手にしているという実感はないだろう。イキテイルという実感を与える集合住宅を提案した。	

465	関西大学　工学部建築学科 嶋原 悟　しまはら さとる	
	ちいさく、おおきく、集まって	
	住宅には何でも入ってしまう。それでは内部の限界ができ、都市と連続しない。住宅を機能が入ってしまわないくらい小さく切り取って、「大きく集まって」みる。そうしたら、住処（すみか）と都市の距離はもっと近づいていく。	

466	宮城学院女子大学　学芸学部生活文化学科 林 絵里子　はやし えりこ	
	路地の小学校	
	路地にはそこを囲む建物からあふれ出た「生活」があり、通る人を楽しませる。そこに多種多様な「生活」を持つ小学校を入れて、おもしろい空間ができないか考えた。街の中に学校があり、学校の中に街がある風景をめざす。	

467	立命館大学　理工学部建築都市デザイン学科 小代 祐輝　おじろ ゆうき	
	郊外二世の主張	
	人口減少・都心回帰が進む中で、郊外の都市構造は転換を求められている。戦後の大量住宅供給を担った団地に焦点を当て、ランドスケープ設計による将来像を提示する。	

468	札幌市立大学　デザイン学部デザイン学科 篠原 麻那美　しのはら まなみ	
	少し違う。	
	わかりやすさとわかりにくさの融合する建築。 異なる2つの地域を隔てる道に面します。目に見えない壁がありました。 それをこの敷地に巻き込んで、まわりの特徴を落とし込み、その場所を感じてもらいます。	

469	近畿大学　理工学部建築学科 齋藤 剛志　さいとう たけし	
	疏水 道草 小学校	
	滋賀県の琵琶湖から流れる疏水沿いに、地域の散歩道としての道草の道と、それら自然・社会に広がる小学校を提案する。	

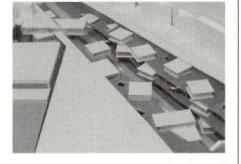

470	明治大学　理工学部建築学科 山内 悠希　やまうち ゆうき	
	Phenomenal Plant—都市的農業インフラ	
	街を発展させ、現在閉ざされてしまった製鉄所をパブリックな広告農業空間へと転用することで、人と資本を流し込み、街の経済の中心性、ランドマーク性、風景や記憶を引き継ぐ、市場原理主義の中での強い建築の提案。	

471	東京建築専門学校　建築学科 羽山 和秀／永田 洵一　はやま かずひで／ながた じゅんいち	
	Y-Y ロード	
	神奈川県横浜市みなとみらい地区。発展し続けるこの街が孤立しないよう、周辺地域と調和できる未来を創造する「新たな道」を提案する。 横浜〜桜木町〜みなとみらいを結ぼう！	

472	中部大学　工学部建築学科 成瀬 慎吾　なるせ しんご	
	まちのノード—市民活動の複合による一宮市の活性化	
	既存の街区をそのまま大きな建築として設計するだけでは、街のアクティビティを活性化させることはできない。人々の動きを誘発させるような新たな細かい街区を設定し、街区の中にさまざまなノードをつくり出す。	

474	名古屋工業大学　工学部建築・デザイン工学科 渡邊 健由　わたなべ かつよし	
	霧のように建つ	
	ぼんやりとした霧のように建つ商業施設。霧のようなぼんやりとした風景に、人やものの存在が見え隠れし、その風景にゆらゆらと溶け込む霧のような建築が新しい都市の風景をつくり出す。	

475	首都大学東京　都市環境学部都市環境学科建築都市コース 木村 智行　きむら ともゆき	
	影の空隙より変現する森	
	団地は変局点を迎えている。単一のルールでつくられた無機質な住空間。これを多様性を内包する森のような建築群として再構築する。多数の設計手法が相互に影響しながら建ち現れてくることで団地は豊かな森になる。	

477	北九州市立大学　国際環境工学部環境空間デザイン学科 穴井 健一　あない けんいち	
	イメージの広場	
	広場の状況を設計する。	

478 Y□□	立命館大学　理工学部建築都市デザイン学科 磯崎 裕介　いそざき ゆうすけ **森の足跡** 土木構築物により変化してきた地域に根付く、建築でもランドスケープでもない変わりゆくことを許容するモノを再構築する。	**489** □□□	北九州市立大学　国際環境工学部環境空間デザイン学科 大石 加奈枝　おおいし かなえ **森の保育園** 備え付けの遊具はない。遊び道具は、森の中で見つける。 子どもたちは、1年中、四季を通して森の中。想像力のおもむくまま自由に遊ぶ。 そして子どもたちは人間として大きく成長していく。
482 □□□	神奈川大学　工学部建築学科 野田 正太郎　のだ しょうたろう **恋慕する都市**―これからの伝統文化の継承／創造／発信の形 あなたは今暮らす場所に愛着を持っているだろうか。 営む地に思い入れがなければ、より豊かな暮らしはできないだろうと考える。 愛着を得る、それは古くから根付く独自の文化や伝統を知り、ふれることから始まる。	**491** □□□	大阪大学　工学部地球総合工学科 永井 裕太　ながい ゆうた **Limits solve Limitation** 空間の配置は構造体によって支えられ、制限される。 制限の中の自由。 あえて制限を過度に増やすことで、より自由な空間を得る。 制限が制限を解く。
483 □□□	早稲田大学芸術学校　建築設計科 西川 日満里　さいかわ ひまり **都市のクロゼット** 毎日の服を選ぶように、時には自分でほつれを直したり、サイズを調整するように、建築とつきあうことができないだろうか。 衣・食・住、娯楽の提供に特化した、東京の早稲田通り沿いの学生街を敷地とした住環境の提案。	**493** □□□	工学院大学　工学部第1部建築学科 平賀 卓也　ひらが たくや **地殻都市** 地球を設計した。
484 Y□□	宮城学院女子大学　学芸学部生活文化学科 山本 恵　やまもと めぐみ **ajisai**―呼応する建築 環境によって花の色を変えるあじさいのように、人と建築が呼応する。環境に合わせて建築そのものが変化し、利用する人次第で使い方も景色も変わる。遊具や身体の延長のような建築。	**494** □□□	早稲田大学　理工学部建築学科 安藤 悠／中村 碧／藤崎 慧　あんどう はるか／なかむら みどり／ふじさき さとる **時間の中の建築**―多孔化する都市の定点 虚業の経済システムの崩壊とともに変動をなす都市。その移行を支えバランスを取る建築を考える。本計画は、遊休地により離散された場を結ぶ支点であり、この支点により生み出された場は人と土地をつなぐヒンジとなる。
485 YSF	首都大学東京　都市環境学部都市環境学科建築都市コース 浜田 晶則　はまだ あきのり **森のサナトリウム** 使われずに荒れている地方の人工林を療養の森に再生し、都市生活で疲弊した人々が自然に囲まれた環境で療養することができる、ストレスケアのサナトリウムを計画する。	**495** □□□	北海道大学　工学部環境社会工学科 長谷部 久人　はせべ ひさと **となりのトコロ** 今まで見過ごしていた場面が自分のマチの風景に変わる。マチの何気ない場面を隣り合わせることで生まれる。知っているんだけど知らないマチの風景の提案。
488 □□□	金沢工業大学　環境・建築学部建築学科 綾村 恭平　あやむら きょうへい **アンデパンダン**―美大生と商店街のための集合住宅 アンデパンダン：無鑑査・無褒章・自由出品の美術展。美大生の創作行為が商店街を彩り、また、活気を与える。そんなことを考えながら設計しました。	**497** □□□	京都建築大学校　建築科 岡山 泰士　おかやま ひろし **スキマでつなぐ、みんなの学校** 京都の街のスキマに小学校を計画する。街中に教室が点在することで周辺住民とのコミュニケーションが誘発され、住民が先生となり、街が教科書となる。そうすることで街は1つの学校となる。

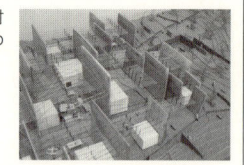

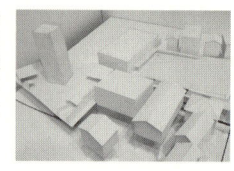

498
北九州市立大学　国際環境工学部環境空間デザイン学科
弓削 純平　ゆげ じゅんぺい

イメージを包む建築と建築を包む都市―建築と都市のあいだ

本計画は、都市に住宅用のインフラを挿入することで、人と都市が濃密にふれあい、都市空間に新しい関係を与えるシナリオの提案である。「建築と都市のあいだ」を考えることが、スケールを超えた新しい関係を築く。

499
信州大学　工学部社会開発工学科
林 和秀　はやし かずひで

東京残余

過密化した東京は、都市のバラックである。人工のジャングルの中を探検するように、日常と違う視点でそれを見ていると、複雑な生物、モノ、空気、時間が少し違って見える。構築物の脇、2次的に発生した残余からミクロの視点で都市の生態系を探る。

503
豊橋技術科学大学　工学部建設工学過程
森 信貴　もり のぶたか

続・商店街

記憶と建築について考える。
子どもの頃に遊びにいった商店街。
しかし、今はもうない。
好きだったその場所を忘れないように、僕ができること。

504
信州大学　工学部社会開発工学科
久保 一樹　くぼ かずき

みえかくれするかたち

雲をイメージした。そこで雲のように浮かんでいて見え方が不安定な建築をつくった。

505
工学院大学　工学部第1部建築学科
村山 萌　むらやま もえ

THE SECOND HOMETOWN

第2の故郷、それは、一人で上京した若者が、多くの人に出会い、自分の居場所を見つけ、やがてその居場所を育てていくことで実感するものだと思う。
そのために、出会いのきっかけを、織り込んでつくってみました。

507
名古屋工業大学　工学部建築・デザイン工学科
坂井 大介　さかい だいすけ

「shift」＋「trace」

衰退している商店街を「trace」し、場所を「shift」することで、街の商機能の再編集を試みる。

508
東京工業大学　工学部建築学科
泰永 麻希　やすなが まき

Y S **mnemonikos**

海に浮かぶ廃棄物埋め立て場には、無数の記憶が蓄積されている。それらを緑やコンテナで覆うのではなく、積極的に見せていくことで、過去の出来事や思い出など消えていってしまったものを再考する場をつくる。

511
工学院大学　工学部第1部建築学科
丸山 裕貴　まるやま ゆうき

boox geode

本の未来を考えてみる。それは同時に本と建築の新しい関係について、考えるきっかけになるのではないか。今まで建築は本の変化によって形を変えてきた。今はその変わる時である。この時、本はさまざまな事柄から解放される。

512
東京理科大学　理工学部建築学科
佐藤 久美子　さとう くみこ

断片化された時間の集積について

時間は濃淡を持つものであり、一定のスピードで流れるものではありません。自身の断片化された濃度の異なる時間を、他人の時間と集合させることで相対的に認識し、現代の集まって住むことの意味を見出します。

513
山口県立大学　生活科学部環境デザイン学科
前川 亮介　まえかわ りょうすけ

collage school

学校とそのまわりにある家の関係。
機能もスケールも違うものが隣り合うこと。
あからさまな境界をにじませる。
密集地における新しい学校の提案。

514
大阪大学　工学部地球総合工学科
勝田 裕子　かつた ひろこ

とりどりの個星

好きな服を選ぶように、自分の空間も好きに飾ろう。
そしてまわりの人へ、街へ表現する。
誰にでもその人らしさ「個星」がある。
そんな個星が集まり街に輝けば、きっとまた新たな「個星」が生まれるかもしれない。

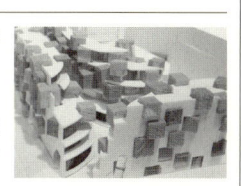

516
琉球大学　工学部環境建設工学科
仲宗根 明裕　なかそね あきひろ

LAYERED FOREST

植物と共棲する集合住宅の提案。木々の間を細く伸びた住戸が通る。木陰で昼寝をしたり、読書をしたり。層状に重なる建物と植物が街に奥行きを与え、生活を豊かにする。

517 近畿大学　理工学部建築学科 角 彩　すみ あや **Composite Office** たいていの人は、1日の活動時間をほとんど「働く」ことに費やす。一目散に仕事場へ向かい、机に向かって作業する。区画化された都市の中で閉鎖的な仕事場にさまざまな要素を織り交ぜ、表情豊かなワークスペースをつくる。	**523** 近畿大学　工学部建築学科 高橋 翔太朗　たかはし しょうたろう **会話するハコ** ハコと会話するように空間をつくる集合住宅の提案。
518 京都大学　工学部建築学科 鈴江 悠子　すずえ ゆうこ **うずがもりにかえろう** 兵庫県・神戸の山につくられたひな壇住宅地を、もとの斜面に戻しつつ、さらには山に緑を返しつつ……。いろんな人とつながって、時に離れて住んでいく、そんなお話し。	**524** 滋賀県立大学　人間文化学部生活デザイン学科 谷口 和泉　たにぐち いずみ **モービル酒場** これは動く酒場です。日本の伝統的な美しい形をギュッと盛り込んで酒場にしました。景色を眺めながらしっとりとお酒を楽しめます。家まで送ってくれるので、終電も気にしません。滋賀県は彦根城下町を走ります。
519 大阪大学　工学部地球総合工学科 出口 加奈子　でぐち かなこ **一休み 人休み** 街と人々に安らぎの空間を……。 十字の壁が、あなたをやさしく出迎えます。	**525** 富山大学　芸術文化学部造形建築科学コース 松本 玲子　まつもと れいこ **影の様相** 影とは物体や人などが、光の進行を遮る結果、壁や地面にできる暗い領域である。こうした影がもたらす空間的効用を顕在化するため、影を切り取り1つの建築物として再構成することで多様に変化する空間を計画した。
520 神奈川大学　工学部建築学科 加藤 隼輝　かとう じゅんき **大家族化** 家庭と切り離されている保育園。園児はそのような環境を望んでいるのだろうか。そこで保育に相応しい環境を考えてみた。保育園と集合住宅の複合体。	**527** 日本大学　生産工学部建築学科 大室 真悟　おおむろ しんご **繋がる戸建住宅群—新たな分譲住宅地の姿** 群れのように住戸が集まる分譲住宅地。多くの住戸が集まった時の新たな姿を提案する。住宅設備が他の住戸とつながり始めることにより、内・外ともに豊かな環境が生まれていく。
521 東京理科大学　工学部第一部建築学科 柴田 龍一　しばた りゅういち **家具のような建築** 手にとれる、身近なかぐのようなけんちくをつくる。 けんちくにすわる、けんちくをもつ。 おしいれのようなへや、 けんちくはそれ1つで大きなかぐ。	**528** 北九州市立大学　国際環境工学部環境空間デザイン学科 大田 将平　おおた しょうへい **kaleidoscope** 人々の生活の色や賑わいであふれる空間が隣り合わせに存在することで、人の行為は混ざり合い、空間の質、プログラムは万華鏡のように刻々と変化する。 人と人とをつなぐ、新たなコミュニティの場。
522 立命館大学　理工学部建築都市デザイン学科 藤岡 奈菜　ふじおか なな **えほんの森** 雪が降った時のあのワクワク感、すべての音が雪に吸い込まれてしまうような静けさ。 ゆったりと時間は流れ、思い出の絵本を片手に今日もまた、「えほんの森」でお気に入りの場所を探す。	**530** 武蔵野美術大学　造形学部建築学科 廣瀬 遙　ひろせ はるか **void scale** 都市空間の中に、隙間や余白に生まれる非都市的な空間を落とし入れることによって、自分自身の目線で街を見ることができるきっかけとなる空間＝空所をつくり出せるのではないだろうか、と考えた。

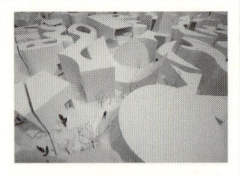

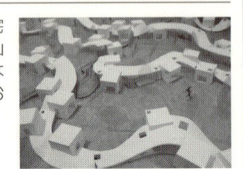

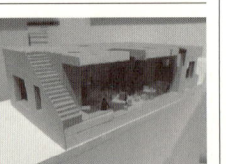

531
富山大学　芸術文化学部造形建築科学コース
藤本 章子　ふじもと あきこ

境界空間─郊外に暮らす

塀によって閉ざされた住宅が均一に並ぶ郊外住宅地。隣地境界に敷地全体をつなぐ路地空間を設けた。境界は隣接するものによって性格づけられながら空間を持ち、隣接するもの同士、敷地全体の新たな関係をつくり出す。

533
明治大学　理工学部建築学科
高木 薫　たかぎ かおる

Y

兜町─視─間　SHIMA×SHIMA

数字が具現化し、人々の舞台となる。そこでは証券がコミュニティ・ツールとなる。見えていなかった「証券、数字、東京・兜町」を可視化することで人間のつながりや地域の活性化、経済流通の利益を引き起こすことが可能となる。

534
京都大学　工学部建築学科
木下 慎也　きのした しんや

Y

涼源郷（京都市新庁舎計画）

泥にも乳にもなる水。
あらゆる文明は水によって勃興（ぼっこう）し、あらゆる生命は水によって励起（れいき）する。
あまりにも疎水的になってしまった都市を、生命にあふれた親水都市へと導く源泉としての建築を構想する。

536
山口県立大学　生活科学部環境デザイン学科
國方 美菜子　くにかた みなこ

トメル建築

トキヲトメル ヒトヲトメル カキトメル。
建築と人が関わることの意味をもう一度確認したい。
時間を人をそして私を、今トメル。

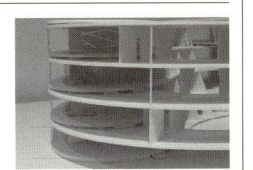

538
九州大学　工学部建築学科
深田 享佑　ふかた きょうすけ

博多寺子屋

アーケード商店街の再開発に伴い、博多の伝統や歴史を継承する現代版寺子屋を建築し挿入する。修学している子どもたちの活動は、高齢化した街の風景を楽しくさせる手がかりとなる。

541
関西大学　工学部建築学科
山中 優　やまなか まさる

解体 Architecture

解体によって空間のスケールの認識やプログラムが変化します。それらが都市ににじみ出すような建築を提案します。

542
京都大学　工学部建築学科
小澤 瑞穂　おざわ みずほ

Y

grade

まわりの学校と、家と、田畑が折り重なり、とけあうばしょ。
境界と時間のグラデーション。
人と、建築と、自然がつくる風景。

545
横浜国立大学　工学部建設学科
小泉 瑛一　こいずみ よういち

BORE IS MORE

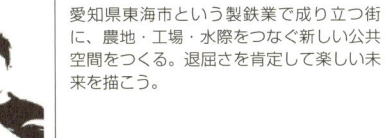

愛知県東海市という製鉄業で成り立つ街に、農地・工場・水際をつなぐ新しい公共空間をつくる。退屈さを肯定して楽しい未来を描こう。

546
東洋大学　工学部建築学科
竹内 里美　たけうち さとみ

Picture-book Cabinet

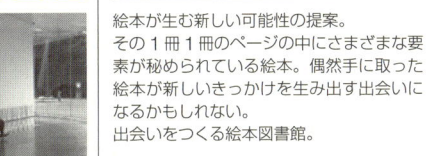

絵本が生む新しい可能性の提案。
その1冊1冊のページの中にさまざまな要素が秘められている絵本。偶然手に取った絵本が新しいきっかけを生み出す出会いになるかもしれない。
出会いをつくる絵本図書館。

547
関西大学　工学部建築学科
島本 美砂　しまもと みさ

クモノスクール

既存の工場と工場の間にクモノスのように架かる屋根の下は、机が置かれ学びの領域となり、既存の工場は時にその実習室となる。大阪府・東大阪、町工場が立ち並ぶ中に、ものづくりの学校を提案する。

548
工学院大学　工学部第1部建築学科
坂本 達典　さかもと たつのり

Y　S

人⇔人 依存建築─「隣り」という環境をもつテナントビルの提案

海沿いの敷地など外部のコンテクストを読むように、内部のコンテクストとしての「隣り」という環境をつくる。それは隣の空間に意識を向け他と何かをつなげるきっかけを生む。
人と人、空間、建築を深く関係づける。

549
東京理科大学　工学部第一部建築学科
佐々木 潤一　ささき じゅんいち

ひらいた、「奥」

都市には、幹線道路に複数方向から囲まれることによりできる街区が存在する。その1つに、奥がある。都市に住む人々が無防備になれる場所である。奥を形態学的に分析し、その特性を活かした計画をしてみる。

134　SENDAI Design League 2010

550	神戸芸術工科大学　デザイン学部環境・建築デザイン学科 香川 芳樹　かがわ よしき 生きゆく都市の砦 銀座に冠婚葬祭としての建築を考える。そこに現れる建築は異質で、独特で、馴染むようで、匂いのある建築へと化する。銀座にハレ舞台をつくるということ。そこは人にとっての場所にとっての「こころの砦」となる。		**560**	日本大学　生産工学部建築学科 内田 亜理紗　うちだ ありさ 1kmの世界地図 空港は通過点として捉えられがちであるが、逆に空港が目的地となりえないだろうか？ 私は、どこの国にも属さないこの東京の羽田空港に1つの国をつくった。
551	豊橋技術科学大学　工学部建設工学過程 中條 恵　ちゅうじょう めぐみ 海との記憶—過去・現在・未来 自然の中で建築はいったい何ができるだろうか。環境問題の中、危機迫る観光地より建築からのメッセージを発信する。		**562**	早稲田大学　理工学部建築学科 吉田 遼太／島田 麻里子／吉村 真一　よしだ りょうた／しまだ まりこ／よしむら しんいち ツタワリ—絡み合うヒト・モノ・コト 郊外化によって均質的・単一的になった生活。街の中でバラバラだった人・車・自然・建物をつまみ上げ、絡ませる。さまざまなものが交わり出会うこのロードサイドの建築は、人々の寄り添う生活インフラとなる。
552	東京電機大学　工学部第一部建築学科 古川 祐輔　ふるかわ ゆうすけ 回帰集落—地縁の新たな再生の形 土地の記憶。そこに何が存在していたのだろう。時代に流された町に対し、人々のつながり、地形との関わり方を集落という新たな形で再生。土地の記憶は時代を遡り、人々の関係は建築を凌駕（りょうが）し地形へと回帰していく。		**563**	西日本工業大学　デザイン学部建築学科 高城 聡嗣　たかしろ さとし metamorFORM—宿泊列車車両基地 一時的期間に地方都市で開催されるイベント、会合、地方・全国大会などの時に宿泊施設が不足する事態。宿泊型列車を使い最寄り駅に停泊させ宿泊施設に変容する。この移動型宿泊列車の車両基地を計画する。
554	工学院大学　工学部第1部建築都市デザイン学科 中島 和信　なかじま かずのぶ 積層—体験としての図書館 グローバル化の進んでいる東京都新宿区大久保において、駅前に中国人・韓国人向けの図書館の提案をした。都市の時間経過とともに移動し、本が蓄積され、積層していく。		**564**	九州大学　工学部建築学科 大川 厚志　おおかわ あつし こいが長崎ですばい 長崎県・立山の斜面住宅地にマーケットを計画する。長崎で採れる花崗岩を用いた石造シェル構造による、屋根と地形の間の、ランドスケープのような建築。
557	東京工業大学　工学部建築学科 細谷 喬雄　ほそや たかお border park 新宿御苑などの公園は隣接する都市に対して開かれていない。首都高高架下の余剰空間を利用して3つの公園を緑道で接続し、東京に広大なオープンスペースを創出し、公園の境界を開放する。		**566**	横浜国立大学　工学部建設学科 粟野 悠　あわの ゆう flotage—公開空地に揺蕩う 公開空地。都市と高層建築の緩衝地帯としてつくられたソレは今、逆に都市を隔てる風景の谷間となっている。緩やかにつなげ、軽やかに浮かび、なだらかに舞い降りる。公開空地につくることで広がる、さらなる可能性の提案。
559	室蘭工業大学　工学部建設システム工学科 今野 礼那　こんの あやな Under Junction Park 街の中心に存在する陸橋の高架下の空間を公園化する。暗く、どこか寂しい雰囲気である高架下は、さまざまな人々の動きやスピード、スケールの入り混じる市民のためのスポーツ空間として生まれ変わる。		**567**	東京工業大学　工学部建築学科 日高 海渡　ひだか かいと そのパラッツォは東京に建つ 東京・表参道に、ある社長のための大豪邸を建てる。ルネサンス期に貴族が競うように建てたパラッツォという都市建築の枠組みを参照することで、今日の東京における都市建築のオルタナティブな（別の方法）あり方を提案する。

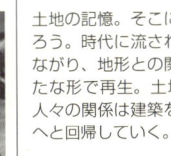

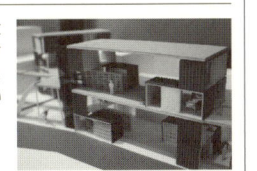

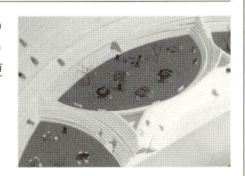

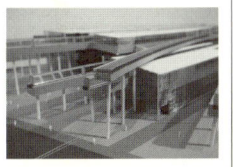

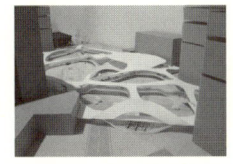

568 昭和女子大学　生活科学部生活環境学科
杉浦 彩　すぎうら あや

都市から、沈む。

東京・日比谷公園に新たにコンサートホールを設計した。
とっくり型ホールを中心として、公園の動線計画から決定したさまざまな入口から人々を引き込み、集める。多くのホワイエが非現実的なホールと都市とをつなぎ、沈める。

569 東北大学　工学部建築社会環境工学科
乙坂 譜美　おとさか ふみ

Y

ひとつ屋根の下

1つ屋根の下、道を共用する家々。
生活が道の中ににじみ出し、家族の関係が外を介してつながる。
宮城県仙台市の川内追廻地区、低密度集合住宅。

570 神戸大学　工学部建設学科
芳木 達彦　よしき たつひこ

地下妄想

地表を埋め尽くすビル群。地上で展開される都市の日常。
人々の意識もまた地上に展開される。
都市の日常に埋もれてしまった人々の意識を掘り返してみる。

571 東京工業大学　工学部建築学科
林 裕二　はやし ゆうじ

凛─RIN

神奈川県小田原市、小田原城と東海道の軸線上に小田原への門となる公共性の高い複合施設を計画した。この門はあらゆるものを結び、小田原駅周辺の新たな街構造をつくり出す中心となる。

572 東京電機大学　工学部第一部建築学科
佐々木 良介　ささき りょうすけ

Y

壁の森

空間領域から人々の行動があふれ出す建築形態。建築空間に収まっていたものが空間から解放されあふれ出した時、より多様な空間、関係性をつくり出す。人々のつながりがつくり出される1室空間。

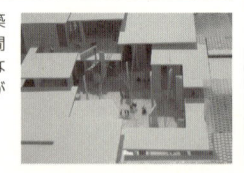

573 武蔵野大学　環境学部環境学科住環境専攻
鈴木 政博　すずき まさひろ

Y S F

waltial──一つの概念からなる都市的空間の提案

幾重にも重なる壁は場所により異なる空間を認識し、個人の領域は守られながらも同じ空間を共有する。互いの領域は入り交じりながら多様性を持ち、小さな空間は連続していく。壁はただ、わずかな空間をつなげていく。

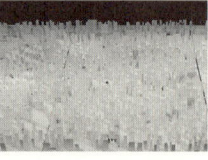

574 福山大学　工学部建築学科
日野 浩直　ひの ひろなお

都市のウイルス

都市の中に、建物はただ立っているだけで、連動していない。身のまわりのスペースを小さな単位として捉え、それが増殖すれば大きな建物となる。公園内に自己増殖できるシステムを持つレジャー施設を提案する。

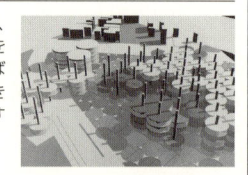

576 東京電機大学　工学部第一部建築学科
西島 要　にしじま よう

日本三　Y S F

自由に延びる建築は群れを成す

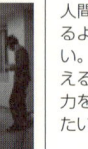

人間の手では制御しきれない部分が存在するような、偶然性を持った建築をつくりたい。どこか自然物のような自由を建築に与えることができないだろうか。人間の想像力をよい意味で裏切るような空間を実現したい。

577 武蔵野大学　環境学部環境学科住環境専攻
柳田 貴大　やなぎた たかひろ

連綿する隙間──不規則に固有する空間の新たな生活

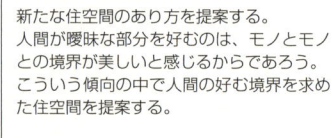

新たな住空間のあり方を提案する。
人間が曖昧な部分を好むのは、モノとモノとの境界が美しいと感じるからであろう。こういう傾向の中で人間の好む境界を求めた住空間を提案する。

579 日本大学　生産工学部建築学科
三代川 剛久　みよかわ たけひさ

plaza factory──植物工場と都市の関わり方

植物工場は「工場」という性質上閉鎖的であり、都市に存在しているにもかかわらず、他との交流はない。そこで公園と一体化させる形で植物工場を開放すると、工場、農業、消費者が交わる新しい交流の場になる。

580 大阪大学　工学部地球総合工学科
向阪 真理子　こうさか まりこ

へばりつく家々

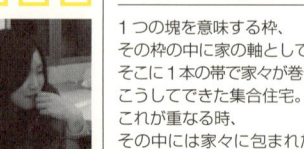

1つの塊を意味する枠、
その枠の中に家の軸として生えた柱、
そこに1本の帯で家々が巻き付きへばり付く、
こうしてできた集合住宅。
これが重なる時、
その中には家々に包まれた空間ができあがる。

583 近畿大学　理工学部建築学科
山元 宏真　やまもと ひろまさ

summer breeze

川を流れる風を利用した建築形態を考える。

585
昭和女子大学　生活科学部生活環境学科
志村 真菜　しむら まな

かげのキモチ わたしのキモチ

人はいつからかげを見なくなったのだろう？
小さい頃は身近だったのにいつのまにか風景となってしまった。
そんなかげが変化したらキモチも変わるはず……。
かげを体験する空間として教会を当てはめる。

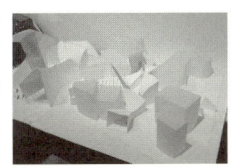

586
横浜国立大学　工学部建設学科
高石 竜介　たかいし りょうすけ

urban-scope

あらゆる世代の建物が混在している東京都千代田区神田多町。既存建物の「年齢」と「高さ」が関係していることに着目し、建物群の屋上を巡る動線をつくる。都市を俯瞰する視点を獲得することで、そこは都市について考える場となる。

587
工学院大学　工学部第1部建築都市デザイン学科
渡辺 一功　わたなべ かずよし

建築還元

「建築とは何なのか」？
未だにわからない。
確かなもの、私の身体で最小限の建築をつくる。
建築を建築的な設計プロセスを用いずに、人間の身体に最も近い存在である衣服の思考、製作プロセスを用いて構成する。

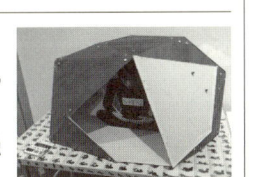

588
日本大学　生産工学部建築学科
大沼 慈佳　おおぬま やすか

難民都市

都市難民のためのシェアハウスを提案する。
100年に一度とされる世界的不況。都市を彷徨する「難民者」たち。そんな時代だからこそ、場所を分かち合い、モノを分かち合い、気持ちを分かち合い、ともに生きていく。

589
名古屋工業大学　工学部建築・デザイン工学科
香村 翼　こうむら つばさ

微分低気圧

交差点に面した角地の建築を微分した先に何が生じてくるのか……。交差点で人・行為・にぎわいを集約し、都市に派生させていく。

590
金沢工業大学　環境・建築学部建築学科
村山 和聡　むらやま かずあき

一万分の一の風景

バラバラに切り刻まれた風景。学生たちは生活の欠片（かけら）を拾い集めていくことで、新たな暮らしのビジョンを広げていく。

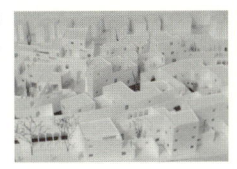

591
日本大学　生産工学部建築学科
松浦 眞也　まつうら しんや

つながる場所

高齢者のための施設を大学内に建てることで、今までと違った場所をつくり出す。
そこは、高齢者の可能性を最大限に引き出す場所となる。

592
大同大学　工学部建築学科
井出 輝峰　いで てるたか

農の情景

農業に嫌気を感じていた自分を変えさせた情景を共有できればと思った。年代が変わっても奇景は変わらない。奇景と一体化し、またそこに住む人たちの情景の一部となるような農業博物館の提案。

593
北海道大学　工学部環境社会工学科
野村 武志　のむら たけし

The City Under The Water Table

地下水が屋根を伝い、それが落ちる時に水の壁をつくる。
水面で反射した光が天井に映し出され、光の強さや時間によって空間が変化する。

594
新潟大学　工学部建設学科
小林 紘大　こばやし こうだい

草原と都市の間で

モンゴル国ウランバートル市の定住ゲル地区にミドリの市場を計画する。

595
早稲田大学　理工学部建築学科
佐藤 敬／佐藤 菜生／本間 智希　さとう けい／さとう なつき／ほんま ともき

かたちは、うつる─都市の裏側へのアプローチ

本計画は高度経済成長期に削り取られた人工の谷、「都市の裏側」として認められる敷地に対して、些細な建築と場（地形）、そして人々の活動によって、建築単体ではなし得ない連続する多様な風景をめざした。

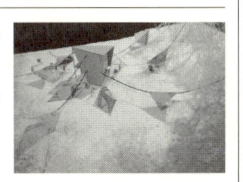

596
大阪大学　工学部地球総合工学科
辻本 知夏　つじもと ちなつ

Loop-Line-Library

鉄道によって街は分断され、高架は人々の障壁となっている。
高架下空間を使って分断された街と人をつなぐ1つのプロトタイプとして、高架下図書館を提案する。

597 横浜国立大学　工学部建設学科 山崎 大樹　やまざき だいき **Y** □ □　19 passes 19個の井戸が点在し、かつての雰囲気を色濃く残す漁村集落、神奈川県横浜市の子安浜。それら19個の井戸を始点とするコミュニティ・パスを提案する。19本のパスは分断された街のつながりを取り戻し、新たな集落環境を生み出す。	**604** 大阪工業大学　工学部建築学科 中村 優希　なかむら ゆき □ □ □　uekibachi 人口減少に伴って生じた、都市の中の使われなくなった土地に、人間が侵入できないようにバリアをデザインする。このバリアは、人間を護るためでなく、野生の自然を守るために存在する。
599 武蔵野大学　環境学部環境学科住環境専攻 中井 孝伸　なかい たかのぶ □ □ □　東京集落—今、この時代。東京という場所。とある住宅街で間を紡ぎだす家。そして、そこに生まれる新たなまちの像。 東京という街は合理性や規制により場が一義的に、画一的に建物が整然と、また淡々と築かれている。そこに生まれるわずかな隙間や緑。そこを建物の建替えに合わせ少しずつ開くことで、緩やかにつながる都市計画を行なう。	**606** 日本大学　理工学部建築学科 鈴木 康二郎　すずき こうじろう □ □ □　shiwa 人間の動く場所には必ずシワが生まれる。そんなシワの動きを建築でつくる。シワの状態によりさまざまな空間が生み出される。
600 北海道大学　工学部環境社会工学科 小暮 竜太　こぐれ りゅうた □ □ □　平穏につき—平穏な人間になれる家 ある実験住宅の提案。「建築の範疇」を考える。 建築は人の性格や人間性、キャラクターまでも範疇としているだろうか。住宅は人が永く触れる建築である。暮らすことでヒトが穏やかになる家を計画する。	**607** 早稲田大学芸術学校　建築設計科 藤川 知子　ふじかわ ともこ **Y** □ □　Prologue of a re-street 戦後ヤミ市を起源とし現在も現役で賑わう、東京・吉祥寺のハモニカ横丁。昨今老朽化や防災上の問題が浮上し、この横丁にも再開発の影が忍び寄る。無味乾燥な再開発でもノスタルジックな保存でもなく場所の記憶をつなぐ都市の提案。
601 大同大学　工学部建築学科 松田 孝平　まつだ こうへい □ □ □　静岡生産ライン—管理される自由 twitterやamazonなどのインターネット上の偶然性を装った検索システムのような都市空間をめざす。己とは遠い存在と出会う可能性を高める。新しいことに興味を抱く可能性を高める。	**608** 東京電機大学　工学部第一部建築学科 佐藤 元樹　さとう げんき **Y** □ □　都市に建ち上がる地形 「街路の地形的要素」を建築物の内外部に立体的に構成することで「散策性」「身体性」「偶発性」を感じさせ、都市の中に山や森の中を歩くような建築的第2の地形をつくり出す。
602 近畿大学　理工学部建築学科 奥野 充博　おくの みつひろ □ □ □　萌ゆる都市—農業というシステムの導入 都市において農業を行なう。人口減少が著しく、過半数が第3次産業に就いている。この状況は食料自給率の低下が進行している日本では軽視することはできない。そこで、農業を再考するための建築的提案が必要である。	**612** 広島大学　工学部第四類 島津 亮介　しまづ りょうすけ □ □ □　トルネード・ビルディング 広島県広島市中心地区での新たな商業ビルの提案。広島の中心地区はマンネリ化している。ビルはトルネードのように人々を吸い込み、活発な活動を外に吐き出していく。
603 大阪市立大学　生活科学部居住環境学科 弦巻 雷　つるまき らい □ □ □　メメント・モリ—三葉結び目による集合住宅への死生観の嵌入 人生において避けることのできない「死」それは究極のハレの体験。現代の生活はハレとケの距離を取り過ぎている。それを重なり合った2本のメビウスの帯状の空中歩廊に落とし込む。人は改めて「生」を知覚する。	**613** 東京理科大学　理工学部建築学科 前田 秀人　まえだ ひでと **Y** □ □　『angle』 建物が一様に道に対して直角に向いていることに疑問を感じた。建物の向きを道に対して90°振ることで、今まで排他的な存在であった建物の隙間を積極的に取り扱い、街並み、あるいは店舗同士のつながりを再解釈した。

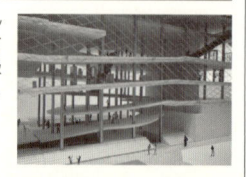

614	立命館大学　理工学部建築都市デザイン学科 竹本 建太　たけもと けんた **paranoiac museum** 都市にヴォイドを穿(うが)つ、形骸(けい がい)を晒(さら)した遊園地。 夢の商業化として各地に建設されたアミューズメント・パークの行く末を建築的アプローチにより、提案したいと思う。	**624**	横浜国立大学　工学部建設学科 和田 貴行　わだ たかゆき **urban roof** 都市の中に不連続に点在しているVoidに膜空間からなる建築をつくり、建築内に閉じられたプログラムを都市の中に開放することで、地域の人や、そこを訪れる人たちに利用される場所へと再構築する。
618	鳥取環境大学　環境情報学部建築・環境デザイン学科 中村 未來　なかむら みく **時の駅―廃墟建築に新たな光を** 発散と内省。闇と光。拡張と内包。 2つは「対極」にありながらも、同時に存在するもの。 以前は「並列」につながっていた2つの駅舎を、今度は「対比」という形でつなげ、現在増え続ける廃墟に新たな光を射し込む。	**625**	東北大学　工学部建築社会環境工学科 上野 達郎　うえの たつろう **小さな都市、大きな住処** 私たちが住んでいる都市は広く水平方向に延びています。私は、これを上方向に積み上げて、小さな都市をつくろうと考えました。その都市の中に、人々の生活があふれ出し、大きな住処(すみか)をつくり出す。そんな都市空間の提案です。
619	九州大学　芸術工学部環境設計学科 井手 岳郎　いで たけろう **稲妻シークエンス** 折り曲がりながら連続する壁を、編み込むように交差させることで、さまざまな領域・空間をつくる。	**626**	近畿大学　工学部建築学科 豊後 亜梨紗　ぶんご ありさ Y S　**せいかつしあう** 生活の一部が共有される集合住宅。小さな住戸と隣り合う公共空間に人々のさまざまな生活が混ざり合う。住民と住民以外の人々が新たな生活の一面をつくる。
620	デザインファーム建築設計スタジオ　建築科 矢部 浩史／大友 望　やべ ひろし／おおとも のぞみ **ジャパンマイホーム** 近年日本で増加中。日本を安く旅したい外国人観光客。余生を豊かに生きたい高齢者。両親共働きで一人食事をする小学生。一見、何も接点のない三者と地域が生み出す、新たな共同体を建築プログラムで提案する。	**627**	広島大学　工学部第四類 猪野 雄介　いの ゆうすけ **美術館動線の解放** この建築は人の好奇心をかき立てる起伏のある場所にある。近現代の美術館に潜在する問題点に着目し、決められた順路通りに展示品を見るのではなく、自らの意思で見たい作品を選択して巡っていく美術館を提案する。
621	大同大学　工学部建築学科 磯谷 大樹　いそたに だいき **祝場街** 都市のつなぎ目としていかに多くの人を巻き込めるか。 結婚式という儀式を開放し、非日常を日常に落とし込む。 通過するだけの人々と地域とを結ぶ空間。	**628**	関西大学　工学部建築学科 藤本 健太　ふじもと けんた **海をつくりだす集合住宅** 海は流動的で変幻自在な要素を持っているのと同時に、変わることのない圧倒的な風景を、その場所に存在させている。そのような海の偉大さや、些細な変化を感じられる集合住宅とはどのようなものか。
623	北海道大学　工学部環境社会工学科 松浦 芳樹　まつうら よしき **Projected Wall** 建築を構成している壁は、ある時は映像を映し出すスクリーンになり、ある時は光を反射し建築に息吹を与える。 そして、水を介して都市での出来事は映像のようにこの建築に投影される。	**629**	関西大学　工学部建築学科 雲林院 悠太　うんりんいん ゆうた **育む都市** 子どもたちがさまざまな経験を通して成長していける街を考える。木や川、地面にでできたちょっとしたふくらみ、建築もランドスケープも関係なく場所の変化を読み取って活発に遊びまわる。ブリューゲルの絵のような世界。

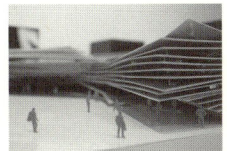

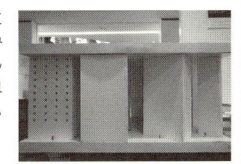

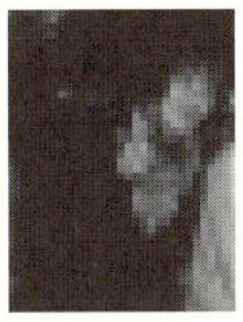

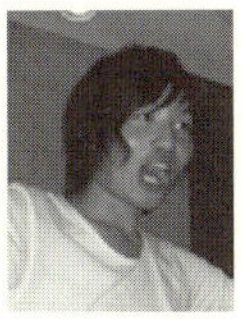

630
東洋大学　工学部建築学科
桑原 一博　くわばら かずひろ

Y **S** □

藤岡の住宅地

壁厚の変化における媒体による生活風景の再構築。
慣れ親しんでいる住宅地の風景。
でもこの住宅地は他と少し違った感覚で生活できる。
あたたかく、時には寂しく、さまざまな表情を見せてくれるかもしれない。

632
首都大学東京　都市環境学部都市環境学科建築都市コース
武藤 大樹　むとう だいき

□ □ □

風形—かぜのかたち

グリーン・マトリックスが機能する街。そこでは風が住宅地を形づくる。
緑の空気を運ぶ風は、家の外や中を吹き抜けながら新しい風景をつくっていく。
そんな、かぜが織り成す街のかたち「風形」をここに提案する。

634
工学院大学　工学部第１部建築学科
山内 響子　やまうち きょうこ

□ □ □

溶けあう庭、住宅の余白

「庭付き一戸建て」という住宅の理想が変貌しつつある。分譲された敷地いっぱいに住宅が建ち並び、もはや庭と呼べそうな空間は残されていない。庭の価値とは何か。庭という住宅の余白に、家族の新しい関係をつくる。

635
東北大学　工学部建築社会環境工学科
赤垣 友理　あかがき ゆり

Y **S** □

六ヶ所村の大きな箱庭

日本中の核廃棄物が集まる青森県六ヶ所村。その中に大きな箱を置き、架空の中庭をつくる。現実と虚構の境界を建築化し、空間体験とともに両者を断続的に体験させることで、風景の異常さと未来を感じさせる。

636
北海道大学　工学部環境社会工学科
斉藤 裕貴　さいとう ゆうき

□ □ □

演劇・住居・都市

人が何か行動を起こしそれを囲うように１人、２人と人が集まり、さらに拡大し原始的な芝居小屋が生まれた。演劇と建築の関係を再考し、生身の人間に触れる集合住宅を提案する。

637
京都建築大学校　建築科
森田 修平　もりた しゅうへい

□ □ □

Show apartment

東京・銀座にあるブランド・ビルのファサードに薄っぺらい集合住宅を計画する。ブランド・ビルの商業の光と住宅の生活の光が同じファサードに表れることで２つの用途の光が融合し、新たな銀座の街の風景や連続性を生み出す。

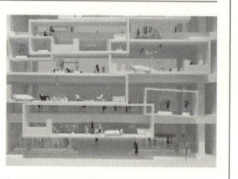

638
国士舘大学　工学部建築デザイン工学科
直嶋 裕之　なおしま ひろゆき

□ □ □

ちいさな庭のおおきな広場

個人の「庭」を開き、つないでいくことで大きな広場をつくる。その「庭」と関わることで、住人は普段の生活をおくりながら、地域の子どもたちを見守ることができる。それにより、子どもと大人がより関わり合っていく。

641
信州大学　工学部社会開発工学科
西浦 皓記　にしうら こうき

□ □ □

やねのはなし

屋根形状と屋根がつくる空間の関係について考察し、屋根がつくる空間の特性の一端を明らかにすることで、それに着目した集合住宅の計画を行なった。

643
日本大学　理工学部建築学科
瀬戸 基聡　せと もとあき

□ □ □

交錯する都市、都市から建築へ、建築は交錯する

高密度化された東京の街と建物は不連続である。街と連続的な建物ができれば、ヒエラルキー（格差）は解消され、建物の中は小さな都市として機能し始める。

644
日本大学　理工学部建築学科
今野 和仁　こんの かずひと

Y □ □

Methodical Construction

分断された都市の境界面に建つ建築の提案。

645
日本大学　理工学部建築学科
池上 晃司　いけがみ こうじ

Y □ □

中野マニア

目的は、東京の「中野BW」にある「ノスタルジック・アイテム」の保存、展示、収集、継承。誰がそれらを決めて何を残すのか？どうやって決めるのか？どこに建てるのか？これらの疑問を解決する建築を提案する。

646
京都大学　工学部建築学科
小林 暁史　こばやし あきふみ

□ □ □

厚みのある看板

現在の大阪・道頓堀は、看板により建物の内部と外部が分離している。道頓堀の自己主張を残しながら看板を再構成することで、内部の行動そのものが外への宣伝となり、自身も看板を感じられる空間を考えた。

647
東京理科大学　理工学部建築学科
針貝 傑史　はりかい たけし

DE-HOTEL

東京湾臨海地域の中心にある人工島に高さ160mのリゾートホテルを設計する。客室・管理などのプライベートな領域と宴会場やスパといったパブリックな領域は、その塔の中で決して交わることなく、共存する。

648
名古屋大学　工学部社会環境工学科
山内 悠生　やまうち ゆうき

「TUKIJI」terminal —世界に開く名古屋の玄関

愛知県の名古屋港の築地を再び船の拠点とする計画。ガーデン埠頭を再び港に戻し、そのまわりを客船や水上バスのターミナルが囲う。港を囲うように集まる人々が船を出迎え、建築物とともに名古屋港の玄関を形成する。

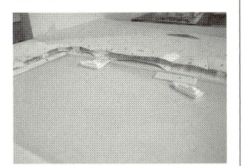

650
大阪大学　工学部地球総合工学科
山上 裕之　やまがみ ひろゆき

緩衝都市

都市と街とを用途やスケールで緩やかにグラデーションをかけながらつなげる。たくさんの部屋がいくつか集まって次の部屋を構成していき、徐々に大きくなる。そして、都市と街の緩衝帯となる。

652
千葉工業大学　工学部デザイン科学科
木内 洸雲　きうち ひろも

並べて、重ねて、組み込んで

人間が行為を建築に合わせるのではなく、建築が人間の行為に合わすことのできるシステムである。細胞1つ1つが集まって一人の人間を構成していくように、小さなユニットを組み合わせて1つの建築にしていく。

653
東京理科大学　工学部第一部建築学科
池上 碧　いけがみ あお

ヒカリノヘヤ

普段感覚的に捉えている太陽光は、必ず同じ周期で裏切ることなく地表に降り注ぐ。このきわめて数学的ともいえる要素をパラメータとして利用する。壁という概念のない地下空間に部屋という概念を生む。

657
近畿大学　理工学部建築学科
石倉 江利子　いしくら えりこ

公園内アート町1丁目

アーティストのための、アトリエ兼ギャラリー兼集合生活空間を提案する。

658
昭和女子大学　生活科学部生活環境学科
佐藤 理都子　さとう りつこ

カセキ

変わらない時を流れる、海。
ここに時の重みを伝える新たな島が現れる。
時の移り変わりによって消え去ったモノ。
それぞれの島に残されたタマシイ。
物事の軽率さと軌跡を辿る。

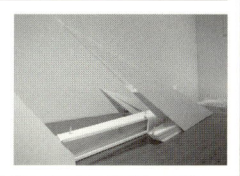

659
足利工業大学　工学部建築学科
齋藤 誠也　さいとう せいや

よるべなきものたちへ

自分を知るには、他者の存在が必要不可欠である。
しかし現在の居住空間は、どれだけ他者を認識できるのだろうか？
他者を認識できず、自分を嫌う「寄る辺無き者たち」……。彼らに自分を愛せる居住空間を提案する。

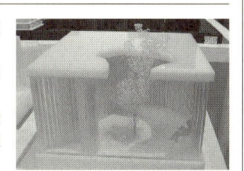

660
京都造形芸術大学　芸術学部環境デザイン学科
小野間 景子　おのま けいこ

藤棚小学校

あなたの小学校の思い出は？
たどる記憶の空間がもっと豊かでありたい。
子どもたちをやさしく包み、土地に根差した小学校の提案。

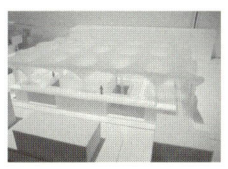

661
関西大学　工学部建築学科
水野 貴之　みずの たかゆき

或る風景のはじまるとき

地殻変動のように、静かで同時ににぎやかな「或る風景のはじまる瞬間」をめざした。

662
東洋大学　工学部建築学科
若山 範一　わかやま のりかず

Walk Long Wall —痕跡を残して

後世に必要とされなくなる建物とは何か。
過去に石炭から石油にエネルギーの需要が変わったように石油の存在が薄れつつある。
石油コンビナートとともに発展を遂げてきた周辺地域において新しい価値を創出する。

664
東北大学　工学部建築社会環境工学科
佐々井 良岳　ささい よしたけ

Contact between pepole and sports

起伏のある「広場」を持った体育館の提案。
スポーツを通して、新たなコミュニケーションを起こす施設を、高崎の地に建てる。

665
近畿大学　工学部建築学科
青木 史晃　あおき ふみあき

Y ☐ ☐

都市の壁

壁に寄り添って住む。都市と自然の間の大きな壁。
本計画では開口を通してそこに住む人々が私たちの住む空間を再認識し、本当の豊かさに気づくことを期待する。

666
東京理科大学　理工学部建築学科
向井 優佳　むかい ゆか

Y ☐ ☐

2070

昨今メディアで話題となっている、沖縄県の普天間基地移設問題。新しいランドマークとして、普天間基地60年の結び目として、相応しいあり方を探す。新たな地形をつくりこの場をメモリアルとする方法を提案したい。

667
立命館大学　理工学部建築都市デザイン学科
岡田 晃佳　おかだ あきよし

Y ☐ ☐

都市を裏返す

オモテは死んでしまった。
通りを自動車に明け渡した時から、京都が培ってきたオモテは機能しなくなった。
新しいオモテは街区の中、建築の中に生まれる。
京都を裏返すと、新しい京都の姿が見えてくる。

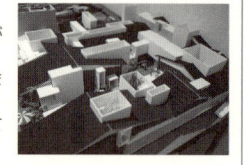

668
高知工科大学　工学部社会システム工学科
川島 卓　かわしま すぐる

☐ ☐ ☐

マチとカワの隙間

マチとカワの隙間に薄い層が幾重にも重なる空間をつくった。他者の生活を受け入れ、自らの生活の変化に呼応し移ろう薄い層。そこでの小さな行為や大きな行為のつくり出す空気が街にあふれ出し、マチの空気と接していく。

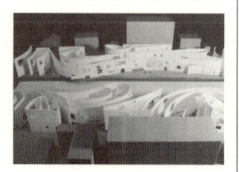

669
首都大学東京　都市環境学部都市環境学科建築都市コース
梅村 直裕　うめむら なおひろ

☐ ☐ ☐

神保町地区における図書館と劇場の混成に関する設計提案

路地を立体的に街から引き込み、各プログラムの構成要素をその路地に表出するように配置した。そこには街の壁の奥に埋没した人々の営みが渦巻いている施設が存在する。それらを表層化する装置を街に埋め込む。

670
広島大学　工学部第四類
中村 洋輔　なかむら ようすけ

☐ ☐ ☐

うねうね

敷地の起伏を建築内部へと取り込む。うねうねとした床の上で自由なアクティビティが展開していく。

672
名古屋工業大学　工学部建築・デザイン工学科
荒木 省吾　あらき しょうご

Y ☐ ☐

a cemetery

都市の中心部に共同墓地を計画する。

673
慶應義塾大学　環境情報学部環境デザイン系列
菊地 豊栄　きくち とよえい

☐ ☐ ☐

公園という「けんちく」

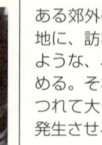

ある郊外の公園の再生。川に向かった傾斜地に、訪れる人々のお気に入りの場となるような、小さなきっかけをたくさん散りばめる。それらは水滴のように、川を下るにつれて大きくなり、コミュニティを自然と発生させる。

674
芝浦工業大学　工学部・一部建築学科
平野 晴香　ひらの はるか

☐ ☐ ☐

残柱のアリア

敷地は東京都、平和島流通センター倉庫跡。消費社会の象徴である虚構の塊の倉庫を再構成する。その痕跡で2段階のドローイングによる形態プロセスを生み出し、この場所にしか成立しえないプリミティブな建築の姿を提案する。

675
関西大学　工学部建築学科
古谷 彰基　ふるたに あきのり

☐ ☐ ☐

Fusion Scape

都市の建築が肥大化する中、都市の足下である道は、建築にとっての交通手段でしかない現状です。
そんな道を分解し小さなスケールにすることで、小さな風景・小さな関わり合いが折り重なり、都市の足下が豊かになります。

676
日本大学　理工学部建築学科
山中 友希　やまなか ゆき

☐ ☐ ☐

まざり合う空間—人と生活とモノと

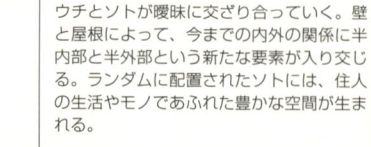

ウチとソトが曖昧に交ざり合っていく。壁と屋根によって、今までの内外の関係に半内部と半外部という新たな要素が入り交じる。ランダムに配置されたソトには、住人の生活やモノであふれた豊かな空間が生まれる。

677
国士舘大学　工学部建築デザイン工学科
黒岩 克人　くろいわ かつと

☐ ☐ ☐

都市のひとかけら

一人で過ごせる空間。好きな時に好きな場所で好きなことをする。
都市の中の新たな自分の居場所。
運動不足のお父さんが仕事の終わりに運動。
伊勢丹で買ってきた洋服に着替え、一人ファッションショー、etc…

678
崇城大学 工学部建築学科
三好 千草　みよし ちぐさ

ツタシティ—駐車場に住む

近年、熊本市中心市街地において平面駐車場が著しく増加し、複数隣接するという特徴を持つ。そこに敷地境界をつなぐ壁を軸線とした集合住宅を提案する。都市の余白に延びる、それがツタシティである。

679
人間環境大学 人間環境学部歴史・文化環境専攻
柴 沙織　しば さおり

選択する部屋 入れ替わるまち

部屋を独立させていくつも街の中に置き、ほしい分だけを選び、それらを「家」として使用する。どこをいくつ使うかは自由で、選ぶバリエーションも豊富なことから、コミュニティ内の循環（入替り）を活発にする。

680
九州大学 芸術工学部環境設計学科
上ノ薗 正人　うえのその まさと

都市は細かくなる

細かいスケールのものの集合こそが都市である。さまざまなスケールが混在しながらも均質な巨大空間が広がっていく都市に対して、経済の論理をオーバードライブ（作用）させて生まれる極小空間の集合体を提示する。

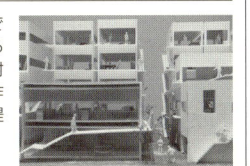

681
日本大学 理工学部建築学科
土川 菜々子　つちかわ ななこ

地形を架ける

小学校跡地の敷地に、丘を形成する。小学校の記憶とともに、小学校を概念的な地形と捉え、街に根付かせ、街全体を再生させる。丘は地形を形成しながら空間を持ち、開発時に削られた地形を再構築する。

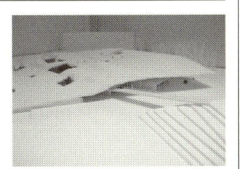

683
東京理科大学 理工学部建築学科
守谷 英一郎　もりや えいいちろう

地立する建築

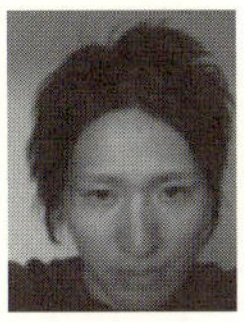

地面に敬意を払い建築する。傾斜地において建築がどうあるべきか検討しながら、新たな幾何学と方法を追求する。

687
琉球大学 工学部環境建設工学科
今村 博樹　いまむら ひろき

シカクノサンカク

面を点にする商業施設を提案するために、三角形を四角形に入れてみる。形の変化で人は空間に工夫を与え、建築を商業空間にちょっと挿入できるだろう。

688
横浜国立大学 工学部建設学科
藤末 萌　ふじすえ もえ

都市の層孔

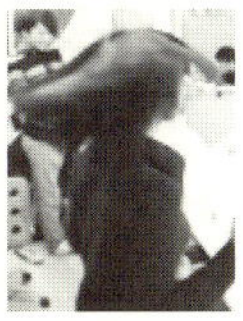

公園がムクムクと建ち上がり、層を織りなす建築をつくろうと考えた。人や文化や生活を吸い込み吐き出すこの建築は、街の通気孔の役割を果たす。この場所にいつでもあり続け、どんな時でもその役割を担える建築を構想する。

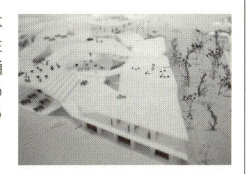

692
京都大学 工学部建築学科
辻 啓太　つじ けいた

GAIA—転成する都市

球体は何よりもまず完璧で、魔術的な形態である。それを切り裂き、内部の神秘的で生き生きとした、怪物的で純粋な空間を探り出す。表皮とのコントラスト、不調和な緊張感、不完全からつくられた完全を浮き彫りにする。

694
慶應義塾大学 環境情報学部環境デザイン系列
阿部 祐一　あべ ゆういち

ALTANATIVE SUBURBAN

グリッド状の敷地分割を前提とした既存の方法に変わる新しい郊外型住宅街の形として、自己組織化のシステムにより構築される住宅街を提案し、具体的なシステムをコンピュータ・シミュレーションによってスタディした。

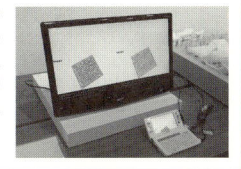

695
名古屋工業大学 工学部建築・デザイン工学科
上島 克之　うえしま かつゆき

blur building

ビル単体としての最適解ではなく、街区における最適解について考える。

696
東京理科大学 工学部第一部建築学科
松川 元美　まつかわ もとみ

よりそうみちで

東京都文京区本郷。1層分の高低差のある2つの道を両側に持つ全長350m 幅10mの場所で、現住民の住まいに加え、保育所・学童・学生寮を計画。「みち」から「みち」へ、スリット越しにふと見える「みち」で遊ぶ子どもたち。

699
東京藝術大学 美術学部建築科
北野 克弥　きたの かつや

山湖抄

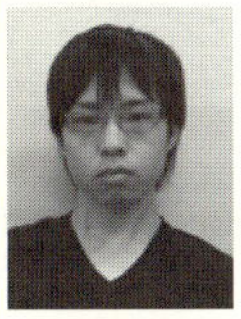

郊外住宅地に地形をつくることで均質な風景から豊かな風景をつくる。地形ごとにさまざまなタイプの住宅が生まれる。地形によって郊外住宅地は外部に開かれた場所になる。

701
日本大学　理工学部建築学科
神保 寿弥　じんぼ ひさや

飛団地―新GLの概念による浮く団地群

団地にあるルール。
住人たちは、羊かんに住む。外には暗い庭があるだけ。団地に住むことが、あの部屋も階段も、庭も、隣の家だって全部に住むことだと思えたら、団地はきっと生まれ変わると思う。僕はそう思った。

704
日本女子大学　家政学部住居学科
青柳 有依　あおやぎ ゆい

Y

都市と地域の狭間で

都市に住まう。多様化した世帯・散在する生活……。都市の生活で対立する関係性を見出し、それらを調整し新しい住まい方を提案する。都市と地域、流動層と定住層。交わらなかった両者は、狭間の中でお互いを侵食する。

705
広島大学　工学部第四類
信楽 佳孝　しがらき よしたか

都市と高層建築

均質な箱形の高層建築を分解して、上下左右に新たな関係性をつくります。その作用によって都市空間へと広がっていくような高層建築の提案です。

707
早稲田大学　理工学部建築学科
平 裕／細井 淳／中村 友香　たいら ゆう／ほそい あつし／なかむら ゆか

転生旅館

誰もが気軽に旅に出かけることが可能になった現代、「訪れる」という行為にはどのような意義があるのだろうか。
また、迎え入れる側の街には、来訪者の存在がどのように関わってくるのだろうか。

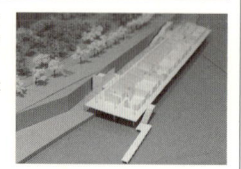

708
日本女子大学　家政学部住居学科
迯目 佑子　にげめ ゆうこ

人は駅を紡ぎ、街は人を生む

駅の乗り換え案内―サイン。
サインを頼りに歩く者は、サインによって歩かされている。
自らの動物的な感覚によって行動することの楽しさを感じられる駅空間をつくり、駅利用者の行動自体をサイン計画として扱う。

709
横浜国立大学　工学部建設学科
西高 秀晃　にしたか ひであき

ねじまき谷アキハバラ

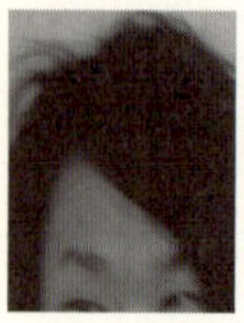

東京・秋葉原の未来のカタチ。
螺旋によってできるマチの構想。
ねじまくように秋葉原の魅力は上へ広がっていく。
そして谷に生まれる人々のにぎわいとコミュニティ。
未来のアキバ系はここから始まり広がっていく。

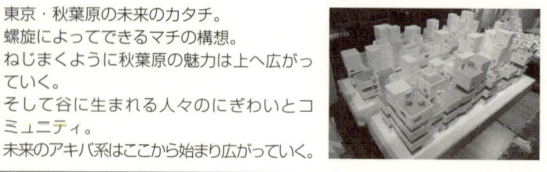

710
高知工科大学　工学部社会システム工学科
小松 愛実　こまつ まなみ

I my way

道という曖昧なものでつくった建物には曖昧な空間が生まれ、
その曖昧にこそ新しいものが生まれる。
曖昧な道。
I my way!

711
広島大学　工学部第四類
濱田 大樹　はまだ ひろき

余白のある建築

さまざまな機能を持つヴォリュームやそれらがつくり出す光と影によって、機能を持たない余白の空間を創造する。

712
近畿大学　工学部建築学科
中平 祐子　なかひら ゆうこ

ちいさなむらの おおきながっこう

ここにしかないたった1つのみんなの学校。
ここでしかできないみんなの自慢の学校。
ここはみんなの希望であり、日常そのもの。

713
東北大学　工学部建築社会環境工学科
朴 真珠　ぱく しんじゅ

Y

窓の箱船

アメリカ合衆国、ニューヨーク、マンハッタン、その中にある都市の破片を集め、箱船をつくる。人はこの箱船に入ると、世の中に存在するさまざまな相対的な価値観から自由となり、自分の創造主である神という絶対者との時を持つ。

714
足利工業大学　工学部建築学科
久保田 大貴　くぼた だいき

街の記憶

変わりゆく下町の風景を残し、動線である路地空間を住宅街の内側に空間として計画する。

717
神戸大学　工学部建設学科
岩田 友紀　いわた ゆき

水面が動かす都市

水都と呼ばれる大阪に、水と人との関わりの場としての貯水池の提案。
水量によって誘発、制御される人の行動が新しい風景となる。

724
室蘭工業大学　工学部建設システム工学科
新岡 朋也　にいおか ともや

揺れる境界
自然の壮大なスケールと個のスケール。その間で揺れる建築と自然の境界。

725
広島大学　工学部第四類
堀川 佳奈　ほりかわ かな

みんなのえんがわ
みんなの生活があふれている「みんなのえんがわ」。
「みんなのえんがわ」ではみんなで内と外、住戸と都市とのつながりをつくっていく。

727
東京理科大学　理工学部建築学科
滝沢 佑亮　たきざわ ゆうすけ

Y
無尺度の世界
スケールのない世界観。

728
神戸大学　工学部建設学科
村上 由梨子　むらかみ ゆりこ

紡ぐカベ 紡がれるトキ
新しい壁が建ち続けることによって進んできた街、兵庫県神戸市、北野。
かつて異文化交流の始まりであった異人館から、人と人との間にある壁の可能性を追求した。

729
東京理科大学　工学部第一部建築学科
鈴木 裕之　すずき ひろゆき

駅前のみちくさ
家路の途中、ふといつもと違う道を通りたくなる。そこには未知の商店街があったり、居酒屋があったり、「みちくさ」には偶発的な出会いがある。都市の入口が「みちくさ」空間になることで、その風景は日々変化する。

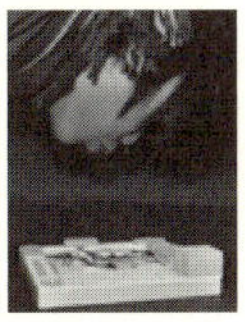

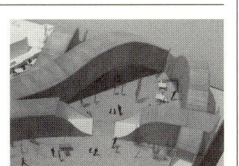

732
北海道大学　工学部環境社会工学科
村木 泰輔　むらき たいすけ

交錯しあう生活—わくわくの回復
無秩序に交わる path は accident を引き起こす。
無秩序に交わるpathはencounting（予期せぬ出会い）がおきる場をつくりました。
そんな出会いの場をつくりました。

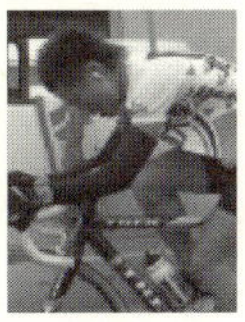

733
近畿大学　工学部建築学科
永田 かすみ　ながた かすみ

島の光時計
島にはたくさんのお年寄りや子どもたちなど、自分の時間が多くてもやることがなく、時間をうまく使えていないという現状があります。そこで島で一番交通が便利である商店街に、お年寄りや子どもたちが通う複合施設を提案します。

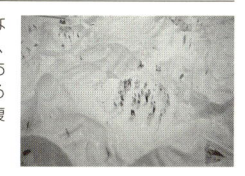

735
神戸大学　工学部建設学科
川東 大我　かわひがし たいが

my shelf is myself
人々は都市において自己完結的に生活せざるを得ない状況にある。
他との関わりから遠ざかった居住空間。
多様化した時代の中で、空間の境界に置かれた可変的な棚によって、希薄化しつつある人々の関係を構築する。

736
愛知工業大学　都市環境学科
谷口 桃子　たにぐち ももこ

彩りストリート
街の中ですれ違う人の顔など覚えていないし、言葉もめったに交わさない。
人はただすれ違うだけなのか？
これから都市はどこへ向かうのだろうか？
ここ愛知県名古屋市で、桜通りがストリートを新たな人々の出発の場とする。

737
近畿大学　工学部建築学科
野島 将平　のじま しょうへい

Y
山住群築
山や森の表情を生かした住宅群を計画し、自然との距離を縮めた生活を提案する。

738
国士舘大学　工学部建築デザイン工学科
木村 充宏　きむら みつひろ

エソラゴト
罪無くして配所の月を見る。
誰もが透き通った水のような心であれたらいいけど、人間の心はそんなにうまくできていない。
己の欲求と向き合いながら、この建築を旅する。

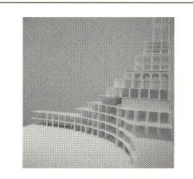

740
芝浦工業大学　工学部・一部建築工学科
横井 丈晃　よこい たけあき

Y S F
小さな世界の大きな風景
規格化され、速い時間とモノであふれる東京。そこに、何もない虚構の空間へと導く装置としての火葬場をつくり出す。それは雨上がりの後の小さな水たまりに映る空に、漠然とした大きな世界を感じられるような空間。

743 Y □ □	宮城大学　事業構想学部デザイン情報学科 井上 湖奈美　いのうえ こなみ **散歩道** 住まう人、訪れる人、それぞれの人によって都市は形成され、更新され常に何かができる期待感が漂う。 人がそこを逍遥（しょうよう）する時、常に今まで遭遇したことのない新しい何かに出会うことができる。	**754** □ □ □	大阪大学　工学部地球総合工学科 杉ノ原 聡子　すぎのはら さとこ **てのひらの音楽堂** 人々の心に届くような音楽堂をつくりました。
744 Y □ □	関西大学　工学部建築学科 藤原 康晃　ふじわら やすあき **織りなす、とき―小さなのこぎり、大きな風景** ある街を支えてきた、のこぎり屋根の織物工場。その工場の骨格に、街の軸線に沿って壁を小さく肉付けしていくことで、環境・建築・人を連続させ、小さく、少しずつ、街をつなぐ場所が生まれ始める。	**756** □ □ □	昭和女子大学　生活科学部生活環境学科 塩津 友理　しおつ ゆり **SCRAPP-ING AND BUILD-ING** 建物が経過していく時間について考える。公営住宅の建替え過程のデザインを行なう。高度経済成長期に建てられた集合住宅を、既存棟と新設棟を同時に存在させ、少しずつ変化していく中で新たなコミュニティをつくる。
747 □ □ □	東京理科大学　工学部第一部建築学科 川元 大嗣　かわもと だいし **重層する際** 空間と空間が接する際ではなく、重なり貫入し合う際をつくることで、人が空間と空間の移動に伴う意識のスイッチをスムーズに入れ替え、また一息つくために留まる場を提案する。	**757** Y □ □	日本大学　理工学部建築学科 岸田 一輝　きしだ いっき **あつまれ！日大！―大規模建築と都市的周辺環境に着目した創造都市的キャンパスコア** 日本大学の10学部を1カ所に集め、東京臨海部の都市のコアとする。建築を「ループ」させることで、人の流れを流動化し、「アルコーブ」の集積によって、人が活動する環境を設える。さあ楽しい大学の始まりだ!!
749 □ □ □	福山大学　工学部建築学科 小林 渉　こばやし わたる **人と時を繋ぐ平和の広場** 広島県の旧広島市民球場跡地利用計画がテーマ。計画地におけるさまざまな環境要因を包括的に取り込み、連続性を持たせることで、広島の復興と平和の象徴である市民球場に変わる、新たな市民の場を計画する。	**759** □ □ □	東京工芸大学　工学部建築学科 酒井 裕樹　さかい ゆうき **Down Town Scape** 多種多様になっていく現代。この提案では、その場所のコンテクストや魅力を分析し、その土地が持つ要素を抽象化することで、その場所の持つポテンシャルを引き出すような新たな都市空間を挿入していく。
752 □ □ □	東海大学　情報デザイン学部建築デザイン学科 尾方 証　おがた あきら **谷・根・千・Complex** 東京下町の谷根千地域は現在、道路と建築の関係が閉鎖的になってその共同体が壊れつつあり、地域という個の集積でしかない。強い地域性が残るこの土地の関係の希薄化に対して、放射状の壁を導入し居住形態の提案を行なう。	**760** □ □ □	立命館大学　理工学部建築都市デザイン学科 服部 希美　はっとり のぞみ **となりのとなりのそのとなり** 隣の部屋の様子が気になって、壁にフレームをいくつも差し込んだら、その隣も、そのまた隣も見てみたいとフレームが勝手に成長して、いつのまにかフレームの中に2つの部屋をつなげる空間ができました。
753 □ □ □	滋賀県立大学　環境科学部建築デザイン学科 葛西 慎平　かさい しんぺい **Wandervögel** 目前には巨大な壁。均質な床、小奇麗な面で構成され、まるで何もないかのように佇む。建築の壁を破る。崩れた塊は空間として辺りに散らばり、それらをかき集める。塊の山は複雑な余白を孕（はら）み、1つの形に落ち着く。	**761** Y □ □	千葉大学　工学部デザイン工学科 内山 ゆり　うちやま ゆり **CANVAS―変わらぬ土地、移ろう風景** かつての東京・池袋アトリエ村での集合住宅の提案。 住民の生活それぞれが、キャンバスの上に描かれた展示品のように配置され、風景を形成する。 人々の相互作用により展示品は日々動き、風景は刻々と変化を遂げる。

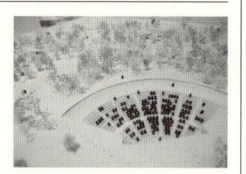

762 武蔵工業大学　工学部建築学科
木原 紗知　きはら さち

星空は物語に

最近、理系離れという言葉をよく耳にする。今回、身近な星というものを通して奥深い思考力を養う施設を計画する。星座同士を物語に乗せて結ぶことで物語の、そして建築の輪郭を浮かび上がらせる。

763 神戸大学　工学部建設学科
西永 大作　にしなが だいさく

ビル登山

ビルは見上げるためにあるのか？
「ビル登山」
ビル群の山を登ることで、人は都市と関係性を結ぶ。
この場所で、人々は、都市の深層へ深く深く潜り込んでいく……。

INDEX Name 出展者名索引

ふりがな	名前	ID
あ		
あいざわ ゆたか	會澤 裕貴	188
あおき としひろ	青木 俊浩	182
あおき ふみあき	青木 史晃	665
あおと けん	青砥 建	250
あおやぎ ゆい	青柳 有依	704
あかがき ゆり	赤垣 友理	635
あかせ れおな	赤瀬 玲央奈	002
あかつ まさき	赤津 成紀	053
あきやま みき	秋山 未紀	388
あきやま ゆうすけ	秋山 祐亮	397
あさい むねと	浅井 宗人	292
あしや たけし	芦谷 岳志	382
あだち ゆうた	足立 優太	303
あない けんいち	穴井 健一	477
あべ かほり	阿部 香穂里	111
あべ ゆういち	阿部 祐一	694
あまの しゅうへい	天野 周平	286
あやむら きょうへい	綾村 恭平	488
あらかわ たつま	荒川 達磨	173
あらき しょうご	荒木 省吾	672
あらき やすひで	荒木 康秀	448
あわの ゆう	粟野 悠	566
あんざい としお	安齋 寿雄	035
あんどう はるか	安藤 悠	494
い		
いくいな みづき	生稲 美月	449
いけがみ あお	池上 碧	653
いけがみ こうじ	池上 晃司	645
いけすえ さとし	池末 聡	050
いけだ まさお	池田 雅彦	077
いけや しょう	池谷 翔	298
いしい ゆうき	石井 勇貴	003
いしが ゆうや	石賀 悠也	452
いしかわ しょういち	石川 翔一	118
いしかわ ゆう	石川 悠	349
いしくら えりこ	石倉 江利子	657
いしつか なおと	石塚 直登	385
いしはら みずえ	石原 瑞恵	135
いしはら ゆうこ	石原 悠子	251
いせ あやね	伊勢 文音	064
いそざき ゆうすけ	磯崎 裕介	478
いそたに だいき	磯谷 大樹	621
いたず ゆうすけ	板頭 優佑	252
いちせ たけと	一瀬 健人	294
いで たけろう	井手 岳郎	619
いで てるたか	井出 輝峰	592
いとう たかひと	伊藤 孝仁	401
いとう のりたか	伊藤 憲孝	463
いとう よしひろ	伊藤 義浩	433
いとう るみ	伊藤 瑠美	068
いの ゆうすけ	猪野 雄介	627
いのうえ きえ	井上 貴恵	141
いのうえ こなみ	井上 湖奈美	743
いまとみ ゆうき	今冨 佑樹	109
いまむら ひろき	今村 博樹	687
いやま なおき	居山 直樹	316
いわい あや	祝 亜弥	020
いわき かずあき	岩城 和昭	379
いわさき ひろこ	岩崎 絢子	367
いわた たくや	岩田 卓也	073
いわた ゆき	岩田 友紀	717
いわもと まな	岩本 真菜	347
う		
うえしま かつゆき	上島 克之	695
うえすぎ まさお	上杉 昌男	155
うえだ じゅん	上田 淳	260
うえの じゅんこ	上野 純子	202
うえの たつろう	上野 達郎	625
うえのその まさと	上ノ薗 正人	680
うえはら いちろう	上原 一朗	048
うしまる たくみ	牛丸 匠	321
うしろ むねあき	後 棟晃	087
うだ まさと	宇田 雅人	275
うちだ ありさ	内田 亜理紗	560
うちぼり ゆき	内堀 佑紀	325
うちやま ゆり	内山 ゆり	761
うの こうへい	宇野 晃平	402
うめの かおり	梅野 芳	274
うめむら なおひろ	梅村 直裕	669
うらの ひろみ	浦野 宏美	079
うんりんいん ゆうた	雲林院 悠太	629
え		
えがわ たくみ	江川 拓未	172
えびづか けいた	海老塚 啓太	213
えびな たつろう	蝦名 達朗	374
えんどう そういちろう	遠藤 創一朗	099
お		
おおいし かなえ	大石 加奈枝	489
おおいずみ しゅう	大泉 修	313
おおうら まゆこ	大浦 真由子	229
おおかわ あつし	大川 厚志	564
おおすが ふみあき	大須賀 史朗	191
おおせと ゆうた	大瀬戸 雄大	197
おおた しょう	太田 翔	235
おおた しょうへい	大田 将平	528
おおたけ だいき	大竹 大輝	171
おおたに かねひで	大谷 金秀	265
おおとも のぞみ	大友 望	620
おおぬま やすか	大沼 慈佳	588
おおば まさひろ	大場 理宏	107
おおはし しゅうすけ	大橋 秀允	005
おおむろ しんご	大室 真悟	527
おおわだ えいいちろう	大和田 栄一郎	179
おかだ あきよし	岡田 晃佳	667
おがた あきら	尾方 証	752
おかむら うきち	岡村 卯吉	399
おかやま ひろし	岡山 泰士	497
おぎそ せん	小木曽 茜	301
おくだ さとし	奥田 諭史	418
おくの ひろみ	奥野 裕美	427
おくの みつひろ	奥野 充博	602
おさの なな	小佐野 菜々	042
おざわ しょうた	小沢 翔太	454
おざわ ひろき	小澤 弘毅	357
おざわ みずほ	小澤 瑞穂	542
おざわり さ	小沢 理紗	415
おじろ ゆうき	小代 祐輝	467
おとさか ふみ	乙坂 譜美	569
おのでら あき	小野寺 亜希	162
おのま けいこ	小野間 景子	660
か		
かいぬま いずみ	貝沼 泉実	215
かがわ よしき	香川 芳樹	550
かくたに さおり	角谷 早織	178
かさい しんぺい	葛西 慎平	753
かじ じゅんぺい	梶 隼平	414
かじなみ なおき	梶並 直貴	355
かしわぎ としや	柏木 俊弥	232
かすが かずとし	春日 和俊	201
かつた ひろこ	勝田 裕子	514
かとう あつし	加藤 敦史	332
かとう こうじ	加藤 昂士	021
かとう じゅんき	加藤 隼輝	520
かとう まさふみ	加藤 雅史	429
かとう ゆういち	加藤 優一	126
かなやま えみこ	金山 恵美子	313
かねこ ともや	金子 智哉	304
かねだ やすたか	金田 康孝	007
かみじま なおき	上島 直樹	108
かみだに よしゆき	上谷 佳之	143
かもしだ わたる	鴨志田 航	459
かわい たつや	川合 達哉	361
かわい みお	河合 美緒	033
かわかみ ゆうき	川上 裕樹	302
かわしま すぐる	川島 卓	668
かわな さおり	川名 沙織	163
かわにし のりえ	川西 乃里江	059
かわばた ともひろ	川畑 智宏	273
かわはら ひろき	河原 裕樹	175
かわひがし たいが	川東 大我	735
かわべ まみ	川辺 真未	243
かわむら けんすけ	川村 健介	177
かわもと だいし	川元 大嗣	747
かんざき やすはる	神崎 泰治	206
き		
きうち ひろも	木内 洸雲	652
きくち こうへい	菊地 晃平	244
きくち とよえい	菊地 豊栄	673
きしだ いっき	岸田 一輝	757
きた けんすけ	喜田 健資	337
きたの かつや	北野 克弥	699
きとう ともひろ	鬼頭 朋宏	028
きどう みわこ	木藤 美和子	342
きのした さとし	木下 知	008
きのした かずゆき	木下 和之	462
きのした しんや	木下 慎也	534
きはら さち	木原 紗知	762
きまた ようじ	木全 瑛二	146
きむら しゅんすけ	木村 俊介	139
きむら ともゆき	木村 智行	475
きむら まさと	木村 昌人	369
きむら まゆみ	木村 真弓	195
きむら みつひろ	木村 充宏	738
く		
くにかた みなこ	國方 美菜子	536
くにまた かなめ	國又 要	203
くぼ かずき	久保 一樹	504
くぼた だいき	久保田 大貴	714
くまもと ふみや	熊本 詞哉	372
くらた けいじ	藏田 啓嗣	130
くりた しょうよう	栗田 翔陽	001
くりもと あやこ	栗本 絢子	441
くろいわ かつと	黒岩 克人	677
くろぬし だいき	黒主 大樹	353
くわばら かずひろ	桑原 一博	630
こ		
こいずみ よういち	小泉 瑛一	545
こうさか まりこ	向阪 真理子	580
こうの たいぞう	河野 泰造	180
こうむら つばさ	香村 翼	589
こが たくや	古賀 巧也	377
こぐれ りゅうた	小暮 竜太	600
こしみず かずま	小清水 一馬	394
こだに よしき	小谷 至己	097
ごとう ゆうき	後藤 祐貴	457
こにし こういち	小西 功一	151
こばし はるな	小橋 明奈	144
こばやし あきふみ	小林 暁史	646
こばやし こうだい	小林 紘大	594
こばやし はるみ	小林 春美	110
こばやし まお	小林 真央	460
こばやし りょうすけ	小林 亮介	205
こばやし わたる	小林 渉	749

ふりがな	名前	ID
こまい ゆか	駒井 友香	044
こまつ かつひと	小松 克仁	227
こまつ まなみ	小松 愛実	710
こまつ よしゆき	小松 剛之	209
ごんだ くにひろ	権田 国大	432
こんどう まり	近藤 茉莉	259
こんの あやな	今野 礼那	559
こんの かずひと	今野 和仁	644
こんの まさし	紺野 真志	041
さ さいかわ ひまり	西川 日満里	483
さいとう しんご	斎藤 信吾	131
さいとう せいや	齋藤 誠也	659
さいとう たけし	齋藤 剛志	469
さいとう まこと	齊藤 誠	330
さいとう ゆうき	斉藤 裕貴	636
さいとう よしかず	齋藤 慶和	122
さいとう よしこ	斎藤 芳子	154
さえき りょうた	佐伯 亮太	054
さかい だいすけ	坂井 大介	507
さかい ゆうき	酒井 裕樹	759
さかうえ あつし	坂上 敦志	434
さかづめ ゆうすけ	坂爪 佑丞	389
さかべ ゆう	坂辺 優	426
さかもと たつのり	坂本 達典	548
さくま ゆうすけ	佐熊 勇亮	019
ささい よしたけ	佐々井 良岳	664
ささき けい	佐々木 慧	420
ささき じゅんいち	佐々木 潤一	549
ささき たかゆき	佐々木 崇之	240
ささき りょうすけ	佐々木 良介	572
さとう あつし	佐藤 敦	138
さとう くみこ	佐藤 久美子	512
さとう けい	佐藤 敬	595
さとう げんき	佐藤 元樹	608
さとう なつき	佐藤 菜生	595
さとう ひろき	佐藤 大基	222
さとう まさとも	佐藤 匡倫	248
さとう ようすけ	佐藤 要祐	161
さとう りつこ	佐藤 理都子	658
さなだ なつら	真田 菜正	164
さの ほたか	佐野 穂高	313
さはら あい	佐原 あい	081
し しおつ ゆり	塩津 友理	756
しがらき よしたか	信楽 佳孝	705
ししど かおり	宍戸 香織	101
しのはら たけし	篠原 武史	090
しのはら まなみ	篠原 麻那美	468
しのはら よしなお	篠原 慶直	258
しば さおり	柴 沙織	679
しばた りゅういち	柴田 龍一	521
しまだ たかゆき	嶋田 貴之	194
しまだ まりこ	島田 麻里子	562
しまだ りゅうたろう	嶋田 龍太郎	086
しまづ りょうすけ	島津 亮介	612
しまはら さとる	嶋原 悟	465
しまもと みさ	島本 美砂	547
しみず もとひろ	清水 基宏	212
しむら まな	志村 真菜	585
しもむら かずや	下村 和也	014
しょうじ あさと	荘司 麻人	029
しらかわ ひろゆき	白川 裕之	446
しんじょう たけし	新城 雄史	027
しんどう みか	新堂 美佳	187
じんのうち みか	陣内 美佳	158
じんぼ ひさや	神保 寿弥	701
す すぎうら あや	杉浦 彩	568
すぎうら きぬよ	杉浦 絹代	066
すぎうら りょうこ	杉浦 陵子	381
すぎの ゆか	杉野 友香	436
すぎのはら さとこ	杉ノ原 聡子	754
すぎやま きよのり	杉山 聖昇	060
すずえ ゆうこ	鈴江 悠子	518
すずき あつし	鈴木 篤志	331
すずき こうじろう	鈴木 康二郎	606
すずき さやか	鈴木 さやか	208
すずき しゅうへい	鈴木 脩平	380
すずき じゅんぺい	鈴木 淳平	078
すずき しんご	鈴木 伸吾	392
すずき ともひろ	鈴木 智博	371
すずき はるか	鈴木 晴香	010
すずき ひろゆき	鈴木 裕之	729
すずき まさひろ	鈴木 政博	573
すずき みつひろ	鈴木 光洋	037
すとう ゆうすけ	須藤 裕介	170
すみ あや	角 彩	517
すみとも えり	住友 恵理	022
せ せともとあき	瀬戸 基聡	643
せや あつし	瀬谷 敦	071
そ そだ りゅうじ	曽田 龍士	458
そでやま あきら	袖山 暁	309
その ひろたろう	薗 広太郎	026
た たいら ゆう	平 裕	707
たかいし りょうすけ	高石 竜介	586
たかぎ かおる	高木 薫	533
たかしろ さとし	高城 聡嗣	563
たかた ゆうき	高田 雄輝	327
たかはし こういち	高橋 功一	046
たかはし こうた	高橋 孝太	247
たかはし しょうたろう	高橋 翔太朗	523
たかはし つかさ	高橋 司	133
たかはし まさゆき	高橋 昌之	287
たかはし ゆうた	高橋 優太	234
たかはら ちさと	高原 千都	039
たかみね しょうた	高嶺 翔太	191
たきざわ ゆうすけ	滝沢 佑亮	727
たけうち あや	竹内 彩	127
たけうち さとみ	竹内 里美	546
たけうち よしひこ	竹内 吉彦	430
たけしげ つよし	竹重 剛毅	224
たけた じゅんぺい	竹田 純平	412
たけもと けんた	竹本 建太	614
だて さおり	伊達 紗央里	196
たていし りゅうじゅ	立石 龍壽	267
たなか まみや	田中 麻未也	328
たなか ゆうだい	田中 裕大	147
たなか りょうこ	田中 涼子	281
たなだ みきこ	棚田 美紀子	104
たにぐち いずみ	谷口 和泉	524
たにぐち ももこ	谷口 桃子	736
ち ちゅうじょう めぐみ	中條 恵	551
つ つじ けいた	辻 啓太	692
つじもと ちなつ	辻本 知夏	596
つちかわ ななこ	土川 菜々子	681
つちだ しょうへい	土田 昌平	269
つちや えいこ	土屋 栄子	121
つづき かずよし	都築 和義	242
つつみ さおり	堤 沙織	084
つぼうち たつひこ	坪内 達彦	280
つぼた なお	坪田 直	023
つるまき らい	弦巻 雷	603
て でき ゆうや	出来 佑也	272
でぐち かなこ	出口 加奈子	519
てらだ きょうへい	寺田 享平	444
でんぽう ともあき	伝宝 知晃	243
と どい わたる	土井 亘	439
とくやま ふみのり	徳山 史典	159
とのむら ゆうき	殿村 勇貴	241
とみい いくひろ	富井 育宏	032
とみた なおき	冨田 直希	157
とみなが はつほ	冨永 初穂	320
ともえだ はるか	友枝 遥	283
な なおしま ひろゆき	直嶋 裕之	638
なかい たかのぶ	中井 孝伸	599
なかい ちひろ	中井 千尋	160
ながい ゆうた	永井 裕太	491
ながお あや	永尾 彩	411
なかざと せいしゅう	仲里 正周	069
なかざわ しんぺい	中澤 晋平	437
なかざわ まさふみ	中澤 政文	384
なかじま かずのぶ	中島 和信	554
ながしま りゅういち	永嶋 竜一	092
ながせ ともき	永瀬 智基	306
なかそね あきひろ	仲宗根 明裕	516
なかぞの こうすけ	中園 幸佑	136
ながた かすみ	永田 かすみ	733
ながた じゅんいち	永田 洵一	471
ながた しょうご	長田 章吾	049
なかだ しょうた	中田 翔太	334
ながた たかひろ	永田 貴大	345
ながた ようこ	永田 陽子	245
なかの けんじ	中野 賢二	011
なかの まい	中野 舞	226
なかひら ゆうこ	中平 祐子	712
ながほり たけし	永堀 建志	036
なかむら そう	中村 創	200
なかむら たいち	中村 太一	210
なかむら みく	中村 未来	618
なかむら みどり	中村 碧	494
なかむら ゆか	中村 友香	707
なかむら ゆき	中村 優希	604
なかむら ゆき	中村 友紀	451
なかむら ようすけ	中村 洋輔	670
なかやす ともこ	中安 智子	103
ながら よしのり	長柄 芳紀	461
なめき しんいちろう	行木 慎一郎	323
なるせ しんご	成瀬 慎吾	472
なんじょう りえ	南城 里江	310
に にいおか ともや	新岡 朋也	724
にげめ ゆうこ	迯目 佑子	708
にしうら こうき	西浦 皓記	641
にしかわ まさし	西川 昌志	113
にしじま よう	西島 要	576
にしたか ひであき	西高 秀晃	709
にしなが だいさく	西永 大作	763
にしの じゅん	西野 淳	271
にった けんと	新田 賢人	168
にのみや ゆうすけ	二宮 佑介	056
ぬ ぬのかわ ゆうすけ	布川 悠介	214
ぬまお かずさ	沼尾 知哉	253
ね ねもと りょうすけ	根本 亮佑	261
の のがわ さき	野川 早紀	410
のじま しょうへい	野島 将平	737
のだ しょうたろう	野田 正太郎	482
のむら たけし	野村 武志	593
は はかまた ひろき	袴田 啓紀	225

ふりがな	名前	ID		ふりがな	名前	ID		ふりがな	名前	ID
はぎわら ゆーか	萩原 ユーカ	105		まえだ ひでと	前田 秀人	613		やだに ももよ	矢谷 百代	336
ぱく しんじゅ	朴 真珠	713		ますだ あやみ	益田 絢美	256		やなぎた たかひろ	柳田 貴大	577
はしば さとし	橋場 諭	055		ますだ ひかる	増田 光	407		やの あんな	矢野 杏奈	228
はせべ ひさと	長谷部 久人	495		まつい なつき	松井 夏樹	190		やべ ひろし	矢部 浩史	620
はた かずひろ	畠 和宏	231		まつい みなほ	松井 美奈歩	191		やまうち きょうこ	山内 響子	634
はたの まゆみ	畑野 真由美	198		まつうら しんや	松浦 眞也	591		やまうち ゆうき	山内 悠希	470
はっとり のぞみ	服部 希美	760		まつうら よしき	松浦 芳樹	623		やまうち ゆうき	山内 悠生	648
はまだ あきのり	浜田 晶則	485		まつかわ もとみ	松川 元美	696		やまがみ じん	山上 仁	102
はまだ ひろき	濱田 大樹	711		まつざわ ひろき	松澤 広樹	193		やまがみ ひろゆき	山上 裕之	650
はまもと たくま	濱本 拓磨	312		まつした あきひと	松下 晃士	284		やまこし こうへい	山越 康平	360
はやかわ しんすけ	早川 真介	417		まつした けんた	松下 健太	012		やまざき だいき	山崎 大樹	597
はやし えりこ	林 絵里子	466		まつだ こうへい	松田 孝平	601		やまざき ひろみち	山崎 啓道	445
はやし かずひで	林 和秀	499		まつだ しんや	松田 真也	317		やまざき みおや	山崎 未央哉	324
はやし こうき	林 晃輝	299		まつだ とくこ	松田 徳子	346		やまざわ ひでゆき	山澤 英幸	124
はやし なおき	林 直毅	091		まつだ ゆうき	松田 勇輝	311		やました たかのり	山下 太誉	359
はやし まさとし	林 将利	104		まつなが けいた	松永 圭太	351		やました てつろう	山下 徹朗	435
はやし ゆうじ	林 裕二	571		まつばら なみこ	松原 菜美子	140		やました なおや	山下 尚哉	400
はやた ひろたか	早田 大高	104		まつむら しゅんすけ	松村 俊典	191		やまだ けんたろう	山田 健太朗	288
はやま かずひで	羽山 和秀	471		まつもと こうすけ	松本 公佑	386		やまだ なつこ	山田 奈津子	156
はりかい たけし	針貝 傑史	647		まつもと れいこ	松本 玲子	525		やまだ ももこ	山田 桃子	356
はりやま めぐみ	針山 恵	278		まつやま たかひろ	松山 啓浩	152		やまだ よしのり	山田 善紀	075
ひだか かいと	日高 海渡	567		まるやま ゆうき	丸山 裕貴	511		やまなか まさし	山中 将史	365
ひの ひろなお	日野 浩直	574		まるやま ようへい	丸山 洋平	398		やまなか まさる	山中 優	541
ひのと ゆきな	日戸 ゆき菜	293		みうら せいじ	三浦 星史	211		やまなか ゆか	山中 裕加	115
ひらい りょうすけ	平井 良祐	149		みしま なおや	三島 直也	098		やまなか ゆき	山中 友希	676
ひらおか なつき	平岡 なつき	364		みずかみ りりこ	水上 梨々子	255		やまび こうへい	山日 康平	447
ひらが たくや	平賀 卓也	493		みずの たかゆき	水野 貴之	661		やまもと てつや	山本 哲也	123
ひらた ゆうじん	平田 裕信	131		みずの まさひろ	水野 真宏	148		やまもと ひろまさ	山元 宏真	583
ひらの はるか	平野 晴香	674		みぞぐち はるか	溝口 陽香	058		やまもと めぐみ	山本 恵	484
ひらの りょうすけ	平野 遼介	131		みなみ のぞみ	南野 望	285		やまもと りゅう	山本 龍	221
ひろかわ なつき	廣川 菜月	338		みひら まきこ	三平 真樹子	307		やまわき ひろや	山脇 裕也	220
ひろせ のりこ	廣瀬 理子	129		みやうち れいこ	宮内 礼子	207		ゆあさ えりな	湯浅 絵理奈	279
ひろせ はるか	廣瀬 遙	530		みやごし まお	宮越 真央	375		ゆげ じゅんぺい	弓削 純平	498
ひろせ ゆか	廣瀬 友香	383		みやさか なつお	宮坂 夏雄	085		よぎ よしたつ	與儀 喜龍	305
ひろた ゆうき	広田 裕基	024		みやざき かずひろ	宮崎 一博	065		よこい たけあき	横井 丈晃	740
ふかた きょうすけ	深田 享佑	538		みやざき しんご	宮崎 真吾	165		よこやま まどか	横山 まどか	223
ふくだ みつひろ	福田 充弘	025		みやざき ともひろ	宮崎 智寛	396		よしき たつひこ	芳木 達彦	570
ふくだ よしなり	福田 善成	062		みやした まきの	宮下 牧乃	052		よしだ りょうた	吉田 遼太	562
ふくなが しゅうこ	福永 修子	453		みよかわ たけひさ	三代川 剛久	579		よしたけ ひろき	吉武 裕紀	083
ふじい あやの	藤井 彩乃	181		みよし あきら	三好 陽	047		よしむら しんいち	吉村 真一	562
ふじい まさし	藤井 将司	166		みよし ちぐさ	三好 千草	678		よしむら ゆうじ	吉村 雄史	076
ふじい まちよ	藤井 麻知代	291		むかい ゆか	向井 優佳	666		よねだ ただし	米田 匡志	072
ふじえだ まさあき	藤枝 雅昌	368		むかいがわ ともき	向川 智己	428		よねもと たけし	米本 健	246
ふじおか なな	藤岡 奈菜	522		むとう だいき	武藤 大樹	632		わかやま のりかず	若山 範一	662
ふじかわ ともこ	藤川 知子	607		むらかみ たかあき	村上 毅晃	009		わだ たかゆき	和田 貴行	624
ふじさき さとる	藤崎 慧	494		むらかみ ともたけ	村上 友健	254		わだ ともひろ	和田 智広	061
ふじさわ ひろひさ	藤澤 寛久	243		むらかみ ゆりこ	村上 由梨子	728		わたなべ かずよし	渡辺 一功	587
ふじすえ もえ	藤末 萌	688		むらき たいすけ	村木 泰輔	732		わたなべ かつよし	渡邊 健由	474
ふじもと あきこ	藤本 章子	531		むらなか なな	村中 奈々	070		わたなべ かなえ	渡辺 佳苗	038
ふじもと あや	藤本 綾	016		むらやま かずあき	村山 和聡	590		わたなべ たかひろ	渡邊 貴弘	216
ふじもと けんた	藤本 健太	628		むらやま もえ	村山 萌	505		わたなべ たかやす	渡辺 隆保	263
ふじもと やすのぶ	藤本 泰亘	406		むろやま のぶゆき	室山 信行	034		わたなべ ちひろ	渡辺 ちひろ	376
ふじわら やすあき	藤原 康晃	744		もぎ かおり	茂木 香織	045		わたなべ ともや	渡邊 智也	295
ふるかわ ともゆき	古川 智之	431		もちづき まな	望月 真菜	423		わたなべ ひかる	渡邊 光	119
ふるかわ ゆうすけ	古川 祐輔	552		ももだ ともみ	百田 智美	340		わたなべ ゆいき	渡邊 唯希	352
ふるたに あきのり	古谷 彰基	675		もり ともみ	森 友美	184				
ぶんご ありさ	豊後 亜梨紗	626		もり のぶたか	森 信貴	503				
ほそい あつし	細井 淳	707		もりした りょう	森下 涼	339				
ほそや しょうた	細矢 祥太	344		もりた しゅうへい	森田 修平	637				
ほそや たかお	細谷 喬雄	557		もりや えいいちろう	守谷 英一郎	683				
ほりうち けいた	堀内 敬太	404		もりやす ひろゆき	森安 洋幸	067				
ほりかわ かな	堀川 佳奈	725		もりやま はるか	森山 晴香	348				
ほりの あや	堀野 彩	308		やぎ ゆうすけ	八木 優介	174				
ほんま ともき	本間 智希	595		やすなが まき	泰永 麻希	508				
まえかわ りょうすけ	前川 亮介	513		やすみ のりこ	八角 紀子	112				

INDEX School 学校名索引

大学名	ID
あ 愛知産業大学	127・187・324
愛知工業大学	736
明石工業高等専門学校	355
秋田県立大学	357・392
足利工業大学	659・714
宇都宮大学	019・025
大阪芸術大学	205・250
大阪工業大学	121・122・604
大阪市立大学	155・267・299・303
	308・339・365・368
	603
大阪大学	103・144・160・210
	226・232・272・295
	441・491・514・519
	580・596・650・754
か 神奈川大学	060・462・482・520
金沢工業大学	011・086・098・331
	406・448・488・590
関西大学	067・465・541・547
	628・629・661・675
	744
関東学院大学	021
北九州市立大学	288・312・411・477
	489・498・528
岐阜工業高等専門学校	073
九州大学	151・152・301・420
	538・564・619・680
京都建築大学校	497・637
京都工芸繊維大学	016・047・147・311
京都精華大学	023・260
京都造形芸術大学	048・085・135・202
	228・340・660
京都大学	113・136・149・157
	171・211・213・269
	309・327・336・414
	460・518・534・542
	646・692
近畿大学	041・097・256・258
	310・428・469・517
	523・583・602・626
	657・665 712・733
	737
釧路工業高等専門学校	457
慶應義塾大学	055・083・222・227
	255・337・371・439
	673・694
工学院大学	024・075・087・110
	163・177・195・212
	224・241・265・271
	307・347・375・376
	429・454・493・505
	511・548・554・587
	634
高知工科大学	668・710
神戸芸術工科大学	007・076・143・285
	550
神戸大学	077・286・294・570
	717・728・735・763
国士舘大学	638・677・738
さ 佐賀大学	123
札幌市立大学	418・468
滋賀県立大学	259・334・453・524
	753
静岡文化芸術大学	133・225・407・423
芝浦工業大学	091・126・175

大学名	ID
	182・193・247・254
	263・275・361・674
	740
首都大学東京	214・394・475・485
	632・669
昭和女子大学	010・208・568・585
	658・756
職業能力開発総合大学校東京校	035
女子美術大学	451
信州大学	325・499・504・641
椙山女学園大学	066・068・101・356
崇城大学	678
摂南大学	001・072
た 大同工業大学	298・386
大同大学	592・601・621
多摩美術大学	049・081・124・139
	156・173・194・220
千葉工業大学	102・108 652
千葉大学	389・412・761
中部大学	472
デザインファーム建築設計スタジオ	382・620
東海大学	052・119・174・360
	752
東京藝術大学	105・342・699
東京建築専門学校	471
東京工科専門学校	107・168・449
東京工業大学	508・557・567・571
東京工芸大学	759
東京造形大学	034・084
東京大学	020・022・033・223
東京電機大学	200・279・330・415
	552・572・576・608
東京都市大学（武蔵工業大学）*	203・380
東京理科大学	130・161・221・229
	235・251・283・284
	304・323・401・430
	512・521・549・613
	647・653・666・683
	696・727・729・747
東北芸術工科大学	154
東北工業大学	248
東北大学	003・005・164・240
	447・569・625・635
	664・713
東洋大学	090・345・388・396
	546・630・662
鳥取環境大学	618
富山大学	525・531
豊橋技術科学大学	242・367・503・551
な 名古屋工業大学	014・028・078・118
	146・148・201・377
	402・444・474・507
	589・672 695
名古屋市立大学	184・306
名古屋大学	317・321・364・383
	431・432・433・436
	648
新潟大学	188・332・346・397
	594
西日本工業大学	563
日本工業大学	384
日本女子大学	207・704・708
日本大学	002・027・042・044
	045・046・053・092
	166・170・245・261

大学名	ID
	281・291・320・328
	344・353・417・434
	452・459・527・560
	579・588・591・606
	643・644・645・676
	681・701・757
日本文理大学	292・372
人間環境大学	679
は 兵庫県立大学	316
広島女学院大学	338・348
広島大学	302・612・627・670
	705・711・725
福井大学	012・062・278
福岡大学	009・109・274
福山大学	574・749
法政大学	058・059・061・374
北海学園大学	196・197・198・404
	410・437・446・463
北海道工業大学	427
北海道大学	079・246・495・593
	600・623・636・732
ま 前橋工科大学	209・216・293
宮城学院女子大学	162・466・484
宮城大学	215・231・379・743
武庫川女子大学	064・111・140・141
	181
武蔵工業大学（東京都市大学）*	026・029 032・036
	037・071 234・253
	287・369・426・435
	762
武蔵野大学	112・573・577・599
武蔵野美術大学	129・172・206・530
室蘭工業大学	359・400・559・724
明治大学	070・115・138・180
	190・398・470・533
名城大学	252・280・351・352
	381・445
や 山口県立大学	513・536
山口大学	008・050・054・099
	165・244・458
横浜国立大学	056・065・158・159
	179・273・385・399
	545・566・586・597
	624・688 709
ら 立命館大学	461・467・478・522
	614・667・760
琉球大学	038・039・069・178
	305・349・516・687
わ 早稲田大学	104・131・191・243
	313・494・562・595
	707
早稲田大学芸術学校	483・607

*掲載学校名は、出展者が登録時に申請入力したもの。武蔵工業大学は2009年、東京都市大学に改称。

Appendix 付篇

DATA 参加者数の変遷

*応募登録作品数は、応募受付申込みをした作品の数。/出展数は展示会場に実際に搬入し、展示された数。/総来場者数は概数。

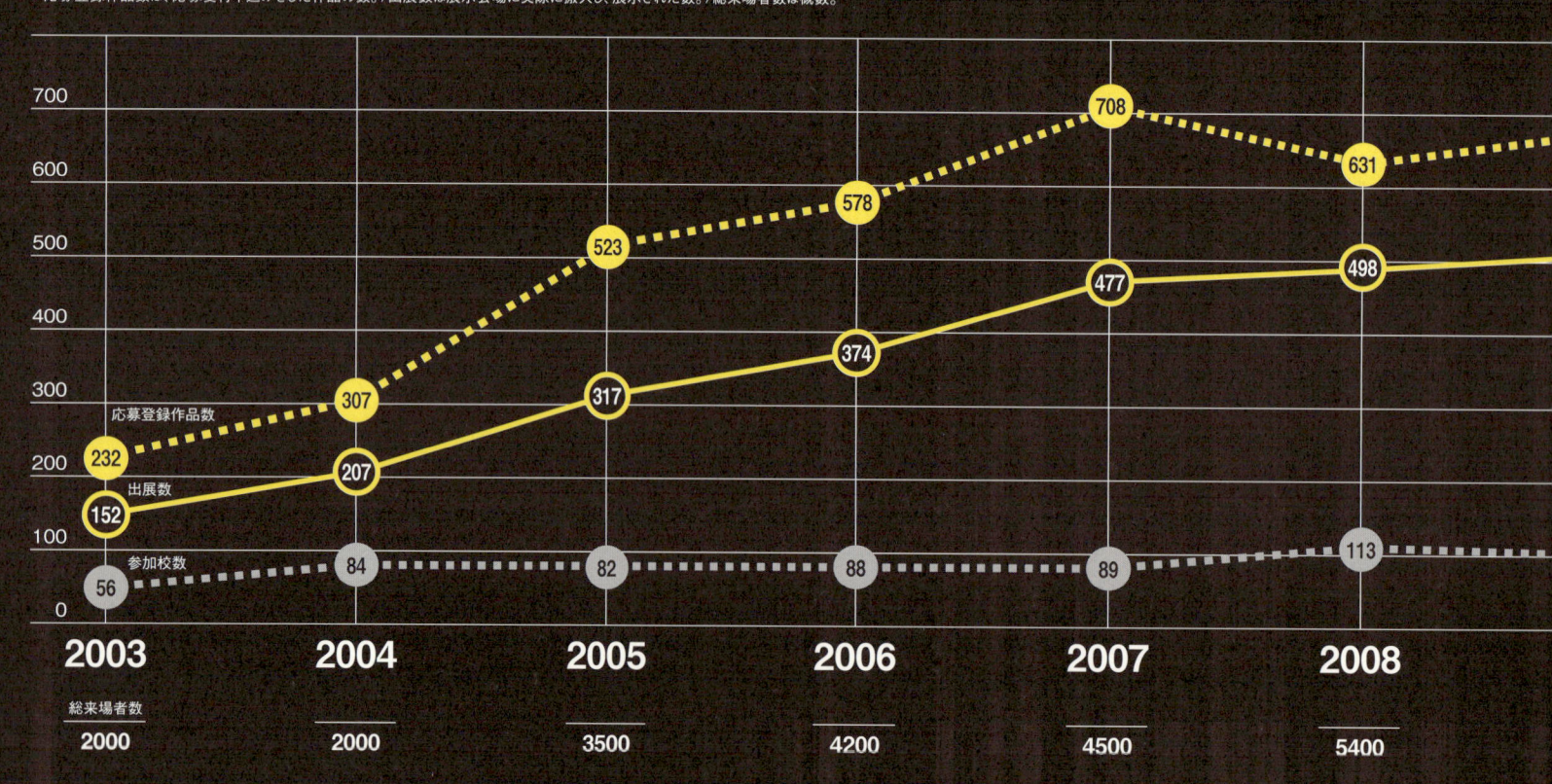

	2003	2004	2005	2006	2007	2008
応募登録作品数	232	307	523	578	708	631
出展数	152	207	317	374	477	498
参加校数	56	84	82	88	89	113
総来場者数	2000	2000	3500	4200	4500	5400

PROGRAM 2010　開催概要

■ 開催日程
ファイナル(公開審査)
2010年3月7日(日)15:00〜20:00

展示期間
2010年3月7日(日)〜14日(日) 10:00〜19:00

■ 会場
ファイナル
東北大学百周年記念会館 川内萩ホール

ファイナル中継サテライト会場
せんだいメディアテーク
1階 オープンスクエア/5階 ギャラリー3300/6階 ギャラリー4200/7階 スタジオシアター、スタジオa・b、会議室

展覧会
せんだいメディアテーク
5階 ギャラリー3300/6階 ギャラリー4200

■ ファイナル審査員/コメンテータ
審査員長…隈 研吾
審査員…アストリッド・クライン/ヨコミゾマコト/石上 純也/小野田 泰明
司会…中田 千彦
コメンテータ…末廣 香織/五十嵐 太郎/本江 正茂
メディアテーク1階サテライト会場コメンテータ…
石田 壽一/櫻井 一弥/馬場 正尊/福屋 粧子
メディアテーク7階サテライト会場コメンテータ…
竹内 昌義/厳 爽/小山田 純子(仙台建築都市学生会議OG)

■ 賞
日本一…1点(盾、賞状、賞金10万円+副賞:エンボディチェア)
日本二…1点(盾、賞状、賞金5万円)
日本三…1点(盾、賞状、賞金3万円)

■ 審査方法
予選
3月6日(土)AM/会場:せんだいメディアテーク
全出展作品から上位100作品(本年度は105作品)を選出。審査員が会場を巡回しながら審査。各審査員は100票をめやすに投票し、展示作品を明示しやすいキャプションに投票された目印のシールをスタッフが貼りつける。得票数をもとに、協議の上で予選通過作品を決定。
予選審査員…石田 壽一(赤)/櫻井 一弥(ピンク)/竹内 昌義(緑)/中田 千彦(オレンジ)/馬場 正尊(青)/福屋 粧子(黄色)/本江 正茂(水色)/厳 爽(紫)
*( )内はシールの色

セミファイナル
3月7日(日)AM/会場:せんだいメディアテーク
予選通過作品から上位10作品を選出。審査員が会場を巡回しながら予選通過105作品を中心に審査。各審査員は3点票=10作品、1点票=20作品をめやすに投票し、キャプションに目印のシールをスタッフが貼りつける。投票数をもとに、協議の上でファイナル進出作品を決定する。
セミファイナル審査員…隈 研吾(金)/アストリッド・クライン(銀)/ヨコミゾマコト(赤)/石上 純也(青)/小野田 泰明(緑)/中田 千彦(オレンジ)/末廣 香織(ピンク)/五十嵐 太郎(紫)/本江 正茂(水色)/福屋 粧子(黄色)
*( )内はシールの色

ファイナル
3月7日(日)PM/会場:東北大学百周年記念会館 川内萩ホール
10作品から日本一、日本二、日本三、特別賞の各賞を決定。ファイナリストと審査員の公開討議により進行。ファイナリスト10組はプレゼンテーションを行ない、それをもとに質疑応答、ディスカッションを経て入賞作品を決定する。(プレゼンテーション:1人5分、質疑応答:1人8分、ディスカッション:70分)

■ 応募規定
応募方法
せんだいデザインリーグ2010公式Webサイト上の応募登録フォームにて応募登録(3段階)を受付。

応募日程
2010年1月11日(月)応募登録開始
2月11日(木)応募登録締切
3月2日(火)3日(水)4日(木)出展作品受付

応募資格
大学で都市・建築デザインの卒業設計を行なっている学生。
*出展対象作品は2009年度に制作された卒業設計に限る。

必要提出物
パネル=A1サイズ1枚、縦横自由。
スチレンボード等を使用しパネル化したもの(5mm厚)。表面右上に「ID番号」(応募登録時に発行)を記載。
ポートフォリオ=卒業設計のみをA3サイズのクリアファイル1冊にまとめたもの。
表紙(1ページめ)に「ID番号」を記載。
模型=卒業設計用に作成したもの。
*パネル・ポートフォリオは返却しない

■ 主催
仙台建築都市学生会議
せんだいメディアテーク

詳細および最新情報
せんだいデザインリーグ公式Webサイト
http://gakuseikaigi.com/nihon1/10/

DATA　ファイナリストの出身大学

2003-2010年の全ファイナリストの統計。順位はファイナリストの数による。同人数の場合は、上位入賞者の多数順、50音順に表示。
*武蔵工業大学は2009年、東京都市大学に改称

順位	大学名	日本一	日本二	日本三	特別賞	受賞外	合計(人)
1	京都大学	2	1	2	1	4	10
1	東京理科大学	1		1	2	6	10
3	芝浦工業大学			1		6	7
4	東京大学	2	1	1		2	6
5	早稲田大学			1	2	2	5
6	法政大学				1	3	4
7	工学院大学		2			1	3
7	筑波大学		1			2	3
7	明治大学				1	2	3
10	東京都市大学*	1				1	2
10	多摩美術大学				1	1	2
10	北海道大学					2	2
10	大阪大学		2				2
10	東京電機大学					2	2
10	日本大学					2	2
10	東北大学					2	2
10	名古屋工業大学					2	2
10	横浜国立大学					2	2
19	九州大学			1			1
19	愛知淑徳大学				1		1
19	神戸大学				1		1
19	東京藝術大学				1		1
19	東北芸術工科大学				1		1
19	武蔵野美術大学				1		1
19	立命館大学				1		1
19	大阪芸術大学				1		1
19	京都工芸繊維大学					1	1
19	近畿大学					1	1
19	慶応義塾大学					1	1
19	神戸芸術工科大学					1	1
19	首都大学東京					1	1
19	昭和女子大学					1	1
19	東海大学					1	1
19	東京工業大学					1	1
19	武蔵野大学					1	1
19	山口大学					1	1

715　692
527　554
99　104
2009　2010(年)
7800　8000(人)

Q&A

ファイナリスト
一問一答インタビュー

① 受賞の喜びをひと言でお願いします。
② この喜びを誰に伝えたいですか？
③ プレゼンテーションで強調したことは？
④ 勝因はなんだと思いますか？
⑤ 応募した理由は？
⑥ 一番苦労したことは？
⑦ 大学での評価はどうでしたか？
⑧ 来年の進路は？
⑨ どうやってこの会場まで来ましたか？
⑩ 影響を受けた建築家は？
⑪ 建築以外に今一番興味のあることは？
⑫ Mac or Windows？ CADソフトは何？
⑬ 建築を始めたきっかけは？
⑭ 建築の好きなところは？
⑮ この大会をどう思いますか？
⑯ あなたにとってSDL（せんだいデザインリーグ 卒業設計日本一決定戦）とは？
⑰ 卒業論文のテーマは？

284 松下 晃士（A型・牡羊座）
日本一

① 先は長い、深い、言葉にならなーいくらい！
② 赤松さん、青木さん、森田さん、山中さん、コジケンのみんな、ヒデ、草間、兼ちゃん、秀人、直勝、助さん、いっくん、おちゃぴー、城君、ゆうや、そして両親、本当にありがとうございました。
③ 郊外へのアプローチ方法、意外に論理的な設計、そこで生まれてくる風景。
④ 気負いせず、伝えたいことを伝えたこと。
⑤ 自分がどこまでいけるか試したかったから。
⑥ 筑波山から石を運んできたこと。体力的にも精神的にもやられました。
⑦ 選外13位から学内公開審査を経て3位。
⑧ 東京理科大学大学院。
⑨ 夜行バス。
⑩ 原先生、小嶋先生、コルビュジエ先生。
⑪ チャリでドライブ。
⑫ Windows/VectorWorks
⑬ 高校の頃、オヤジが何気なく借りてきた『新建築』誌を見て。
⑭ 動かないとこ。
⑮ すごいと思う。
⑯ お祭り。
⑰ reversible space――表裏関係を持つ事象特性と、その空間的可能性

420 佐々木 慧（A型・天秤座）
日本二

① うれしいですが、今は打ちのめされたショックの方が大きいです。
② まず、建築を教えてくれた兄。家族。土居先生、田上先生、鵜飼先生。あんでぃ、笹田、桑江、田原、ゆっきー、田澤、大坪、笠間、margaux、laura。きたむ、いっちゃん、むっちゃん。クラスのみんな。そして、みきちゃん。本当にありがとう。
③ 物語や一発ネタではなく、空間とまじめに向き合ったんだ、ということ。
④ 勝因：あまり表現しすぎないようにしたこと。
敗因：あまりにも表現しなかったこと。あとパッションのなさ。
⑤ 自分がどういう建築をやっているのか、計りたかったから。
⑥ 模型にとにかく時間と金がかかったこと。それを計算できなかったこと。
⑦ 10選。
⑧ 鵜飼哲矢事務所のバイト。
⑨ 青春18切符で。
⑩ 篠原一男。五十嵐淳。
⑪「ワンピ」のつづき。
⑫ Mac/VectorWorks
⑬ 兄に引きずり込まれました。感謝。
⑭ あらゆる分野を横断しているため、議論に底がないところ。
⑮ 特に田舎の学生にとっては、力を計れる絶好の舞台。運営してくださっているみなさんに感謝しています。というか、すごいと思います。
⑯ おっきなコンペ。
⑰ 写真と建築について。

576 西島 要（A型・双子座）
日本三

① すごいすごいすごいすごいすごーい。
② おばた。
③ 建築を群れで考えることの魅力。
④ 建築にできそうにないものと格闘し続けたこと。
⑤ 他大学の作品と同じ舞台に立てるから。
⑥ 負けそうな心。
⑦ 齊藤くん（特別賞 ID330）の次の次の次。
⑧ 東京電機大学大学院 山本空間デザイン研究室。
⑨ 齊藤くんが運転するレンタカーは速いです。
⑩ 藤本壮介。
⑪ 釣り。
⑫ Windows/VectorWorks
⑬ 予備校の先生が「建築をやれ」と。
⑭ 妄想が世界を変える。
⑮ 建築学生に大きな刺激を与える大会だと思います。
⑯ 夢舞台。
⑰ 都市空間における隣棟間隙間の路地形成による可能性の研究。

330 齊藤 誠（B型・乙女座）
特別賞

① やったっっ！
② うら、なぎ、すぎ、あべ、おじょ、せり、こな、ちち、はは、やまけん、せんせ。
③ もし、こんな小学校ができたら毎日楽しいのに、ということをちょっとでも共有してほしかったです。
④ 早寝早起き。と、いろんな方々と話をしたことです。
⑤ あの舞台に上がることが、1つの目標だったからです。
⑥ 模型の展開図を出すこと。
⑦ 西島くん（日本三 ID576）の上の上の上で最優秀賞。
⑧ 東京電機大学大学院 山本空間デザイン研究室。
⑨ 西島くんを乗せてレンタカーで。
⑩ 建築家というよりは、城壁のようなものを見ているとワクワクします。
⑪ 静かな邦画、ショートショート。
⑫ Windows/VectorWorks
⑬ LEGO。場所や物を作ることがずっと好きでした。
⑭ いろいろなところへ興味や知識の枝が分かれていくこと。
⑮ 建築学生に対して、とても影響力が強いと思います。
⑯ 4年間の集大成。自分の現在位置を確かめる場。
⑰ 都市部にあるコモンスペースで人間観察をしていました。

342 木藤 美和子（B型・双子座）
特別賞

① プレゼンテーションに失敗し、つくり上げた空間を伝え切れませんでした。結果は残念ですが、審査員の先生方には本当に感謝しています。勉強になりました。ありがとうございました。
② このプロジェクトを一緒につくり上げてく

くださったすべての方々、4年間素晴らしい授業をしてくださった先生方、優秀でいつも刺激的だった同級生14人、そして両親、受賞はみなさんのおかげです。本当にどうもありがとうございました。
③試行錯誤を重ねて練り上げた空間やシークエンスを強調すべきでしたが、全く伝え切れませんでした。
④プロジェクトメンバーの後輩たちが作ってくれた模型は、プレゼンテーションに失敗した時にいつも助けになってくれました。
⑤せんだいメディアテークを見てみたかった。
⑥今年度は卒業制作の提出が早まったり学校が立ち入り禁止になったりと、制作時間が大幅に削られたことが残念でした。
⑦杜賞（藝大美術学部・修士合同の賞）と、買い上げ（建築科内最優秀賞）をいただきました。
⑧未定です。
⑨新幹線
⑩Kendrick Kellogg
⑪Mariachi（マリアッチ）
⑫Windows/VectorWorks
⑬ものづくりと数学がどちらも大好きだったから。かな……？
⑭たくさんの人とのやり取りがデザインを生んでいくところ。そうして生み出された空間に、また人が関わっていくこと。
⑮これだけの作品数が集まる大会を滞りなく運営してくださっているスタッフの方や、審査員の先生方のエネルギーに圧倒されました。素晴らしい大会だと思います。
⑯勉強させていただきました。今後につなげたいと思います。
⑰論文はありません。

130 藏田 啓嗣（O型・蠍座）

①ファイナリストに選ばれただけでもうれしかったです。
②両親。
③都市の落ち葉がゴミとして映る現状、そこから考えた落ち葉の建築。
④賞に手が届かなかったことは今後の種にします。
⑤2年生の時から見に来ていて、自分も全国で勝負してみたかったから。
⑥「落ち葉の建築」に当てはまる建築としての用途。
⑦最優秀賞です。
⑧武蔵野美術大学大学院に進みます。
⑨MAXやまびこで仙台に。
⑩ジャン・プルーヴェ。
⑪陶芸。
⑫Mac/VectorWorks
⑬自分にも家がつくれるかもと安易に考えて。
⑭達成感。
⑮自分の考えもしない空間が見られる貴重な大会です。
⑯学生最後の大舞台。
⑰卒業論文という形の提出はありません。

136 中園 幸佑（A型・蠍座）

①正直に言うと、喜びはありません。今は悔しさのみ。
②この場を借りて、ご指導いただいた先生方、先輩、そして同級生・後輩のみんな、さらには家族への感謝の気持ちを伝えたいです。

③まさに「強調」というプレゼンテーションができなかったことが敗因となったと思います。
④むしろ敗因しか思いつきません。
⑤力試しです。
⑥模型。
⑦最優秀賞です。
⑧東京大学大学院です。
⑨夜行バスです。
⑩高松伸。
⑪音楽です。
⑫Windows/formZ
⑬一番の転機は、1回生の頃に先輩の卒業設計を手伝わせてもらった経験です。そこから建築への思いが急速に強くなっていきました。
⑭すべての媒介となりうるところです。
⑮驚くべき規模だと思います。
⑰卒業論文はカリキュラム上、書いていません。

485 浜田 晶則（O型・蟹座）

①多くの人の前でプレゼンテーションできたことがとてもよい経験になりました。
②応援してくれた家族に伝えたいです。
③つくる動機や形態の決定方法を省かないように強調しました。
④わかりません。
⑤全国の作品が集まってくるからです。
⑥居住棟の空間を、模型を何個も作ってスタディしたことです。
⑦あと一歩で学内の賞に届かなかったですが、先生との議論がとても盛り上がりました。
⑧大学院にいきます。
⑨夜行バスです。
⑩隈研吾、青木淳、Herzog & de Meuron、MVRDV
⑪社会学と不動産（経済）について興味があります。孤立する個人や家庭をいかにして結ぶことができるかに興味があります。
⑫MacとWindows、両方です。AutoCADとVectorWorksを使い分けています。
⑬ある施設で出会った子どもたちが、あまりいい環境で暮らしていないということを知り、建築でできることは多いのではないかと感じたことがきっかけです。
⑭……。
⑮全国の学生が一堂に会することに意義があると思っています。評価は大事かもしれないですが、そこまで重要なものではない気がします。
⑯SDLで知り合いになれた人もいるので、もっと全国の学生の交流の場になればいいなと思います。
⑰親と離れて暮らす子どものための施設、児童養護施設の環境構成のあり方について考察しています。

573 鈴木 政博（AB型・獅子座）

①10選に残れたことはうれしいです。「まさか自分が」という感じです。
②いろいろ無茶を聞いてくれた後輩の黒川さん、河原さん、澁谷さん、蔀君、片野さん、黒木さん、同期の友人、指導してくださった先生に伝えたいです。
③個人の領域は守られながらも、無意識に他人と空間を共有しているというのをもっと強調したかったのですが、できませんでした。

④ファイナルに残れたのは運よく審査員の方々が深読みしてくださったからだと思います。
⑤一昨年、昨年と見に来て、当然出すものだと思い応募しました。
⑥抽象的なものにするか、具体的なものにするか落とし所に苦労しました。結果的に中途半端なままで終わってしまいましたが……。
⑦3位（優秀賞）でした。
⑧大学院へ進学します。
⑨6日の夜から友人とレンタカーで来ました。
⑩Herzog & de Meuron、Superstudio。主に建築家というよりも他大学院の先輩や身の回りの人に影響を受けました。
⑪フットサルです。
⑫Windows/VectorWorks、Illustrator、XSI
⑬成り行きで始めてしまったのですが、3年時に他大学院の先輩と出会ってから、本気でやろうと思いました。
⑭正解がなく、よくわからないところだと思います。
⑮全国の学生が平等に立てる機会を与えてくれる「公平性」という大会コンセプトは、とても素晴らしいと思います。このコンセプトがなければ、僕も運よく残れなかったと思います。
⑯おそらくこの先も建築家を志す者として、この大会はこれから自分に必要なものが何かを気づかせてくれました。そういった意味で始まりなのかなと思います。
⑰「遮蔽物による対人距離・個体密度の操作に関する研究」です。今回の卒業設計の予備調査として実際に実験を行ないました。

740 横井 丈晃（O型・水瓶座）

①憧れのステージでプレゼンできて夢のようでした。しかし予選の成績がよかった分、入賞できなかった悔しさが残ります。
②みほちゃん、ダイちゃん、なかやん、古館くん、手伝ってくれてありがとう！そしてお父さん、お母さん、最後まで応援ありがとう！
③空間とそのシークエンスの美しさ。設計のプロセス。
④模型のクオリティ。感性に語りかける空間。
⑤卒業設計一番のイベントだから。
⑥断片的な空間の意味づけをしながら1つにまとめること。
⑦学科内、学校内共に最優秀賞をいただきました。
⑧芝浦工大の大学院。
⑨友だちの車で。高速代が1,000円で助かりました。
⑩青木淳さん、中山英之さん。
⑪服。モードが好きです。
⑫Mac。今回の図面はCADは使わずイラレ、普段はBently Architecture。
⑬中学生からの夢だったので。
⑭さまざまな分野と関わりを持てること。日常が勉強。
⑮建築学生に大きな影響を与えているものなので、議論はもう少し偏りのないようにすべき。結果に急ぎすぎている印象を受けた。
⑯一生で一度の卒業設計のためのお祭り。
⑰論文はありません。

表裏一体
梱包日本一とウラ日本一

櫻井 一弥
（予選審査員、ファイナル中継せんだいメディアテーク1階サテライト会場コメンテータ）

7階スタジオシアター

今年も拍手喝采!「梱包日本一決定戦」

今年で3回目を迎えた梱包日本一決定戦。運送業者によって運ばれ、学生会議メンバーによって開梱される展示品、模型・パネル・ポートフォリオは、衝撃や振動から堅固に守られる必要がある一方、そうした自分以外の人たちにとって運びやすく、取り出しやすく、さらに美しく梱包されているべきである、との主旨から、すぐれた梱包箱を表彰する企画である。

今回は、日本一、日本二、日本三の梱包箱を審査により決定した。ポイントは「強度、運びやすさ、取り出し（戻し）やすさ、機能美」の4点。梱包日本一を獲得した和田貴行さん（ID624 横浜国立大学）の箱、いや「作品」は、審査員一同の度肝を抜いた。なんとガムテープで留めていないため、はがす手間や貼る手間が不要、ガムテープのゴミも出ない。往年のスーパーカーを彷彿とさせる「ガルウイング」のような開き方！ 審査員の「おじさん心」をくすぐりつつ、エコに配慮したすぐれた作品であった。次回は中の作品と外の作品、両方で日本一を制する強者が登場することを期待したい。

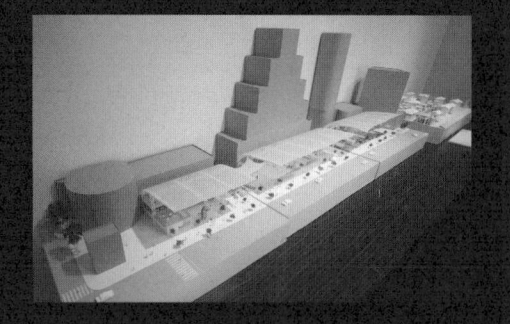

梱包日本一の表彰式は、公開審査の会場である東北大学百周年記念会館 川内萩ホールで行なわれた（写真上）。梱包日本一を獲得した和田貴行さんの模型「urban roof」（左）とその梱包形式を解説する本江コメンテータ（下）。

サテライト会場での「ウラ日本一決定戦」

ここ数年、ファイナルの公開審査会場（この2年間は東北大学百周年記念会館 川内萩ホール）で行なわれるファイナル審査の模様は、「せんだいメディアテーク」のサテライト会場で同時中継されている。1階オープンスクエア、5階ギャラリー3300、6階ギャラリー4200、そして7階スタジオシアターとスタジオ、会議室のモニタで放映。1階と7階では主に予選審査員がコメンテータとして張り付き、審査映像に適宜解説などを加える。

1階では、石田、福屋、馬場、櫻井がコメンテータとなり、オープンスクエアに体育座りした約300人の観客とともに、メイン会場さながらの緊張感を持って審査の行方を見守る。ファイナリストのプレゼンテーションや質疑応答について、「今のはいいプレゼンだったね」とか「それ質問の答えになってるのかなあ」など、メイン会場での発言の隙を突いて解説。緊張感を伴いながらも、かなり冷静に審査を見られるのはサテライト会場の利点である。

解説付きの中継という企画が始まって今年で4回め。毎回、1階サテライト会場が選ぶ「勝手にウラ日本一」を、会場の拍手の多さで決めている。いつもはメイン会場での審査が終わってから選ぶが、今年は趣向を変え、ファイナリストのプレゼンテーションがすべて終了した段階で、観客と一緒に「日本一になるのはどれか」といういわば予想を立てた。最も拍手が多く「ウラ日本一」となったのは、ファイナル審査で日本三となった西島要さんの『自由に延びる建築は群れを成す』（ID576）。審査員が最終票を入れる前の段階での評価ということになるが、大きくは外れていないことから、観客のみなさんもかなりの目利きといえるだろう。

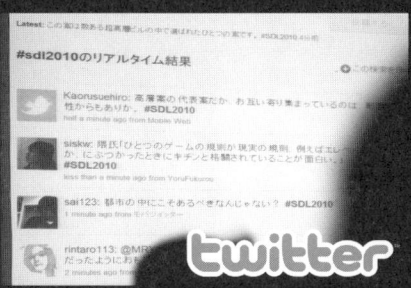

ツイッター #SDL2010
今年から試験的に運用された「twitter」。1階オープンスクエアと7階スタジオシアターでは、随時サイトの更新状況がプロジェクタで投影された。「twitter」は、各サテライト会場と萩ホール、仙台と世界をつないだ。

7階会議室

7階スタジオ

6階ギャラリー4200

5階ギャラリー3300

「ウラ日本一決定戦」会場の
せんだいメディアテーク
1階オープンスクエア。

Prize Winner 2003-2009　過去の入賞作品

2009
Re: edit... Characteristic Puzzle

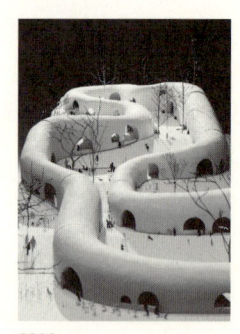

2008
神楽岡保育園

2007
kyabetsu

2006
積層の小学校は動く

2009
日本一	石黒 卓	北海道大学	『Re: edit... Characteristic Puzzle』
日本二	千葉 美幸	京都大学	『触れたい都市』
日本三	卯月 裕貴	東京理科大学	『THICKNESS　WALL』
特別賞	池田 隆志	京都大学	『下宿都市』
	大野 麻衣	法政大学	『キラキラ——わたしにとっての自然』
審査員長	難波 和彦		
審査員	妹島 和世 / 梅林 克 / 平田 晃久 / 五十嵐 太郎		

2008
日本一	橋本 尚樹	京都大学	『神楽岡保育園』
日本二	斧澤 未知子	大阪大学	『私、私の家、教会、または牢獄』
日本三	平野 利樹	京都大学	『祝祭都市』
特別賞	荒木 聡、熊谷 祥吾、平須賀 信洋	早稲田大学	『余床解放——消せないインフラ』
	植村 康平	愛知淑徳大学	『Hoc・The Market——ベトナムが目指す新しい国のスタイル』
	花野 明奈	東北芸術工科大学	『踊る身体』
審査員長	伊東 豊雄		
審査員	新谷 眞人 / 五十嵐 太郎 / 遠藤 秀平 / 貝島 桃代		

2007
日本一	藤田 桃子	京都大学	『kyabetsu』
日本二	有原 寿典	筑波大学	『おどる住宅地——A new suburbia』
日本三	桔川 卓也	日本大学	『余白密集体』
特別賞	降矢 宜幸	明治大学	『overdrive function』
	木村 友彦	明治大学	『都市の visual image』
審査員長	山本 理顕		
審査員	古谷 誠章 / 永山 祐子 / 竹内 昌義 / 中田 千彦		

2006
日本一	中田 裕一	武蔵工業大学	『積層の小学校は動く』
日本二	瀬川 幸太	工学院大学	『そこで人は暮らせるか』
日本三	大西 麻貴	京都大学	『図書×住宅』
特別賞	三好 礼益	日本大学	『KiRin Stitch——集合住宅再開発における森林共生建築群の提案』
	戸井田 雄	武蔵野美術大学	『断面』
審査員長	藤森 照信		
審査員	小川 晋一 / 曽我部 昌史 / 小野田 泰明 / 五十嵐 太郎		

2005
日本一	大室 佑介	多摩美術大学	『gernika "GUERNIKA" museum』
日本二	須藤 直子	工学院大学	『都市の原風景』
日本三	佐藤 桂火	東京大学	『見上げた空』
特別賞	石沢 英之	東京理科大学	『ダイナミックな建築——敷地：宮崎県都城市』
	藤原 洋平	武蔵工業大学	『地上——層高密度日当たり良好（庭付き）住戸群』
審査員長	石山 修武		
審査員	青木 淳 / 宮本 佳明 / 竹内 昌義 / 本江 正茂		

2004
日本一	宮内 義孝	東京大学	『都市は輝いているか』
日本二	永尾 達也	東京大学	『ヤマギハ／ヤマノハ』
日本三	岡田 朋子	早稲田大学	『アンブレラ』
特別賞	稲垣 淳哉	早稲田大学	『学校錦繍』
	南 俊允	東京理科大学	『OVER SIZE BUILDING——おおきいということ。その質。』
審査員長	伊東 豊雄		
審査員	阿部 仁史 / 乾 久美子 / 小野田 泰明 / 竹山 聖		

2003
日本一	庵原 義隆	東京大学	『千住百面町』
日本二	井上 慎也	大阪大学	『hedora』
日本三	秋山 隆浩	芝浦工業大学	『SATO』
特別賞	小山 雅由	立命館大学	『軍艦島古墳』
	納見 健吾	神戸大学	『Ray Trace...』
審査員長	伊東 豊雄		
審査員	塚本 由晴 / 阿部 仁史 / 小野田 泰明 / 仲 隆介 / 槻橋 修 / 本江 正茂		

2005
gernika "GUERNIKA" museum

2004
都市は輝いているか

2003
千住百面町

■ 仙台建築都市学生会議について

仙台建築都市学生会議とは、仙台を中心に建築を学ぶ有志の学生が、大学の枠を超えて集まり、せんだいメディアテークを拠点に活動している団体です。
主な活動は、年間を通して「せんだいデザインリーグ 卒業設計日本一決定戦」の企画立案や運営、また設計スキル向上のためのテーマ設計や即日設計、建築家セミナー、勉強会、学生交流イベントなど、さまざまな企画を行なっています。

```
せんだいメディアテーク
        ↕
  定期的な情報の受け渡しと
  共同プロジェクトの進行
```

アドバイザリーボード	仙台建築都市学生会議	有志学生
	定期的な情報の受け渡しとアドバイスの享受	東北大学 東北芸術工科大学 東北工業大学 宮城大学 宮城学院女子大学

阿部 仁史（UCLA）
槻橋 修（神戸大学）
石田 壽一（東北大学）
五十嵐 太郎（東北大学）
小野田 泰明（東北大学）
堀口 徹（東北大学）
本江 正茂（東北大学）
櫻井 一弥（東北学院大学）
竹内 昌義（東北芸術工科大学）
馬場 正尊（東北芸術工科大学）
中田 千彦（宮城大学）
厳 爽（宮城学院女子大学）
＊大学名・氏名50音順

仙台建築都市学生会議
Sendai Student Network
of Architecture and Urbanism
URL：http://prj.smt.jp/~gakuseikaigi/
メンバー随時募集中!! 連絡は下記まで。
info@gakuseikaigi.com

日本建築学会企画＋5番チューブ再開発計画
作品『伝声管……SPEAKING TUBE』（2009年8月）
監修：本江正茂＋茅原拓朗
制作：仙台建築都市学生会議

せんだいデザインリーグ2010 卒業設計日本一決定戦
発見！ 僕らの未来建築

卒業設計日本一決定戦2010の上位10作品に密着！ ファイナリストに求められる「力」とは何か？
臨場感のあるプレゼンまでを描いていく。
また建築家ヨコミゾマコトの代表作・富弘美術館や2006年日本三の大西麻貴の活動にも焦点を当てる。
さらに特典映像として、上位105作品を完全収録。上位作品をすべて映像で確認できる永久保存版。

特典映像：上位105作品完全収録
出演：アンガールズ（田中卓志・山根良顕）、中村明花、早坂牧子（仙台放送アナウンサー）
価格：2,980円（税抜 2,800円）

企画・制作・販売：仙台放送
問合せ先：仙台放送　0120-973768（平日9:30～17:30）

DVD好評発売中！

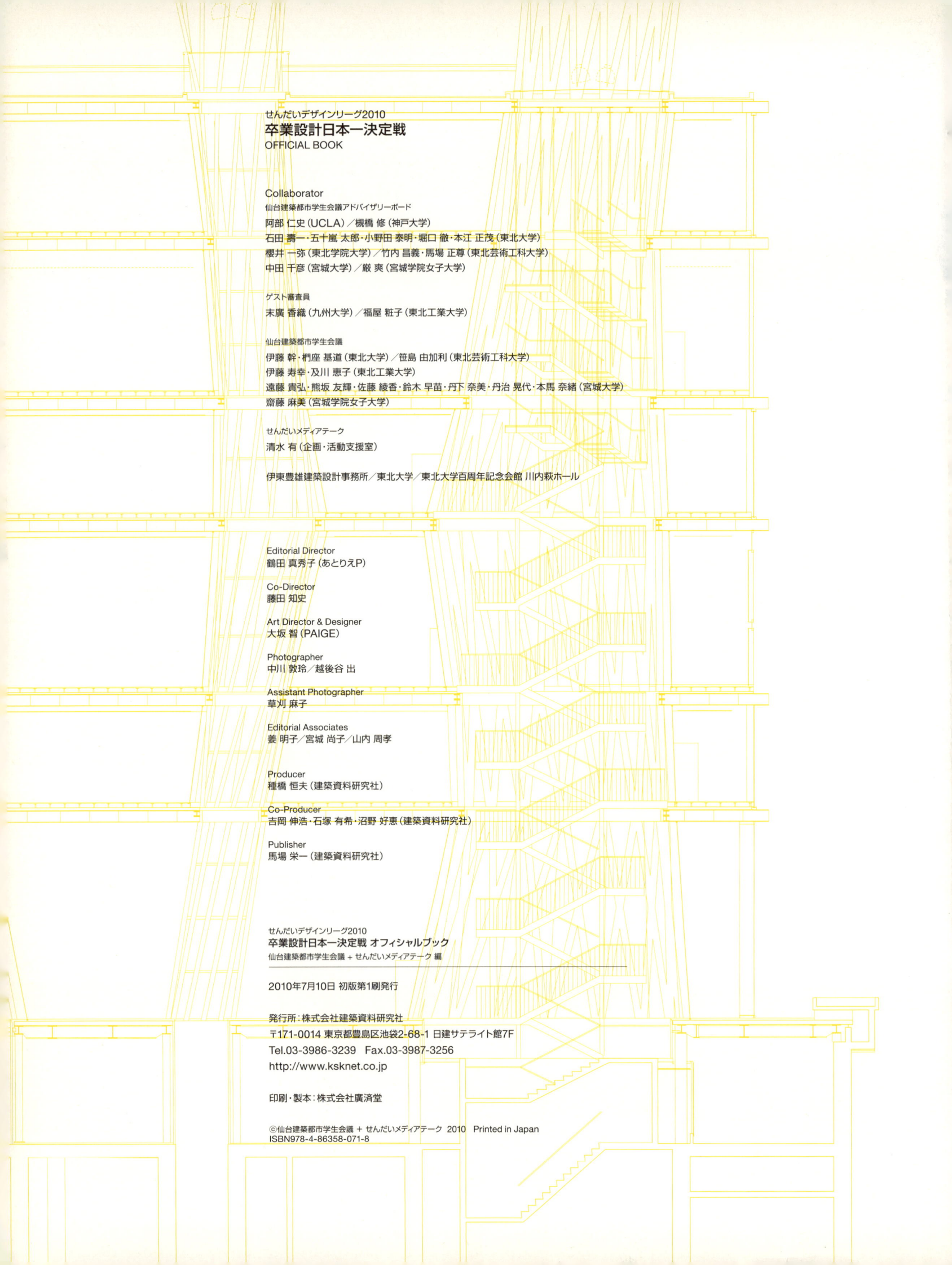

せんだいデザインリーグ2010
卒業設計日本一決定戦
OFFICIAL BOOK

Collaborator
仙台建築都市学生会議アドバイザリーボード
阿部 仁史（UCLA）／槻橋 修（神戸大学）
石田 壽一・五十嵐 太郎・小野田 泰明・堀口 徹・本江 正茂（東北大学）
櫻井 一弥（東北学院大学）／竹内 昌義・馬場 正尊（東北芸術工科大学）
中田 千彦（宮城大学）／厳 爽（宮城学院女子大学）

ゲスト審査員
末廣 香織（九州大学）／福屋 粧子（東北工業大学）

仙台建築都市学生会議
伊藤 幹・椚座 基道（東北大学）／笹島 由加利（東北芸術工科大学）
伊藤 寿幸・及川 恵子（東北工業大学）
遠藤 貴弘・熊坂 友輝・佐藤 綾香・鈴木 早苗・丹下 奈美・丹治 晃代・本馬 奈緒（宮城大学）
齋藤 麻美（宮城学院女子大学）

せんだいメディアテーク
清水 有（企画・活動支援室）

伊東豊雄建築設計事務所／東北大学／東北大学百周年記念会館 川内萩ホール

Editorial Director
鶴田 真秀子（あとりえP）

Co-Director
藤田 知史

Art Director & Designer
大坂 智（PAIGE）

Photographer
中川 敦玲／越後谷 出

Assistant Photographer
草刈 麻子

Editorial Associates
姜 明子／宮城 尚子／山内 周孝

Producer
種橋 恒夫（建築資料研究社）

Co-Producer
吉岡 伸浩・石塚 有希・沼野 好恵（建築資料研究社）

Publisher
馬場 栄一（建築資料研究社）

せんだいデザインリーグ2010
卒業設計日本一決定戦 オフィシャルブック
仙台建築都市学生会議 ＋ せんだいメディアテーク 編

2010年7月10日 初版第1刷発行

発行所：株式会社建築資料研究社
〒171-0014 東京都豊島区池袋2-68-1 日建サテライト館7F
Tel.03-3986-3239　Fax.03-3987-3256
http://www.ksknet.co.jp

印刷・製本：株式会社廣済堂

©仙台建築都市学生会議 ＋ せんだいメディアテーク 2010　Printed in Japan
ISBN978-4-86358-071-8